भारत माता मन्दिर
और
विश्वधर्म मन्दिर

notionpress.com

भारत माता मन्दिर
और
विश्वधर्म मन्दिर

लव कुश सिंह "विश्वमानव"

सत्यकाशी पीठ
पांचवां और अन्तिम शंकराचार्य पीठ

Notion Press

Old No. 38, New No. 6
McNichols Road, Chetpet
Chennai - 600 031

First Published by Notion Press 2020

ISBN 978-16-49190-38-3

समर्पण

यह पुस्तक समर्पित है -

उन सभी खोजी आत्माओं को,

जो सत्य की ज्योति को अपने भीतर

और संसार के हर कोने में जलाना चाहते हैं।

भारतीय संविधान के धारा-51 (ए)

नागरिक का मौलिक कर्तव्य के अनुसार

01. संविधान के प्रति प्रतिबद्धता, इसके आदर्शों, धाराओं, राष्ट्रीय ध्वज व राष्ट्रीय गान का आदर करना।
02. स्वतंत्रता के लिए संघर्ष हेतु प्रेरित करने वाले सुआदर्शों का अनुकरण करना व उन्हें चिरस्थायी बनाना।
03. भारत की सर्वोच्चता, एकता और अखण्डता की रक्षा करना तथा समर्थन करना।
04. जब भी आवश्यकता पड़े देश की रक्षा करना व राष्ट्रीय सेवाओं हेतु समर्पित होना।
05. समाज में भाई-चारें की भावना का विस्तार करना, मातृत्व भाव, धार्मिक, भाषायिक, क्षेत्रीय विभिन्नताओं में एकता कायम करना तथा नारी सम्मान आदि का ध्यान देना।
06. अपने मिश्रित संस्कृति का मूल्यांकन करना उसको स्थायित्व देना और इसकी परम्परा को कायम रखना।
07. प्राकृतिक सम्पदा की रक्षा करना जिसमें जलवायु, जंगल, झील, नदियां, जंगली जीवों व समस्त जीवों के प्रति दया का भाव सम्मिलित है।
08. वैज्ञानिक भावना को प्रोत्साहित करना, मानवीय भावनाओं के स्वरूप की परख करते रहना।
09. जन सम्पत्ति की सुरक्षा करना और हिंसा आदि का परित्याग करना।
10. व्यक्तिगत, सामूहिक गतिविधियों के प्रत्येक क्षेत्र में सर्वोच्चता हासिल करना, जिससे राष्ट्र शतत उत्थान, प्रयत्न व प्राप्ति की ओर अग्रसर होता रहे।
11. जो कि माता-पिता या अभिभावक हो, वे अपने 6 साल से 14 साल के बच्चों को शिक्षा या अन्य ऐसे सुअवसरों का लाभ उन्हें मुहैया करावें।

मूल जीवन मंत्र

"हे प्रभु, तेरे प्यार में बस दो ही बातें है। एक तो अपना कल्याण करूँ, दूसरा तुझ जैसा बन सबका कल्याण करूँ"

विषय- सूची

मुख पृष्ठ की व्याख्या
भूमिका

उपासना और उपासना स्थल
पौराणिक देवी-देवता: मनुष्य समाज के विभिन्न पदों के मानक चरित्र

भाग-1: धर्म

धर्म का अर्थ, धर्म और रिलिजन
धर्म की परिभाषा, तत्व चिंतन और आवश्यकता
धर्म एवं दर्शन, धर्मदर्शन, विज्ञान, नैतिकता
धर्म में वस्तु तत्व एवं प्रतीक
धर्मसमभाव की अवधारणा और विश्वधर्म का आधार

भाग-2: भारत माता मन्दिर

सत्यमित्रानन्द गिरि
भारत माता मन्दिर

भाग-3: विश्व धर्म मन्दिर

स्वामी विवेकानन्द
रामकृष्ण मन्दिर
स्वामी विवेकानन्द के व्याख्यान
01. धर्म महासभा स्वागत भाषण का उत्तर, दिनांक 11 सितम्बर, 1893
02. हमारे मतभेद का कारण, 15 सितम्बर, 1893
03. हिन्दू धर्म, 19 सितम्बर, 1893
04. धर्म भारत की प्रधान आवश्यकता नहीं, 20 सितम्बर, 1893
05. बौद्ध धर्म, 26 सितम्बर, 1893
लव कुश सिंह "विश्वमानव
विश्व धर्म मन्दिर

भाग-4: परिवर्तन

सीधी समझ
नये भारत में, नये मनुष्य के उदय के लिए

व्यवस्था के परिवर्तन या सत्यीकरण का पहला प्रारूप और उसकी कार्य विधि
वे शब्द जिसके बिना युग परिवर्तन सम्भव नहीं

भाग-5: केन्द्र या मध्य (भारत) में पांचवां और अन्तिम सत्यकाशी पीठ

सत्यकाशी पीठ: स्थान
सत्यकाशी पीठ: इतिहास और उद्देश्य
पाँचवाँ और अंतिम शंकराचार्य पीठ: इसकी विशेषता

भाग-6: सत्यकाशी पीठ के कार्य

धारा-उद्धार: धर्म की पुनर्स्थापना
मनुष्य चेतना का रूपांतरण
साधना, दीक्षा और आध्यात्मिक अनुष्ठान
वैश्विक कार्य: मानवता के लिए संदेश
शिव-तत्व और कल्कि-तत्व का मिलन
"सार्वभौम सत्य-सिद्धान्त" पर आधारित "युग परिवर्तन श्रृंखला" के नवयुग के शास्त्र-साहित्य

मुख पृष्ठ की व्याख्या

यह मुख पृष्ठ "भारत माता मन्दिर और विश्वधर्म मन्दिर" की अवधारणा को दो भव्य, प्रतीकात्मक ग्रंथ-आकृतियों के माध्यम से अत्यंत प्रभावशाली ढंग से प्रस्तुत करता है। सबसे ऊपर गहरे धूसर पृष्ठभूमि पर उभरते लाल और हरे अक्षर-**"भारत माता मन्दिर"** और **"विश्वधर्म मन्दिर"**-दो महत्वपूर्ण, परस्पर पूरक दृष्टियों को दर्शाते हैं: एक राष्ट्र-आत्मा का स्वरूप, और दूसरा सम्पूर्ण मानवजाति की वैश्विक आध्यात्मिक एकता का स्वर।

मुख पृष्ठ के मध्य में दो पुस्तकें खड़ी हैं, जैसे दो द्वार-दो मन्दिर-दो दर्शन।

पहली पुस्तक मिट्टी, सूर्य और यज्ञ की आभा से भरी हुई है, जिसमें एक पारंपरिक भारतीय मंदिर जड़ों से उगता हुआ प्रतीत होता है। यह दृश्य बताता है कि **भारत माता मन्दिर** केवल एक स्थापत्य नहीं, बल्कि भारत की सांस्कृतिक जड़ों, आध्यात्मिक परंपरा और धर्मनिष्ठ जीवन-दर्शन का उद्गम स्थल है। मंदिर के नीचे फैली स्वर्णिम जड़ें इस सत्य को प्रकट करती हैं कि भारत का आध्यात्मिक जीवन धरती से जुड़ा हुआ है-लोक, प्रकृति, संस्कृति और त्याग की प्राचीन परंपराओं से।

दूसरी पुस्तक नील आभाओं में डूबी हुई है। इसमें एक आधुनिक, बहु-स्तरीय, ऊर्जा-संचालित मंदिर का रूप उभरता है, जो विज्ञान, अध्यात्म, गणित और चेतना के सम्मिश्रण जैसा लगता है। इसके केंद्र में स्थित ज्यामितीय बीज-चिह्न और उसके चारों ओर घूमते ऊर्जा-बिंदु यह संदेश देते हैं कि **विश्वधर्म मन्दिर** किसी एक राष्ट्र या एक मत का नहीं, बल्कि उस सार्वभौमिक धर्म का प्रतीक है जो सभी परंपराओं, संस्कृतियों और सभ्यताओं को एक सूत्र में बाँधता है-वह धर्म जो मानवता को केंद्र में रखता है।

दोनों पुस्तकों/मन्दिरों के नीचे लिखा हुआ **"सत्यकाशी पीठ"** कवर को एक आध्यात्मिक अधिकार और विशिष्ट परंपरा से जोड़ता है, जबकि उपशीर्षक **"पाँचवां और अन्तिम शंकराचार्य पीठ"** संकेत करता है कि यह ग्रंथ केवल विचार नहीं, बल्कि एक प्राचीन भारतीय दार्शनिक निरन्तरता का आधुनिक पुनर्जन्म है।

समग्र रूप से यह मुख पृष्ठ दो महान दृष्टियों-**राष्ट्र-चेतना** और **विश्व-चेतना**-को एक ही दृश्य में जोड़ते हुए यह संदेश देता है कि सच का मार्ग पहले भारत से होकर जाता है और फिर विश्व तक फैलता है। यह कवर न केवल सौंदर्यपूर्ण है, बल्कि दर्शन, आध्यात्मिकता और भविष्य के मानव धर्म का चित्रात्मक घोषणापत्र भी है।

भूमिका

मनुष्य सभ्यता की समस्त आध्यात्मिक और दार्शनिक यात्रा का अंतिम लक्ष्य सदैव एक ही रहा है-समष्टि चेतना का जागरण, समाज का एकात्मकरण और सत्य-धर्म का विराट रूप। "भारत माता मन्दिर और विश्वधर्म मन्दिर" उसी यात्रा का आधुनिक रूपांतरण है, जो प्राचीन वेद, उपनिषद्, पुराण, महाभारत और विश्वशास्त्र के पाँच क्रमिक शास्त्रीय चरणों के आधार पर मानवता को पुनः एक सार्वभौमिक आत्मा की ओर ले जाने का प्रयास करता है-वेद जहाँ सार्वभौम आत्मा के ज्ञान द्वारा समाज को एक करता है, उपनिषद् जहाँ उस सत्य को नाम-रूप में बाँधकर स्थिरता देता है, पुराण जहाँ कृति-कथाओं द्वारा धर्म और लोकचेतना को जोड़ते हैं, महाभारत जहाँ प्रकृति और धर्म के संघर्ष को जीवन के यथार्थ में रखता है, और अंततः विश्वशास्त्र-"द नॉलेज ऑफ फाइनल नॉलेज"-जहाँ कर्मज्ञान, काल, चेतना और सार्वभौमिक सत्य को मिलाकर मानवता के लिए अंतिम मार्ग प्रस्तुत किया गया है । यह ग्रंथ धर्म को किसी एक मकान, संप्रदाय या आस्था की सीमाओं में नहीं बाँधता, बल्कि धर्म की उस मूल परिभाषा को पुनः प्रतिष्ठित करता है जिसमें धर्म का अर्थ मनुष्य को मनुष्य से, समाज को समाज से और विश्व को विश्व से जोड़ना है। यही कारण है कि पुस्तक धर्म और रिलिजन के अंतर को स्पष्ट करते हुए बताती है कि वास्तविक धर्म वह है जो सभी मतों और विचार परंपराओं को अपने भीतर समाहित कर सके, और इसी समावेशी दृष्टि से "विश्वधर्म" की अवधारणा जन्म लेती है, जिसमें विज्ञान, नैतिकता, दर्शन, परंपरा, योग और विवेक-सभी एक ही सत्यमूलक चेतना में अभिव्यक्त होते हैं ।

भारत माता मन्दिर का विचार केवल एक मंदिर की अवधारणा नहीं, बल्कि भारत की आत्मा-सत्य, तपस्या, त्याग, गुरुकुल, मानवता और वेदांत-का दृश्य रूप है। सत्यमित्रानन्द गिरि द्वारा स्थापित इस मंदिर में भारत भूमि को केवल एक भूगोल नहीं बल्कि एक आध्यात्मिक सत्ता-एक "माता"-के रूप में देखा गया, जिसका उद्देश्य मानवता को धर्म के सही स्वरूप से परिचित कराना है । यह पुस्तक आगे बढ़कर इस परंपरा को "विश्वधर्म मन्दिर" की अवधारणा से जोड़ती है, जो भारत की आत्मा का जगत में विस्तार है। विश्वधर्म मन्दिर वह स्थान है जहाँ विवेकानन्द के शिकागो भाषणों का सार, रामकृष्ण परमहंस की सार्वभौमिकता और आधुनिक मानव-चेतना का वैज्ञानिक स्वर एक साथ खड़े दिखाई देते हैं। विवेकानन्द बार-बार कहते हैं कि धर्म का अंतिम उद्देश्य पारलौकिकता में उलझना नहीं, बल्कि मनुष्य को अधिक वैज्ञानिक, अधिक नैतिक और अधिक आत्मानुशासित बनाना है; और यदि विज्ञान और अध्यात्म साथ न चल सकें तो मानवता का अर्थपूर्ण अस्तित्व ही संकट में पड़ जाएगा । विश्वधर्म मन्दिर इसी चेतना का रूप है-जहाँ न कोई संप्रदाय श्रेष्ठ है, न कोई दूसरा तुच्छ; जहाँ मतभेद बाधा नहीं बल्कि विविधता का सौंदर्य हैं; जहाँ धर्म जीवन-यापन की कला है, न कि विभाजन का माध्यम।

यह ग्रंथ यह भी स्पष्ट करता है कि भारत माता मन्दिर और विश्वधर्म मन्दिर दो अलग-अलग दिशाएँ नहीं, बल्कि एक ही चेतना के दो पड़ाव हैं-एक जड़ (Root), दूसरा विस्तार (Expansion)। भारत माता मन्दिर वह भूमि है जहाँ मनुष्य अपनी पहचान, संस्कृति, इतिहास, परंपरा और आध्यात्मिक जड़ों से जुड़ता है-वह "अद्वितीय भारत" जिसे वेदों से विश्वशास्त्र तक एक ही सूत्र में पिरोया गया है। और विश्वधर्म मन्दिर वह स्थल है जहाँ वही चेतना "विश्वमानव" के रूप में प्रकट होती है-एक ऐसा मानव जिसकी पहचान किसी एक राष्ट्र से नहीं, बल्कि समस्त विश्व-समाज की सेवा, नैतिकता, विज्ञान और सत्य से होती है। इसी संदर्भ में ग्रंथ में बार-बार "विश्वमानव" का उल्लेख आता है-एक ऐसा मनुष्य जिसके जीवन, कर्म और ज्ञान में शैव, वैष्णव, वेदांत, योग, विज्ञान, नेतृत्व, समाज-निर्माण, रचनाकार, नीति, शिक्षा और शास्त्र-सभी एक ही सुसंगत रूप में दिखाई देते हैं, और जो अनेक दृष्टियों से "अवतार-मानक" का चरित्र धारण करता है ।

विश्वशास्त्र के अनुसार, मानवता अब उस युग में प्रवेश कर चुकी है जहाँ धर्म का भविष्य किसी चमत्कार, अलौकिकता या अंधविश्वास में नहीं बल्कि वैज्ञानिक चेतना और सामूहिक नैतिकता में है। आधुनिक मानव दिव्यताओं को आकाश से नहीं, अपनी ही धरती पर उतार लाने के लिए प्रयत्न कर रहा है; वह पृथ्वी को ही स्वर्ग बनाने की चाह रखता है, और यह सम्भव तभी है जब धर्म को सार्वभौमिक सत्य, कर्म, विवेक और अनुभव की कसौटी पर पुनर्स्थापित किया जाए । इसी से विश्वधर्म-एक ऐसा धर्म जो व्यक्ति-धर्म, समाज-धर्म, राष्ट्र-धर्म और विश्व-धर्म को एकीकृत कर सके-आज की आवश्यकता बन जाता है। विश्वधर्म किसी नए पंथ की स्थापना नहीं करता; वह पुराने मतभेदों को समाप्त कर यह भाव स्थापित करता है कि सभी धर्म सार्वभौमिक आत्मा की ओर जाने वाले भ्रमित या अपूर्ण मार्ग हैं, और पूर्ण मार्ग वही है जहाँ सत्य, करुणा, कर्तव्य, बुद्धि और समन्वय एक साथ चलते हैं।

यह पुस्तक यह भी बताती है कि विश्वधर्म कोई काल्पनिक आदर्श नहीं, बल्कि "कार्य-योजना" के रूप में पहले से व्यक्त है-जिसमें राष्ट्रीय रचनात्मक आन्दोलन, स्वराज-सुराज आन्दोलन, प्राकृतिक सत्य शिक्षा, विश्व राजनीतिक पार्टी संघ, विश्व एकीकरण आंदोलन जैसी योजनाएँ मानवता के वास्तविक परिवर्तन का मार्ग प्रस्तुत करती हैं । ये सारी व्यवस्थाएँ व्यक्ति से ग्राम, ग्राम से देश और देश से विश्व तक की यात्रा को एक ही क्रम में स्थापित करती हैं-यही "विश्वभारत" की शिक्षा है, जिसका उद्देश्य मानव-समाज को उसके स्वार्थ, कर्तव्य और संबंधों के वैज्ञानिक संतुलन के आधार पर जोड़ना है ।

इस प्रकार "भारत माता मन्दिर और विश्वधर्म मन्दिर" केवल एक पुस्तक नहीं, बल्कि एक युग-दृष्टि है-जिसमें भारत की सांस्कृतिक जड़ें और विश्व की आध्यात्मिक दिशा एक ही चेतना में समाहित होती हैं। यह ग्रंथ भारत माता को आदर्श और विश्वधर्म को लक्ष्य मानकर मानवता को उस स्वर्णयुग की ओर ले चलता है जहाँ धर्म "एकत्व" है, राजनीति "सेवा" है, समाज "समन्वय" है, विज्ञान "चेतना" है और मनुष्य "विश्वमानव" है।

✍ लव कुश सिंह "विश्वमानव"

एक शोधक, चिंतक और मार्गदर्शक, जिन्होंने अपना जीवन *मानवता, आत्मा और नव-सृष्टि* के अध्ययन एवं लेखन को समर्पित किया है।

- प्रमुख ग्रंथ: *विश्वशास्त्र*
- दृष्टि: *नव-मनुष्य और नव-संसार का निर्माण*

उपासना और उपासना स्थल

उपासना

उपासना परमात्मा की प्राप्ति का साधन विशेष। "उपासना" का शब्दार्थ है - "अपने इष्टदेवता की समीप (उप) स्थिति या बैठना (आसन)"। आचार्य शंकर की व्याख्या के अनुसार "उपास्य वस्तु को शास्त्रोक्त विधि से बुद्धि का विषय बनाकर, उसके समीप पहुँचकर, तैल धारा के सदृश समानवृत्तियों के प्रवाह से दीर्घकाल तक उसमें स्थिर रहने को उपासना कहते हैं" (गीता 12.3 पर शांकर भाष्य)।

उपासना के लिए व्यक्त तथा अव्यक्त दोनों आधार मान्य हैं, परंतु अव्यक्त की उपासना में अधिकतर क्लेश होता है और इसीलिए गीता (12.5) व्यक्तोपासना को सुलभ, सद्यः फलदायक तथा सुबोध मानती है। जीव वस्तुतः शिव ही है, परंतु अज्ञान के कारण वह इस प्रपंच के पचड़े में पड़कर भटकता फिरता है। अतः ज्ञान के द्वारा अज्ञान की ग्रंथि का उन्मोलन कर स्वशक्ति की अभिव्यक्ति करना ही उपासना का लक्ष्य है जिससे जीव की दुःख प्रपंच से सद्यः मुक्ति संपन्न होती है (अज्ञान ग्रंथिभिदा स्वशक्त्याभिव्यक्तता मोक्षः - परमार्थसार, कारिका 60)। साधारणतया दो मार्ग उपदिष्ट हैं - ज्ञानमार्ग तथा भक्तिमार्ग। ज्ञान के द्वारा अज्ञान का नाश कर जब परमतत्व का साक्षात्कार संपन्न होता है, तब उस उपासना को ज्ञानमार्गीय संज्ञा दी जाती है। भक्तिमार्ग में भक्ति ही भगवान के साक्षात्कार का मुख्य साधन स्वीकृत की जाती है। भक्ति ईश्वर में सर्वश्रेष्ठ अनुरक्ति (सा परानुरक्तिरीश्वरे- शांडिल्यसूत्र) है। सर्वसाधारण के लिए ज्ञानमार्गी कठिन, दुर्गम तथा दुर्बोध होता है (क्षुरस्य धारा निशिता दुरत्यया दुर्ग पथस्तत कवयो वदन्ति-कठ. 1.3.14)। भागवत (10.14.4) ने ज्ञानमार्गीय उपासना को भूसा कूटने के समान विशेष क्लेशदायक बतलाया है। अधिकारी भेद से दोनों ही मार्ग उपादेय तथा स्वतंत्र रूप से फल देनेवाले हैं।

श्रीवैष्णवों की उपासना पाँच प्रकार की मानी गई है-अभिगमन (भगवान के प्रति अभिमुख होना), उपादान (पूजार्थ सामग्री), इज्या (पूजा), स्वाध्याय (आगम ग्रंथों का मनन) तथा योग (अष्टांग योग का अनुष्ठान)।

उपासना स्थल

भारतीय धर्मों (सनातन धर्म, जैन धर्म, बौद्ध धर्म, सिख धर्म आदि) हिन्दुओं के उपासना स्थल को "मन्दिर" कहते हैं। यह अराधना और पूजा-अर्चना के लिए निश्चित की हुई जगह या देवस्थान है। यानी जिस जगह किसी आराध्य देव के प्रति ध्यान या चिंतन किया जाए या वहां मूर्ति इत्यादि रखकर पूजा-अर्चना की जाए उसे मन्दिर कहते हैं। मन्दिर का शाब्दिक अर्थ "घर" है। वस्तुतः सही शब्द "देवमन्दिर", "शिवमन्दिर", "कालीमन्दिर" आदि हैं। और मठ वह स्थान है जहां किसी सम्प्रदाय, धर्म या परंपरा विशेष में आस्था रखने वाले शिष्य आचार्य या धर्मगुरु अपने सम्प्रदाय के संरक्षण और संवर्द्धन के उद्देश्य से धर्म ग्रन्थों पर विचार विमर्श करते हैं या उनकी व्याख्या करते हैं जिससे उस सम्प्रदाय के मानने वालों का हित हो और उन्हें पता चल सके कि उनके धर्म में क्या है। उदाहरण के लिए बौद्ध विहारों की तुलना हिन्दू मठों या ईसाई मोनेस्ट्रीज से की जा सकती है। लेकिन "मठ" शब्द का प्रयोग शंकराचार्य के काल यानी सातवीं या आठवीं शताब्दी से शुरु हुआ माना जाता है।

सार्वभौम सनातन-हिन्दू, सम्पूर्ण ब्रह्माण्ड को ही ईश्वर (सार्वभौम सत्य-सिद्धान्त) का दृश्य रूप मानता है इसलिए ब्रह्माण्ड के प्रत्येक वस्तु में ईश्वर ही देखता है और उसके गुण के अनुसार मनुष्य रूप का प्रक्षेपण, उस वस्तु-विषय का मानक चरित्र जिसे पुराणों में कथाओं के माध्यम से बताया गया है। इस प्रकार सार्वभौम सनातन-हिन्दू धर्म में अनेक देवी-देवताओं की मूर्तियाँ पायीं जाती हैं और उस अनुसार उनके उपासना के लिए मन्दिर रूप में उपासना स्थल।

मानव सभ्यता के विकास के कालक्रम में कर्म कर अनुभव के ज्ञान सूत्र का संकलन ही वेद के रूप में व्यक्त हुआ जिससे आने वाली पीढ़ी मार्गदर्शन को प्राप्त कर सके और अपना समय बचाते हुए कर्म कर सके। अर्थात् प्रत्येक साकार सफल नेतृत्व के साथ उसके अनुभव का निराकार ज्ञान सूत्र के संकलन की समानान्तर प्रक्रिया भी चलती रही। और यह सभी प्रक्रिया मानव जाति के श्रेष्ठतम विकास के लिए ही की जा रही थी। मनुष्य को युगानुसार शास्त्र का अध्ययन करना चाहिए लेकिन समाज पुराने में ही उलझ जाता है इसलिए ही विकास अवरूद्ध

होता है। समाज को एकात्म करने के लिए शास्त्र की रचना करना व उसका प्रचार-प्रसार करने वाले व्यास कहलाये। एकात्म करने की यह कला और कुछ नहीं वर्तमान अर्थो में "मानकीकरण" करना है। व्यास द्वारा शास्त्र रचना के युगानुसार निम्न चरण पूरे हुए।

1.सार्वभौम आत्मा के "ज्ञान"द्वारा समाज को एकात्म (मानकीकरण) करने के लिए शास्त्र-वेद

वेदों को मूलत-सार्वभौम ज्ञान का शास्त्र समझना चाहिए। जिनका मूल उद्देश्य यह बताना था कि "एक ही सार्वभौम आत्मा के सभी प्रकाश हैं अर्थात् बहुरूप में प्रकाशित एक ही सत्ता है। इस प्रकार हम सभी एक ही कुटुम्ब के सदस्य है।"

जब वेद लोंगो के समझ में कम आने लगा या समाज उसी में उलझ गया और उससे समाज को एकात्म करना कठिन होने लगा तब उसके व्याख्या का शास्त्र उपनिषद् की रचना की गई।

2.सार्वभौम आत्मा के "नाम" द्वारा समाज को एकात्म (मानकीकरण) करने के लिए शास्त्र-उपनिषद्

उपनिषदों की शिक्षा उस सार्वभौम आत्मा के नाम के अर्थ की व्याख्या के माध्यम से उस सार्वभौम आत्मा को समझाना है।

जब उपनिषद् लोंगो के समझ में कम आने लगा या समाज उसी में उलझ गया और उससे समाज को एकात्म करना कठिन होने लगा तब पौराणिक वंशावली में हुए साकार विष्णु कर्तार, कमल कर्तार, ब्रह्मा कर्तार और रूद्र-शिव के निराकार एवं साकार रूप को प्रक्षेपित कर मानक चरित्र (व्यक्तिगत, सामाजिक और वैश्विक) का शास्त्र पुराण की रचना की गई।

3.सार्वभौम आत्मा के "कृति" कथा द्वारा समाज को एकात्म (मानकीकरण) करने के लिए शास्त्र-पुराण

वेद के ज्ञान सूत्र व उपनिषद् की वार्ता के अलावा मनुष्य को एकात्म करने के लिए दृश्य चित्र या वस्तु की आवश्यकता की विधि का प्रयोग ही पौराणिक देवी-देवता हैं। सार्वभौम आत्मा के कृति कथा द्वारा समाज को एकात्म करने के लिए पुराण शास्त्र ही देवी-देवताओं के उत्पत्ति का कारण है। जिसे उत्पन्न करने का कारण मानव को एक आदर्श मानक पैमाना व लक्ष्य देना था जिससे वे मार्गदर्शन प्राप्त कर सकें। वेद और उपनिषद् शास्त्र में देवी-देवता के स्थान पर मात्र प्रकृति-पुरूष का प्रतीक चिन्ह-शिवलिंग ही व्यक्त था। मनुष्य या कोई भी जीव जब अपने ईश्वर का रूप निर्धारित करेगा तब वह अपनी ही शारीरिक संरचना रूप में ही कल्पना कर सकता है। इस मानवीय रूप के निर्धारण में गुणों को वस्त्र-आभूषण, वाहन इत्यादि के प्रतीक के माध्यम से व्यक्त किया गया। पुराणों में निम्नलिखित विधि से देवी-देवताओं की उत्पत्ति की गयी है-

1. **सार्वभौम आत्मा से ब्रह्माण्ड और उसके परिवार** जैसे सूर्य, चाँद, ग्रह, नक्षत्र, नदी, समुद्र, पर्वत इत्यादि को देवी-देवता के रूप में एक मानवीय रूप द्वारा गुणों के अनुसार निरूपित कर प्रक्षेपित किया गया। जिससे यह ज्ञान प्राप्त हो सके कि उस अदृश्य ईश्वर की कृति यह ब्रह्माण्ड उसका दृश्य रूप है अर्थात् यह दृश्य ब्रह्माण्ड ही हमारा दृश्य ईश्वर है। अर्थात् जिस प्रकार हम ईश्वर से प्रेम करते हैं उसी प्रकार हमें इस दृश्य ईश्वर-ब्रह्माण्ड से प्रेम करना चाहिए जो हमें प्रत्यक्ष रूप में जीवन संसाधन उपलब्ध कराता है।

2. **सार्वभौम आत्मा से मनुष्य और उसके परिवार** को देवी-देवता के रूप में एक मानवीय रूप द्वारा गुणों के अनुसार निरूपित कर प्रक्षेपित किया गया। जिससे यह ज्ञान प्राप्त हो सके कि उस अदृश्य ईश्वर की कृति यह मनुष्य उसका दृश्य रूप है अर्थात् यह दृश्य मनुष्य ही हमारा दृश्य ईश्वर है। अर्थात् जिस प्रकार हम ईश्वर से प्रेम करते हैं उसी प्रकार हमें इस दृश्य ईश्वर-मानव से प्रेम करना चाहिए जो हमें प्रत्यक्ष रूप में जीवन संसाधन उपलब्ध कराता है।

मनुष्य को उसके कार्य क्षेत्र के अनुसार सर्वोच्च आदर्श मानक चरित्र प्रक्षेपित किये गये जिससे मनुष्य मार्गदर्शन प्राप्त कर सके। कार्य क्षेत्र अनुसार सर्वोच्च आदर्श मानक चरित्र निम्नवत् हैं-

अ. व्यक्तिगत कार्य क्षेत्र स्तर-ब्रह्मा अर्थात् एकात्मज्ञान परिवार

ब. सामाजिक कार्य क्षेत्र स्तर-विष्णु अर्थात् एकात्म ज्ञान सहित एकात्म कर्म परिवार

स. वैश्विक/ब्रह्माण्डीय कार्य क्षेत्र स्तर-शिव-शंकर अर्थात् एकात्म ज्ञान और एकात्म कर्म सहित एकात्म ध्यान परिवार

उपरोक्त के अनुसार यह स्पष्ट है कि शास्त्राकार लेखक द्वारा पौराणिक देवी-देवताओं में ब्रह्मा-विष्णु-शिवशंकर परिवार के कार्य क्षेत्रानुसार मानक के रूप में प्रक्षेपित किये गये थे। मनुष्य की इच्छा "पाने" की अधिक होती है अलावा इसके कि "हो जाने" की। ऐसे व्यक्ति जो "हो जाने" में विश्वास रखते थे वे ही धरती पर मनुष्य रूप में आये और अवतार हो कर चले गये। अवतार का अर्थ ही होता है सर्वोच्च लक्ष्य सिद्धान्त के अनुसार नीचे उतरना जबकि मनुष्य का अर्थ होता है नीचे से ऊपर की ओर बढ़ना। शास्त्राकार लेखक ने मानव जाति को ईश्वर की ओर विकास करने या ईश्वर के रूप में बन जाने के लिए इन देवी-देवताओं का रूप प्रक्षेपित किया था लेकिन ये पूजा और आयोजन में बदल गया और अन्य धर्म-सम्प्रदाय के आ जाने से यह एक विशेष धर्म का ही जाना जाने लगा। जिस प्रकार आम की लकड़ी से कुर्सी, मेज, दरवाजा, खिड़की बनाया गया और आम गायब होकर कुर्सी, मेज, दरवाजा, खिड़की हो गया उसी प्रकार सम्पूर्ण पृथ्वी के मनुष्य के मागदर्शन के लिए व्यक्त मानक देवी-देवताओं का अर्थ गायब होकर मूर्तिपूजा में बदलकर एक धर्म का हो गया।

पुराण लिखने का मुख्य आधार-

जब पुराण लोंगो के समझ में कम आने लगा या समाज उसी में उलझ गया और उससे समाज को एकात्म करना कठिन होने लगा तब मानवीय वंशावली में हुए अनेक विभिन्न प्रकृति-चरित्र के साकार मानव और उनके निराकार एवं साकार रूप को प्रक्षेपित कर प्रकृति-चरित्र (व्यक्तिगत, सामाजिक और वैश्विक) का शास्त्र महाभारत की रचना की गई।

4. सार्वभौम आत्मा के प्रकृति द्वारा समाज को एकात्म (मानकीकरण) करने के लिए शास्त्र-महाभारत

महाभारत की शिक्षा अपनी प्रकृति में स्थित रहकर व्यक्तिगत प्रमाणित स्वार्थ (लक्ष्य) को प्राप्त करने के अनुसार सम्बन्धों का आधार बनाने की शिक्षा है। गीता की शिक्षा-गीता की मूल शिक्षा प्रकृति में व्याप्त मूल तीन सत्व, रज और तम गुण के आधार पर व्यक्त विषयों जिसमें मनुष्य भी शामिल है, की पहचान करने की शिक्षा दी गयी है और उससे मुक्त रहकर कर्म करने को निष्काम कर्मयोग तथा उसमें स्थित रहने को स्थितप्रज्ञ और ईश्वर से साक्षात्कार करने का मार्ग समझाया गया।

महाभारत पुराण लिखने का मुख्य आधार-

शरीर- क्षेत्र (10 इन्द्रियाँ, मन, बुद्धि, अहंकार, 5 विकार और 3 गुण) जो प्रकृति के तीन गुणों से परवश होकर कर्म करता है।

दैवी शरीर या धर्मक्षेत्र- हृदय देश में दैवी सम्पत्ति का बाहुल्य शरीर

आसुरी शरीर या कुरूक्षेत्र- हृदय देश में आसुरी सम्पत्ति का बाहुल्य शरीर

धृतराष्ट्र- अज्ञान रूपी

संजय- संयम रूपी

पाण्डव- दैवी सम्पत्ति

भीम- महान ईश में वास दिलाने वाला भाव

अर्जुन- अनुराग रूपी
सात्यकि- सात्विकता रूपी
विराट- सर्वत्र ईश्वरीय प्रवाह
द्रुपद- अचल स्थिति
द्रौपदी- ध्यान रूपी
वात्सल्य- द्रौपदी का पुत्र (ध्यान से उत्पन्न गुण)
लावण्य- द्रौपदी का पुत्र (ध्यान से उत्पन्न गुण)
सहृदयता- द्रौपदी का पुत्र (ध्यान से उत्पन्न गुण)
सौम्यता- द्रौपदी का पुत्र (ध्यान से उत्पन्न गुण)
स्थिरता- द्रौपदी का पुत्र (ध्यान से उत्पन्न गुण)
सुभद्रा- शुभ आधार
धृष्टकेतू- दृढ़ कर्त्तव्य
चेकितान- चित्त को खिंचकर इष्ट में लाना
पुरूजित- स्थूल, सूक्ष्म व कारण शरीर पर विजय पाना
काशिराज- कायारूपी काशी का सम्राज्य
कुन्तिभोज- कर्त्तव्य से भव पर विजय
शैव्य- नरो में श्रेष्ठ
युधामन्यु- युद्ध के अनुरूप मन की धारणा
उत्तमौजा- शुभ की मस्ती
अभिमन्यु- अभय मन। सुभद्रा का पुत्र (शुभ आधार से उत्पन्न गुण)

कौरव- आसुरी सम्पत्ति

दुर्योधन- मोह या दूशित मन
द्रोणाचार्य- द्वैत का आचरण
धृष्टधुम्न- शाश्वत अचल पद में आस्था रखने वाला मन
भीष्म- भ्रम रूपी
कर्ण- कर्म रूपी
कृपाचार्य- साधक द्वारा कृपा का आचरण
अश्वत्थामा- आसक्ति रूपी
विकर्ण- विकल्प रूपी
भूरिश्रवा- भ्रममयी श्वास
शिखण्डी- शिखा-सूत्र का त्याग

जब महाभारत लोंगो के समझ में कम आने लगा या समाज उसी में उलझ गया और उससे समाज को एकात्म करना कठिन होने लगा तब काल, चेतना, कर्मज्ञान एवं सार्वभौम सत्य-सिद्धान्त और मानवी सिद्धान्त के एकीकरण सहित पूर्व के शास्त्र रचना का उद्देश्य का शास्त्र विश्वभारत समाहित विश्वशास्त्र की रचना की गई जिसका मुख्य गुण "सार्वभौम" है और महायोग-महामाया का अन्तिम उदाहरण बनाया गया।

5. सार्वभौम आत्मा के काल, चेतना और कर्मज्ञान द्वारा समाज को एकात्म करने के लिए शास्त्र- विश्वशास्त्र-द नालेज आफ फाइनल नालेज

विश्वशास्त्र की शिक्षा, उपरोक्त सभी को समझाना है और पूर्ण सार्वजनिक प्रमाणित काल, चेतना और ज्ञान-कर्मज्ञान से युक्त होकर कर्म करने की शिक्षा है। जिससे भारतीय शास्त्रों की वैश्विक स्वीकारीता स्थापित हो

और देवी-देवताओं के उत्पत्ति के उद्देश्य से भटक गये मनुष्य को शास्त्रों के मूल उद्देश्य की मुख्यधारा में लाया जा सके। विश्वभारत की शिक्षा-विश्वभारत, विश्वशास्त्र के स्थापना की योजना का शास्त्र है, जो विश्वशास्त्र का ही एक भाग है। विश्वभारत, की शिक्षा अपनी प्रकृति में स्थित रहकर सार्वजनिक प्रमाणित स्वार्थ (लक्ष्य) को प्राप्त करने के अनुसार सम्बन्धों का आधार बनाने की शिक्षा है।

****

लोग अपने देश को एक जड़ पदार्थ का टुकड़ा समझते है। खेत, वन और पहाड़ियों - नदियों के रूप में, लेकिन मैं अपने देश को अपनी माता मानता हूँ। मैं उसकी अराधना करता हूँ। माता के रूप में उसकी पूजा करता हूँ। यदि कोई राक्षस किसी पुत्र की माता की छाती पर चढ़कर उसका खून चूसने लगे तो वह पुत्र क्या करेगा? मैं यह जानता हूँ कि मुझमें इस गिरे हुए राष्ट्र को उबारने की शक्ति है। मैं शारीरिक शक्ति की बात नहीं कर रहा हूँ। मैं कोई तलवार या बंदूक उठाकर लड़ने नहीं जा रहा हूँ। मैं ज्ञान की शक्ति से विजय प्राप्त करूँगा।

– महर्षि अरविन्द

****

समस्त जगत का एकत्व-यही श्रेष्ठ धर्ममत हैं। मैं अमुक हूँ व्यक्ति विशेष-यह बहुत ही संकीर्ण भाव है। यथार्थ "अहम्" लिए, यह सत्य नहीं है। मैं विश्व व्यापक हूँ-इस धारणा पर प्रतिष्ठित हो जाओ और श्रेष्ठ की उपासना सदा श्रेष्ठ रूप में करो, कारण ईश्वर चैतन्य स्वरूप है, आत्म स्वरूप है, चैतन्य एवम् सत्य में ही उसकी उपासना करनी होगी। मानव चैतन्य स्वरूप है, और इसलिए मानव भी अनन्त है। और केवल अनन्त ही अनन्त की उपासना में समर्थ है। हम अनन्त की उपासना करेगें, वही सर्वोच्च आध्यात्मिक उपासना है।

हिन्दुओं के बारह महीनों में कितने ही पर्व होते हैं और उनका उद्देश्य यही है कि धर्म में जितने बड़े बड़े भाव है उनको सर्वसाधारण में फैलायें। परन्तु इसमें एक दोष भी है। साधारण लोग इनका यथार्थ भाव न जान उत्सवों में ही मग्न हो जाते हैं और उनकी पूर्ति होने पर कुछ लाभ न उठा ज्यों के त्यों बने रहते हैं। इस कारण ये उत्सव धर्म के बाहरी वस्त्र के समान धर्म के यथार्थ भावों को ढांके रहते हैं। (विवेकानन्द जी के संग में, पृष्ठ-27)

मुक्ति ही विश्व की प्रेरक है और मुक्ति ही इसका लक्ष्य है। प्रकृति के नियम में ऐसी पद्धतियाँ हैं जिनके द्वारा हम जगदम्बा के निर्देशन में, उस मुक्ति तक पहुँचने का संघर्ष करते हैं। मुक्ति के लिए इस विश्वव्यापी संघर्ष की सर्वोच्च अभिव्यक्ति मनुष्य में मुक्त होने की सजग अभिलाषा के रूप में होती है। यह मुक्ति तीन प्रकार से प्राप्त होती है-कर्म, उपासना और ज्ञान से। कर्म-दूसरों की सहायता करने और दूसरों को प्रेम करने का सतत अविरत प्रयत्न। उपासना-प्रार्थना-वन्दना, गुणगान और ध्यान। ज्ञान-जो ध्यान से उत्पन्न होता है। (भारत का ऐतिहासिक क्रम विकास और अन्य प्रबन्ध, पृष्ठ-73)

जाति समस्या का सूत्रपात था एवं भारत में कर्मकाण्ड, दर्शन तथा जड़वाद के मध्य उस त्रिभुजात्मक संग्राम का मूल भी यही था। जिसका समाधान हमारे इस युग तक सम्भव नहीं हो पाया है। इस समस्या के समाधान का प्रथम प्रयास था-सर्वसमन्वय के सिद्धान्त का उपयोग, जिसने आदिकाल से ही मनुष्य को अनेकत्व में भी विभिन्न स्वरूपों में लक्षित एक ही सत्य के दर्शन की शिक्षा दी। इस सम्प्रदाय के महान नेता क्षत्रिय वर्ग के स्वयं श्रीकृष्ण एवम् उनकी उपदेशावली गीता ने, जैनियों, बौद्धों एवम् इतर जन सम्प्रदायों द्वारा लायी गयी उथल-पुथल के फलस्वरूप विविध क्रान्तियों के बाद भी अपने को भारत का "अवतार" एवम् जीवन का यथार्थतम् दर्शन सिद्ध किया। यद्यपि थोड़े समय के लिए तनाव कम हो गया, लेकिन उसके मूल में निहित सामाजिक अभावों का-जाति परम्परा में क्षत्रियों द्वारा सर्वप्रथम होने का दावा एवम् पुरोहितों के विशेषाधिकार की सर्वविदित असहिष्णुता का-जो अनेक कारणों से दो थे-समाधान इससे नहीं हो सका। जातिभेद एवम् लिंगभेद को ठुकराकर कृष्ण ने आत्मज्ञान एवम् आत्मसाक्षात्कार का द्वार सब के लिए समान रूप से खोल दिया, लेकिन उन्होंने इस समस्या को सामाजिक स्तर पर ज्यों का त्यों बना रहने दिया। पुनः यह समस्या आज तक चली आ रही है। (भारत का ऐतिहासिक क्रम विकास और अन्य प्रबन्ध, पृष्ठ-6)

दो प्रकार के लोग ईश्वर की मनुष्य रुप में उपासना नहीं करते। एक तो नर पशु, जिसे धर्म का कोई ज्ञान नहीं और दूसरे परमहंस, जो मानव जाति के सारी दुर्बलताओं के उपर उठ चुके हैं और जो अपनी मानवी प्रकृति की सीमा के भी उस पार चले गये हैं। उनके लिए सारी प्रकृति आलस्यरुप हो गयी है। वे ही भगवान को उनके असल स्वरुप में भज सकते हैं। (भक्ति योग, पृष्ठ-42)

ईश्वर उस निरपेक्ष सत्ता की उच्चतम अभिव्यक्ति है, या यों कहिए, मानव मन के लिए जहाँ तक निरपेक्ष सत्य की धारणा करना सम्भव है, बस वहीं ईश्वर है। सृष्टि अनादि है और उसी प्रकार ईश्वर भी अनादि है (भक्ति योग, पृष्ठ-13)

यह सारा झगड़ा केवल इस "सत्य" शब्द के उलटफेर पर आधारित है। "सत्य" शब्द से जितने भाव सूचित होते हैं वे समस्त भाव "ईश्वर भाव" में आ जाते हैं। ईश्वर उतना ही सत्य है जितनी विश्व की कोई अन्य वस्तु। और वास्तव में, "सत्य" शब्द यहाँ पर जिस अर्थ में प्रयुक्त हुआ है, उससे अधिक "सत्य" शब्द का कोई अर्थ नहीं। यहीं हमारी ईश्वर सम्बन्धी दार्शनिक धारण है। (भक्ति योग, पृष्ठ-21)

जो व्यक्ति कहता है, इस जगत् का अस्तित्व है, किन्तु ईश्वर नहीं है, वह निर्बोध है, क्योंकि यदि जगत् हो, तो जगत् का एक कारण रहेगा और उसक कारण का नाम ही ईश्वर है। कार्य रहने पर ही उसका कारण है, यह जानना होगा। जब यह जगत् अन्तर्हित होगा, तब ईश्वर भी अन्तर्हित होंगे। जब आप ईश्वर के सहित अपना एकत्व अनुभव करेंगे, तब आपके पक्ष में यह जगत् फिर नहीं रहेगा। जिसे हम इस क्षण जगत् के रूप में देख रहे हैं, वही हमारे सम्मुख ईश्वर के रूप में प्रतिभासित होगा, एवं जिनको एक दिन हम बहिर्देश में अवस्थित समझते थे, वे ही हमारी आत्मा के अन्तरात्मा रूप में प्रतीत होंगे।-"तत्वमसि"-वही तुम हो। (धर्म-विज्ञान, पृष्ठ-135)

समग्र धर्म वेदान्त में ही है अर्थात् वेदान्त दर्शन के द्वैत, विशिष्टाद्वैत और अद्वैत। इन तीन स्तरों या भूमिकाओं में है और ये एक के बाद एक आते हैं तथा मनुष्य की आध्यात्मिक उन्नति के क्रम से तीन भूमिकाएं हैं। प्रत्येक भूमिका आवश्यक है। यहीं सार रुप से धर्म है भारत के नाना प्रकार के जातीय आचार व्यवहारों और धर्म मतों में वेदान्त के प्रयोग का नाम है-हिन्दू धर्म। यूरोप की जातियों के विचारों नें उसकी पहली भूमिका अर्थात् द्वैत का प्रयोग है-ईसाई धर्म। सेनेटिक जातियों में उसका ही प्रयोग है-इस्लाम धर्म। अद्वैतवाद ही अपनी योगानुभूति के आकार में हुआ-बौद्ध धर्म। इत्यादि, इत्यादि। धर्म का अर्थ है वेदान्त, उसका प्रयोग विभिन्न जातियों के विभिन्न प्रयोजन, पारिपार्शिवक अवस्था एवं अन्यान्य अवस्थाओं के अनुसार विभिन्न रुपों में बदलता ही रहेगा। मूल दार्शनिक तत्व एक होने पर भी तुम देखोगे कि शैव, शाक्त आदि हर एक ने अपने विशेष धर्ममत और अनुष्ठान पद्धति में उसे रुपान्तरित कर लिया है (पत्रावली भाग-1, पृष्ठ-318)

एक भक्त मन्दिर में फूल और अगरबत्ती लेकर ईश्वर की पूजा करता है। ठीक इसी तरह एक कर्मयोगी विस्तृत संसार में विभिन्न कर्मों को ईश्वरीय पूजा समझकर ही करता है। (योग क्या है?, पृष्ठ-38-39)

- स्वामी विवेकानन्द

****

"भगवान शिव, हनुमान, दुर्गा ब्रह्माण्ड की अलौकिक शक्तियाँ। ये देवी-देवता किसी पंथ से जुड़े नहीं हैं। इसलिए इनके पूजन और मन्दिर के रखरखाव का खर्च, धार्मिक कृत्य नहीं।"

- आयकर अपीलीय न्यायाधिकरण (ट्रिब्यूनल), नागपुर, भारत

श्री लव कुश सिंह "विश्वमानव" द्वारा स्पष्टीकरण

"धार्मिक कृत्य", जनता के शारीरिक-आर्थिक-मानसिक विकास से सम्बन्धित कार्य कहा जाता है। हिन्दू देवी-देवताओं का प्रक्षेपण ब्रह्माण्डीय सत्य-सिद्धान्त के अनुसार मानक चरित्र के रूप में मानव कल्याण के लिए उनके मस्तिष्क के विकास और मार्गदर्शन के लिए महर्षि व्यास द्वारा किया गया है। जब मानव कल्याण की बात आती है तो वह किसी भी पंथ से नहीं जुड़ सकता जैसे सूर्य सबको प्रकाश-ऊर्जा देता है, वर्षा द्वारा जल सभी को प्राप्त होता है इत्यादि, इसलिए सूर्य या जल देवता को किसी पंथ से नहीं जोड़ा जा सकता। यह सत्य है कि किसी भी उपासना स्थल के देवी-देवता के पूजन और उपासना स्थल के रखरखाव का खर्च किसी भी स्थिति में धार्मिक कृत्य

नहीं हो सकता। हाँ ऐसे स्थल के द्वारा जनता के शारीरिक-आर्थिक-मानसिक विकास से सम्बन्धित कार्य, धार्मिक कृत्य के अन्तर्गत आ सकता है। जिस प्रकार किसी उद्योग के रखरखाव में आया खर्च, खर्च होता है और उसके द्वारा उत्पादित वस्तु, उसका कृत्य उत्पाद होता है। उसी प्रकार उपासना स्थल के रखरखाव का खर्च, खर्च है और उसके द्वारा उत्पादित वस्तु अर्थात जन कल्याण कार्य, उसका कृत्य धर्मिक कृत्य होता है।

****

"हिन्दुत्व पर व्यापक व्याख्या शुरू" (20 वर्ष से लंबित मामला)

-सुप्रीम कोर्ट, भारत

श्री लव कुश सिंह "विश्वमानव" द्वारा स्पष्टीकरण

हिन्दुत्व पर बहस करने से कुछ नहीं प्राप्त होगा। बहस से कुछ हल नहीं निकलता, केवल मनोरंजन होता है। दूरदर्शन के अनके चैनलों पर हमेशा बहस होता है। सीधे-सीधे निम्नलिखित कुछ प्रश्न उठाकर समाज के बौद्धिक शक्ति से उत्तर माँग लिजिए। वह उत्तर ही हिन्दुत्व पर बहस का हल होगा-

1. जिस प्रकार भारत में एक राष्ट्रीय ध्वज (तिरंगा), एक राष्ट्रीय पक्षी (भारतीय मोर), एक राष्ट्रीय पुष्प (कमल), एक राष्ट्रीय पेड़ (भारतीय बरगद), एक राष्ट्रीय गान (जन गण मन), एक राष्ट्रीय नदी (गंगा), एक राष्ट्रीय प्रतीक (सारनाथ स्थित अशोक स्तम्भ का सिंह), एक राष्ट्रीय पंचांग (शक संवत पर आधारित), एक राष्ट्रीय पशु (बाघ), एक राष्ट्रीय गीत (वन्दे मातरम), एक राष्ट्रीय फल (आम), एक राष्ट्रीय खेल (हाकी), एक राष्ट्रीय मुद्रा चिन्ह, एक संविधान है उसी प्रकार एक राष्ट्रीय शास्त्र भी भारत को आवश्यकता है। जिससे नागरिक अपने व्यक्तिगत धर्म शास्त्र को मानते हुये भी राष्ट्रधर्म को भी जान सके। जो लोकतन्त्र का धर्मनिरपेक्ष-सर्वधर्मसमभाव शास्त्र भी होगा। इसके लिए संरकार व समाज प्रयत्न करें।
2. क्या राष्ट्रपुत्र के रूप में स्वामी विवेकानन्द को मान्यता दे दी जाय?
3. "शिक्षा के अधिकार अधिनियम" के बाद अब "पूर्ण शिक्षा का अधिकार अधिनियम" बनना चाहिए। पूर्ण शिक्षा पाठ्यक्रम किस प्रकार बनाया जाय और उसका स्वरूप क्या होगा?
4. देश, व्यक्ति व संस्था किस प्रकार के नागरिक का निर्माण करना चाहते हैं और उसका मानक क्या हैं?
5. ऐसा कौन सा सार्वजनिक प्रमाणित सत्य-सिद्धान्त है जो पूर्णतया विवादमुक्त है जिससे सभी तन्त्रों को विवादमुक्त कर उसका सत्यीकरण किया जा सके?
6. गणराज्य का सत्य रूप क्या है? जिससे हम सबसे बड़े लोकतन्त्र को पूर्णता प्रदान करते हुये विश्व को एक मानक लोकतन्त्र दे सकें?
7. मन या मानव संसाधन का विश्व मानक निर्धारण करना आवश्यक है वह कैसे निर्मित हो?

उपरोक्त कार्य संवैधानिक विकास व लोकतन्त्र की पूर्णता का ही कदम है।

पौराणिक देवी-देवता: मनुष्य समाज के विभिन्न पदों के मानक चरित्र

पृथ्वी की उत्पत्ति कैसे हुई, मानव एवं अन्य जीवधारी तथा वनस्पतियों का क्रमिक विकास कैसे हुआ? फिर ईश्वर, अवतार, देवी-देवता कैसे आये? इसे जानने के केवल दो रास्ते हैं।

अ. अदृश्य काल-यह वह समय है जिसमें आधुनिक भौतिक विज्ञान का विकास नहीं हुआ था। इस काल में 1.सत्ययुग, 2.त्रेतायुग और 3.द्वापर युग था।

1. धार्मिक मत का रास्ता-वर्तमान से 5000 वर्ष पुराने वैदिक धर्म के अनुसार
2. वैज्ञानिक मत का रास्ता-आधुनिक विज्ञान उपलब्ध नहीं था

ब. दृश्य काल-यह वह समय है जिसमें आधुनिक भौतिक विज्ञान का विकास हो चुका था। इस काल में 4.कलियुग था।

1. धार्मिक मत का रास्ता-वर्तमान से 2000 वर्ष पुराने ईसाइ धर्म और वर्तमान से 1400 वर्ष पुराने इस्लाम धर्म के अनुसार
2. वैज्ञानिक मत का रास्ता-आधुनिक विज्ञान के अनुसार

धार्मिक मतानुसार सृष्टि की रचना ईश्वर ने की और ईश्वर द्वारा ही जल-प्रलय किया गया। सभी धर्मों में जीव उत्पत्ति, सृष्टि संरचना एवं जल-प्रलय की विचारधारा समान ही है। जो ईसाई, मुस्लिम, चीनी, असीरियन, मैक्सिको, पर्शिया, युनान, अर्गगीज और पुराण जैसे शास्त्र व इतिहास में मिलता है। धार्मिक दृष्टिकोण से सबसे प्राचीन और धर्म का प्रारम्भ वैदिक धर्म ही सनातन धर्म है जिसमें विश्व के शेष अन्य धर्म-सम्प्रदायों का अंश विद्यमान है। ईश्वरीय आदेश पर मात्र नूह या मनु तथा उनके साथ अन्य जीवधारी ही बचे, जिससे सृष्टि के सृजन का कार्य चला।

वैज्ञानिक मान्यता के अनुसार, अरबों वर्ष पहले इस पृथ्वी का आविर्भाव हुआ। प्रारम्भ में यह आग के गोले के रूप में थी। धीरे-धीरे यह ठण्डी होती गई। करोड़ों वर्ष बीतने पर इसमें जल, वायु, मिट्टी, अग्नि और आकाश पंच महाभूतों के संयोजन से जीवन का क्रमश-विकास हुआ। धीरे-धीरे महासागरों का आविर्भाव हुआ। प्रारम्भ में इसमें जल में रहने वाले जीवों का विकास हुआ, जैसे मछली। फिर जल और थल दोनों में जीवित रह सकने वाले प्राणी विकसित हुए, जैसे मेढक, केंकड़ा इत्यादि। तदन्तर केवल स्थल में जीवित रहने वाली प्राणी विकसित हुए। कालचक्र की गति चलती रही और नभचर प्राणियों का भी विकास हुआ। प्रकृति के तमाम थपेड़ों अनेकानेक बार बाढ़, जलप्लावन, अकाल, सामूहिक मृत्यु आदि से बहुत से जीवों की जातियां विकसित भी हुई और बहुत सी लुप्त भी हो गईं, जैसे विसालकाय डायनासोर। क्रमिक विकास के द्वारा जीवधारीयों में मछली, स्तनपायी, वानर, चिम्पैंजी, वनमानुष और फिर मनुष्य का विकास हुआ। वैज्ञानिक मान्यता है कि मनुष्य का पूर्वज बंदर था। विचार की शक्ति से धीरे-धीरे बन्दर जैसा प्राणी चार पैरों में से अगले दो पैरों का उपयोग फल आदि तोड़ने में करने लगा और चौपाये से दो पाये वाले मनुष्य का विकास हुआ। बन्दर की पूँछ का उपयोग न होने से धीरे-धीरे वह गायब हो गई। मनुष्य की रीढ़ के अन्तिम छोर पर उसका अवशेष अब भी पाये जाते हैं।

इस प्रकार धार्मिक एवं वैज्ञानिक मतों का तालमेल एवं वर्णन लगभग समान ही है। जिस इतिहास के बारे में जानकारी नहीं है, मात्र कल्पना, तर्क तथा तत्कालीन वस्तुओं, घटनाओं के आधार पर काल निर्धारण किया जाता है, वह प्रागैतिहासिक काल कहा जाता है। और जिस इतिहास के बारे में क्रमबद्ध सही जानकारी प्राप्त होती है, उसे ऐतिहासिक काल कहा जाता है। यह आधार हमारी सृष्टि रचना एवं आदिमानव की उत्पत्ति एवं विकास पर भी लागू होती है। विश्व की संस्कृति एवं सभ्यताओं का उद्भव व विकास नदी घाटीयों से प्रारम्भ हुआ। विश्व की सभी सभ्यताओं का समय लगभग एक ही है। जो पूर्वी विश्व के भू-भाग से प्रारम्भ हुई, इस कारण उनमें आपस में बहुत ही सामंजस्य है।

वैदिक-सनातन-हिन्दू धर्म में जो बातें उपलब्ध होती है, उनमें सबसे प्राचीन वंश स्वायंभुव मनु से प्रारम्भ होता है। स्वायंभुव मनु से पहले का समय प्रागैतिहासिक काल था। स्वायंभुव मनु से ही ऐतिहासिक काल प्रारम्भ होता है। स्वायंभुव मनु से प्रारम्भ हुये ऐतिहासिक काल को पौराणिक, ऐतिहासिक व भविष्य के वंश में विभाजित किया जा सकता है। स्वायंभुव मनु के स्वयं उत्पन्न होने के कारण इन्हें स्वायंभुव मनु कहा गया है। यह सर्वमान्य सत्य है कि बिना स्त्री-पुरूष के सम्बन्ध से किसी का उत्पन्न होना विश्वसनीय नहीं माना जा सकता है। यह हो सकता है कि स्वायंभुव मनु के पूर्वजों के बारे में हमें कोई जानकारी नहीं थी इसलिए इन्हें स्वायंभुव मनु कहा गया। स्वायंभुव मनु के बारे में भिन्न-भिन्न धर्म ग्रन्थों में भिन्न-भिन्न नाम से वर्णन किया गया है जैसे आदेश्वर, अशिरष, वैवस्वत मनु, आदम और नूह। अत-यहाँ से शुरू होता है-"सर्वप्रथम विकसित मानव का इतिहास"।

अ. पौराणिक वंश

संसार के सर्वप्रथम मनु-स्वायंभुव मनु थे। उनके दो पुत्र थे-प्रियव्रत और उत्तानपाद। साथ ही तीन पुत्रियाँ थीं-आकूति, प्रकूति तथा देवहूति। देवहूति का विवाह कर्दम ऋषि से हुयी जिनसे विश्व का प्राचीन और प्रथम सांख्य दर्शन को देने वाले कपिल मुनि पैदा हुये। प्रियव्रत और उत्तानपाद के वंशज मनुर्भरत कहे गये हैं। मनुर्भरतों की कुल 45 पीढ़ियाँ थीं। अन्तिम व्यक्ति दक्ष प्रजापति थें। उस समय के समूची मानवजाति के प्रजापति ये ही 45 पीढ़ियाँ थीं।

मनुर्भरत वंश की उत्तानपाद शाखा में स्वायंभुव मनु से लेकर दक्ष वंश तक का काल सत्ययुग काल कहा गया। इसी दक्ष वंश के प्रजापति उर के वंशजों का एक राज्य कर्तार प्रदेश (वर्तमान कतर) में था जहाँ का राजा सर्वप्रथम विष्णु कर्तार नाम से हुआ। इस गद्दी पर बैठने वाले सभी विष्णु कर्तार कहलाये। गद्दी पर बैठने वाले पाँचवें विष्णु कर्तार के पुत्र का नाम नाभि कर्तार, और नाभि कर्तार के पुत्र का नाम कमल कर्तार, और कमल कर्तार के पुत्र का नाम ब्रह्मा कर्तार था। विष्णु कर्तार के साम्राज्य का विस्तार प्रथम विष्णु कर्तार ने वर्तमान क्षीर सागर तथा अराल सागर तक फैलाया। इन सागरों के आस-पास नागवंशीयों तथा गरूण वंशीयों का साम्राज्य था जिसे प्रथम विष्णु ने विजित कर अपने अधीन कर लिया। ब्रह्मा कर्तार ने ही सर्वप्रथम वेदों की ऋचाओं की संरचना एवं संकलन किया।

ब. ऐतिहासिक वंश

ब्रह्मा के 10 मानस पुत्रों 1. मन (विचार से ज्ञान प्राप्त करने वाले) से मरीचि, 2. नेत्रों (देखकर ज्ञान प्राप्त करने वाले) से अत्रि, 3. मुख (वाणी से ज्ञान प्राप्त करने वाले) से अंगिरा, 4. कान (सुन कर ज्ञान प्राप्त करने वाले) से पुलस्त्य, 5. नाभि (केन्द्र से ज्ञान प्राप्त करने वाले) से पुलह, 6. हाथ (कर्म से ज्ञान प्राप्त करने वाले) से कृतु, 7. त्वचा (स्पर्श से ज्ञान प्राप्त करने वाले) से भृगु, 8. प्राण (श्वास से ज्ञान प्राप्त करने वाले) से वशिष्ठ, 9. अँगूठे (आत्मा से ज्ञान प्राप्त करने वाले) से दक्ष तथा 10. गोद (प्रेम से ज्ञान प्राप्त करने वाले) से नारद उत्पन्न हुये। मरीचि ऋषि, जिन्हें "अरिष्टनेमि" के नाम से भी जाना जाता है, का विवाह देवी कला से हुआ। देवी कला कर्दम ऋषि की पुत्री और कपिल देव की बहन थी। उनकी कोख से महातेजस्वी दो पुत्र 1.कश्यप और 2.अत्रि हुये। संसार के सर्वप्रथम मनु-स्वायंभुव मनु की पुत्री देवहूति से कर्दम ऋषि का विवाह हुआ था।

कश्यप की 13वीं अदिति नामक स्त्री से आदित्य (सूर्य) उत्पन्न हुए। अदिति, मनुर्भरतवंश के 45वीं पीढ़ी में उत्तानपाद शाखा के प्रजापति दक्ष की पुत्री थी (बृहद्वेता, 3.57)।

कश्यप-अदिति के आदित्य (सूर्य) की दूसरी पत्नी संज्ञा से यम नामक पुत्र और यमी नामक पुत्री थी। यम की दो पत्नीयाँ 1.संध्या और 2.वसु थी। यम की पहली पत्नी संध्या से सांध्य (सीदीयन जाति) पुत्र हुये जिनके तीन पुत्र 1.हंस (जर्मन जाति) 2.नीप (नेपियन जाति) 3.पाल (पलास जाति)। यम की दूसरी पत्नी वसु से 8 पुत्र 1.धर 2.धुन 3.सोम 4.अह 5.अनिल 6.अनल 7.प्रत्यूष और 8.प्रभाष पैदा हुये जो अष्टवसु कहलाये। अष्टवसु धर की पत्नी उमा से महाप्रतापी पुरूष त्रयम्बक रूद्र पुत्र उत्पन्न हुए थे जिन्हें शिव की उपाधि मिली। यही रूद्र शिव शिवदान (वर्तमान सूडान) प्रदेश के राजा थे जिन्हें दक्ष ने अपनी पुत्री उमा के विवाह में दान में दिया था। यही उमा अपने पति का

अपमान न सहन कर सकने के कारण अपने पिता के यज्ञ कुण्ड में कूदकर आत्मदाह कर लिया था। इस पर क्रुद्ध होकर शिव ने इस वंश का नाश ही कर दिया था और यहीं से उमा का नाम सती हो गया।

शिव गद्दी पर बैठने वाले सभी राजा शिव कहलायें। इस वंश में 12 चक्रवर्ती राजा हुये। शेष अन्य छोटे राजा थे। इस प्रकार कुल 52 साम्राज्य शिव वंश के थे। शिव वंश का साम्राज्य वर्तमान भारत का शैव पीठ, ईरान का रूद्रवर क्षेत्र, वर्तमान अफ्रीका के सूडान (शिवदान), वर्तमान उमा प्रदेश (उर्मिया झील के आस-पास का क्षेत्र), बगदाद का उत्तरी हिस्सा, कुर्दिस्तान का दक्षिणी भाग, अरब के काव्य क्षेत्र काबा तक स्थापित था। इसके अतिरिक्त एशिया माइनर सरवन प्रदेश तथा वाणासुर की राजधानी "वन" में रूद्र शिव का निवास रहा। रूद्र शिव से 11 कुल चले जिनसे द्रविण और हूण जाति का विकास हुआ।

पुराणों में पौराणिक वंश के विष्णु कर्तार व ब्रह्मा कर्तार ही विष्णु और ब्रह्मा के नाम से तथा ऐतिहासिक वंश के शिव, शिव के नाम से दिखाये गये हैं।

पुराण की शिक्षा मूलत-उस सार्वभौम एक आत्मा से मनुष्य के विकास को कथा के माध्यम से साथ ही मनुष्य को व्यक्तिगत, सामाजिक और वैश्विक मनुष्य तक उठने के उन गुणों को समझाया गया है। जो इस प्रकार हैं-

वैश्विक/ब्रह्माण्डिय (मानक वैश्विक चरित्र) मनुष्य के लिए-एकात्म ज्ञान, एकात्म वाणी, एकात्म कर्म, एकात्म प्रेम, एकात्म सर्मपण और एकात्म ध्यान से युक्त जीवन और वस्त्राभूषण का प्रक्षेपण शिव-शंकर परिवार।

सामाजिक (मानक सामाजिक चरित्र) मनुष्य के लिए-एकात्म ज्ञान, एकात्म वाणी, एकात्म कर्म, एकात्म प्रेम से युक्त जीवन और वस्त्राभूषण का प्रक्षेपण विष्णु परिवार।

व्यक्तिगत (मानक व्यक्ति चरित्र) मनुष्य के लिए-एकात्म ज्ञान, एकात्म वाणी से युक्त जीवन और वस्त्राभूषण का प्रक्षेपण ब्रह्मा परिवार।

पुराणों की सत्य दृष्टि

मानव की पूर्णता और अपूर्णता पर सम्पूर्ण ब्रह्माण्ड का सन्तुलन, स्थिरता, शान्ति और विकास निर्भर है। इसकी अनुभूति भारतीय चिन्तकों अर्थात् व्यक्तिगत प्रमाणित अदृश्य आध्यात्म वैज्ञानिकों ऋषि, मुनि गणों ने प्राचीन काल में ही प्राप्त कर ली थी। एक लम्बी अवधि में कर्म द्वारा उत्पन्न ज्ञान सूत्रों के संकलन के फलस्वरूप उस सर्वव्यापी सभी में प्रकाशित आत्मा को व्यक्तिगत प्रमाणित रूप से जाना जा सका। जो अब धीरे-धीरे सार्वजनिक प्रमाणित दृश्य पदार्थ वैज्ञानिको द्वारा स्वीकार किया जा रहा है। परिणामस्वरूप आत्मा विवाद मुक्त सार्वजनिक प्रमाणित हो जायेगी। साधारण व्यक्ति जो अन्तिम आविष्कार के ज्ञान से अनभिज्ञ है वह आज भी ईश्वर या आत्मा को बाह्य माध्यमों जैसे-मूर्ति, दूर या अन्यत्र या पुराणों में प्रक्षेपित ब्रह्मा, विष्णु ,और शिव-शंकर के रुप में ही कल्पना करता है। इतना ही नहीं वह स्वप्न में भी नहीं सोच सकता कि ईश्वर स्वयं वही है, उसके जैसा है, उसके साथ भी वही है। यदि नहीं तो राम और कृष्ण को ईश्वर न मानकर हम आप जैसा मानव ही मानना चाहिए और यदि हैं तो सदा ही इसके लिए तैयार रहना चाहिए कि वह स्वयं ही श्रीकृष्ण हो सकता है या उनके आस-पास राम और कृष्ण हो सकते हैं। इतना जानने के बाद भी उनकी दृष्टि सदैव अपनों से दूर ऐसी जगह टिकी रहती है जहाँ मानवीय गुणों से मुक्त ईश्वर की कल्पना की जा सके। परिणामस्वरुप राम, कृष्ण और वे आचार्य गण जिन्होंने मानव के कल्याण के लिए जो कर्म किये उनका फल क्या हुआ? वे तो अमरत्व प्राप्त कर गये और साधारण व्यक्ति जहाँ थे वहीं ही नहीं बल्कि और नीचे गिरते चले गये। और स्वयं को उस ईश्वर पर निर्भर कर अपने अन्दर बैठे ईश्वर को निष्क्रीय कर डाले। परिणामस्वरुप स्वयं के चेतना, ज्ञान और कर्म से ही दुःख और विपत्तियों को बुला कर वे ईश्वर को ही दोषी बनाते रहे हैं। वे यह भूल जाते हैं या जान नहीं पाते कि वह ईश्वर तो वही है वह दुःख भी उसने स्वयं ही निर्मित किये हैं।

ज्ञान सूत्रों के संकलन के उपरान्त जन सामान्य को एकात्मज्ञान-आत्मा के ज्ञान को समझने के लिए गुरु-शिष्य वार्ता और ओउम शब्द का सहारा लिया गया। जिसे उपनिषद् कहा गया। उपनिषद् में सामान्य व्यक्ति के मन में उस आत्मा के विषय में उठने वाले प्रश्नों का उत्तर उन्हीं की भाषा में समझाया गया है।

भारतीय दर्शन का मूल आधार कपिलमुनि का क्रिया-कारण सिद्वान्त जो आज तक विवादमुक्त ब्रह्माण्डीय या सार्वजनिक रुप से प्रमाणित रहा और वह कभी भी विवादग्रस्त हो ही नहीं सकता क्योंकि वर्तमान का दृश्य पदार्थ विज्ञान भी सम्पूर्ण ब्रह्माण्ड में झांककर यह देख चुका है कि कहीं भी कोई बस्तु स्थिर नहीं है अर्थात वह क्रिया के अधीन है। और जो कारण है वह ही स्थिर है। भारतीय चिन्तन में इसी कारण को आत्मा-शिव-ईश्वर-ब्रह्म कहा गया है। जो क्रिया में भी है लेकिन ऐसा है कि नहीं है। जैसे सूर्यास्त के उपरान्त हम यह कह सकते हैं कि सूर्य नहीं है परन्तु वह है। इसके लिए बाह्य नेत्र नहीं, अन्त-नेत्र की आवश्यकता पड़ जाती है। भारतीय चिन्तकों ने इस क्रिया को भी दो रुपों में देखा था-अदृश्य रुप एवमं दृश्य रुप। जो प्रत्येक विषय के साथ है और दोनों रुप देश-काल बद्ध सत्य है। जीव के लिए यह स्थूल शरीर और सूक्ष्म शरीर का रुप है। मानव जीव के लिए जो कारण अथातर्ा आत्मा से युक्त अर्थात् मन से मुक्त अर्थात् इन्द्रिय इच्छाओं से मुक्त स्थूल एवम सूक्ष्म शरीर है वह दैवी या शिव मानव स्थूल एवम सूक्ष्म शरीर है जिसे मानव जीव में आध्यात्मिकता युक्त दैवी भौतिक शरीर कहते है तथा जो कारण अर्थात् आत्मा से मुक्त अर्थात् मन से बद्ध अथार्त इन्द्रिय इच्छाओं से बद्ध स्थूल एवमं सूक्ष्म शरीर है उसे दृश्य जीवन में भौतिकता युक्त असुरी भौतिक शरीर कहते है। प्रत्येक सूक्ष्म शरीर अपने स्थूल शरीर त्याग के बाद सूक्ष्म शरीर अवस्था में रहता है। पुन-प्रत्येक सूक्ष्म शरीर अपने उद्देश्य अथार्त स्थूल शरीर त्याग के अन्तिम समय में मूल इच्छा को पूर्ण करने हेतु उचित वातावरण के मिलने पर स्थूल शरीर ग्रहण कर पुन-अपनी चेतना शक्ति से दैवी शरीर, जीव मानव शरीर या निम्न जीव शरीर की प्राप्ति के लिए स्वतंत्र हो जाता है। एक ही उद्देश्य के अनेक सूक्ष्म शरीरो का एकीकरण और एक ही सूक्ष्म शरीर का अपने उद्देश्य की प्राप्ति हेतु अनेक स्थूल शरीर का विभिन्न समयों में धारण भी होता है। अर्थात् प्रत्येक स्थूल शरीर ही पुनर्जन्म है चाहे वह शरीर उसे पहचान या न पहचाने। यह बिल्कुल दृश्य पदार्थ विज्ञान की क्रिया परमाणु से अणु, अणु से यौगिक पदार्थ और पुन-यौगिक पदार्थ से अणु, अणु से परमाणु के एकीकरण और विखण्डन की क्रिया के अनुसार ही होता है। जो स्थूल शरीर आत्मतत्व को व्यक्त करने के लिए क्रमश-एकात्मज्ञान ,एकात्मज्ञान सहित एकात्मकर्म, एकात्मज्ञान और एकात्मकर्म सहित एकात्मध्यान की श्रृंखला में व्यक्त होता है वह अवतारी स्थूल शरीर कहलाता है। अवतारी शरीर भी अपने अवतारी श्रृंखला का पुनर्जन्म ही होता है। पुनर्जन्म और अवतार में बस अन्तर यह होता है कि पुनर्जन्म शरीर अपने पूर्व जीवन को सार्वजनिक रुप से सिद्ध नहीं कर पाता है क्योंकि उसके जैसे उद्देश्यों को लेकर अन्य भी पुनर्जन्म में ही होते है। जबकि अवतारी शरीर व्यक्तिगत एवमं सार्वजनिक रुप से आसानी से पुनर्जन्म सिद्ध कर देता है क्योंकि वह पूर्व के सर्वोच्च कार्य की श्रृंखला की अगली कड़ी ही होता है, जिसका उद्देश्य उस समय में व्यक्त अन्य पुनर्जन्म शरीरों में सिर्फ एक और अकेला होता है। परिणामस्वरूप अवतारी शरीरों का सूक्ष्म शरीर भी स्पष्ट रूप से व्यक्त होता है। उपरोक्त सिद्वान्त से युक्त हो भारतीय मनीषियों ने उसी आत्मतत्व को समझाने के लिए मनुष्य के व्यवहारिक जीवन की भांति कथा रूप में प्रस्तुत किये जिसे पुराण कहा जाता है। चूँकि शिव-आत्मा-ईश्वर-ब्रह्म इस ब्रह्माण्ड का आदि भी और अन्त भी है इसलिए शिवपुराण एक महापुराण है जिसमें सृष्टि की उत्पत्ति से वर्तमान तक की उत्थान और पतन की कथा समाहित है जो आज भी अपूर्ण है। वह तभी पूर्ण होगी जब तक स्वयं अृदश्य शिव का दृश्य व्यक्त रूप, व्यक्त नहीं हो जाता, और मानव जाति चरम विकसित अवस्था को प्राप्त नहीं हो जाती। इसलिए सम्पूर्ण मानव जाति को सफलतापूर्वक एकात्म करने वाला-एकात्मज्ञान, एकात्मज्ञान सहित एकात्मकर्म, एकात्मज्ञान और एकात्मकर्म सहित एकात्मध्यान की श्रृंखला को व्यक्त करने वाले शरीर की कथा, शिवपुराण की कथा का अंश कथा है।

शिवपुराण की कथा मानव जाति के कल्याणार्थ व्यावहारिक ज्ञान के माध्यम से परमार्थ और सर्वमंगल के भाव से प्रस्तुत की गयी थी परन्तु कालान्तर में स्वार्थवश या भारतीय धर्म शास्त्रों के सत्य से अनभिज्ञ रहने के कारण मानव जाति के कल्याणार्थ ही विभिन्न धर्मों और सम्प्रदायों का जन्म हो गया। परिणामस्वरूप मानव जाति का यह सत्य जो उसके व्यावहारिक जीवन, कार्य की कुशलता और मनुष्य जीवन के उद्देश्य के ज्ञान के लिए ही था विवादित हो स्वयं एक धर्म का ही होकर रह गया। यही नहीं स्थिति यहां तक आ गयी कि स्वयं उस धर्म के लोग भी इसके यथार्थ से दूर हटकर मात्र एक ऐसी कथा समझने लगे जो या तो काल्पनिक है या इस पृथ्वी से कहीं दूर घटित होती

है। दूसरे धर्मों और सम्प्रदायों के लिए तो पुराण कथा इस "नक कटे" की कहानी जैसी हो गयी है जो मिथिलांचल (बिहार) में आज भी सुनी जा सकती है। हुआ यह कि एक व्यक्ति का किसी परिस्थितिवश नाक कट गया। उसके गांव के लोग उसे नक-कटा, नक-कटा कह कर चिढ़ाने लगे। यह उसके लिए परेशानी का कारण बन गया। उसने उपाय निकालकर कहना शुरू किया कि मुझे ईश्वर दिखते है। लोग कहने लगे मुझे भी दिखाओ। फिर वह बोला वह तो नाक कटवाने के बाद ही दिखेंगे। उन लोगों में से एक की प्रबल इच्छा होने पर अकेले में उसकी नाक काट डाली। जिसकी नाक कटी वह बोला कि ईश्वर कहाँ दिख रहे है। पहला बोला-अब तुम्हे भी यही कहना होगा कि ईश्वर दिखते हैं अन्यथा तुम्हे भी लोग नक-कटा कहेंगे। इस प्रकार दोनों मिलकर गांव के अधिकतम व्यक्तियों की नाक कटवा डाली। परिणामस्वरूप जब कई नक कटे हो गये तो नक कटा कहने की समस्या ही समाप्त हो गयी। अन्य धर्मों और सम्प्रदायों के व्यक्ति उस नक कटे की भाँति व्यक्तिगत रूप से तो सत्य को समझ ही रहे है लेकिन सार्वजनिक रूप से सत्य को कहने पर उन्हें ही व्यक्तिगत रूप से समस्याओं से घिरना पड़ेगा क्योंकि फिर वे पुराण जो भारतीय धर्म शास्त्र का साहित्य है जो उन्ही लोगों के कारण हिन्दू धर्म का शास्त्र-साहित्य हो गया, उसका समर्थक माना जाने लगेगा। जो स्वंय उनके धर्म के विरूद्ध हो जायेगा। परिणामस्वरूप वे स्वयं सहित अन्य को उस नक कटे की भाँति मात्र प्रतिष्ठा के कारण लगातार अन्धेरे में झोके चले जा रहे है। उन्हें यह नहीं मालूम कि जो स्थायी व्यक्त अर्थात् मूद्रित, लिखित, रेकार्ड नहीं हो पाता, वह प्रतिष्ठा का मूल्यांकन भी नही कर पाता क्योंकि आज की समस्याओं से घिरे समाज में चर्चाओं आधारित प्रतिष्ठा एक समय बाद इस तरह खो जाती है कि कहीं कुछ हुआ ही नहीं। सोचने का विषय है कि राम के चरित्र को वाल्मीकि ने न लिखा होता तो राम कि प्रतिष्ठा क्या होती? यदि कृष्ण के सम्पूर्ण कार्यो को व्यास ने न लिखा होता तो आज कृष्ण की प्रतिष्ठा क्या होती? इसलिए प्रतिष्ठा तो वही निर्धारित करता है जो स्थायी व्यक्त है अन्यथा कोई कितना भी महान क्यों न हो वह यदि स्थायी व्यक्त रूप में नहीं तो कुछ भी नहीं।

वर्तमान समय में अनेक धर्मों, पन्थों, सम्प्रदायों के उत्पन्न हो जाने से एक नया शब्द आ गया है "सेकुलर" कोई इसे "घर्मनिरपेक्ष" कहता है तो कोई "सर्वधर्मसमभाव" या "पंथनिरपेक्ष"। इसका सही अर्थ तो यह है कि "जब सभी सम्प्रदायों को धर्म मानकर हम एकत्व का खोज करते है, तब दो भाव उत्पन्न होते है। पहला यह कि सभी धर्मों को समान दृष्टि से देखे तब उस एकत्व का नाम सर्वधर्मसमभाव होता है। दूसरा यह कि सभी धर्मों को छोड़ कर उस एकत्व को देखे तब उस एकत्व का नाम धर्मनिरपेक्ष होता है। जब सभी सम्प्रदायों को सम्प्रदाय की दृष्टि से देखते है तब उस एकत्व का नाम धर्म होता है। सम्प्रदाय या पंथ एक ही है। इन सभी रूपों में हम सभी उस एकत्व के ही विभिन्न नामों के कारण विवाद करते है अर्थात सर्वधर्मसमभाव, धर्मनिरपेक्ष, धर्म एवमं पंथनिरपेक्ष विभिन्न मार्गों से भिन्न-भिन्न नाम द्वारा उसी एकत्व की अभिव्यक्ति है। दूसरे रूप में हम सभी सामान्य अवस्था में दो विषयों पर नहीं सोचते। पहला वह जिसे हम जानते नहीं, दूसरा वह जिसे हम पूर्ण रूप से जान जाते है। यदि हम नहीं जानते तो उसे धर्मनिरपेक्ष, सर्वधर्मसमभाव या पंथनिरपेक्ष कहते है जब जान जाते है तब धर्म कहते है। "फिर भी विभिन्न धर्म या सम्प्रदाय बाह्य रूप से एक न हो सके तो भी प्रश्न यह है कि क्या वे एकता नहीं चाहते? यदि नहीं चाहते तो निश्चित ही वह ब्रह्माण्ड में मानव जाति का स्पष्ट व्यक्त दुश्मन ही है। प्रश्न यह है कि किसी व्यक्ति को अपने विकास के लिए ज्ञान-कर्मज्ञान नहीं चाहिए? यदि नहीं चाहिए तो कम से कम निश्चित रूप से वह मानव नहीं हो सकता। प्रश्न यह कि एकता, शान्ति, स्थिरता, विकास इत्यादि के लिए गठित संयुक्त राष्ट्र संघ को अपने उद्देश्य की प्राप्ति के लिए एकीकरण का सिद्धान्त नहीं चाहिए? यदि नहीं चाहिए तो कम से कम यह निश्चित है कि संयुक्त राष्ट्र संघ एक मात्र झूठा नाटक है। यदि चाहिए तो बस हो गया पुराणों का धर्मनिरपेक्ष, सर्वधर्मसमभाव, पंथनिरपेक्ष और धर्म रूप में विश्वव्यापी प्रमाणीकरण क्योंकि जब हम ब्रह्मा कहते है तब उसे किसी धर्म से जोड़ दिया जाता है। लेकिन तब एकात्म ज्ञान कहते है तब वह किसी धर्म का नहीं बल्कि मानव से संयुक्त राष्ट्र संघ के लिए धर्मनिरपेक्ष, सर्वधर्मसमभाव और पंथनिरपेक्ष हो जाता है। यह होना भी था क्योकि जो व्यक्तिगत और सार्वजनिक जीवन का सत्य है वह मानव जाति को सदा से समेटे हुये है या यूँ कहें मानव उसी में ही सांसें ले रहा है। चाहे उसका नाम-रूप कुछ

भी क्यों न हो। 21वीं शदी और भविष्य के लिए विश्व शान्ति, एकता स्थिरता, विकास रक्षा के लिए यह एकीकरण तो विवशता भी बन चुकी है।

अन्त-दृष्टि में भिन्नता होने से ही अलग-अलग मनुष्य एक ही विषय को भिन्न-भिन्न रूपों में देखते है और अपने स्वरूप या दृष्टि के अनुसार उसकी व्याख्या करते है। यह उसी प्रकार से होता है जैसे एक सोने के गिलास को एक बच्चा खिलौने की दृष्टि से देखेगा, तो धन की प्राथमिकता वाला व्यक्ति उसे धन रूप में देख सकता है, तो एक चोर उसी को चोरी करने योग्य वस्तु की दृष्टि से देखेगा, तो कोई प्यासा व्यक्ति उसे पीने के पात्र के रूप में देखेगा। इसी प्रकार पुराण कथा के सम्बन्ध में भी हैं। तो फिर पुराणों को समझने के लिए की सत्य दृष्टि क्या है? आत्मतत्व निराकार है उसकी उपस्थिति गुणों से ही प्रमाणित होती है। जैसे-अदृश्य हवा और विद्युत इत्यादि का प्रमाण उसके गुणों और यन्त्रों के गतिमान होने पर प्रमाणित होती है। उसी प्रकार आत्मा का पूर्ण सार्वजनिक प्रमाणित व्यक्त गुण एकात्म ज्ञान, एकात्मकर्मं और एकात्मध्यान का संयुक्त रूप है। जिन्हें पुराणों में क्रमश-ब्रह्मा, विष्णु और शंकर के सगुण रूप में प्रक्षेपित किया गया है। परन्तु मनीषी यह जानते थे कि एकात्मज्ञान बिना एकात्मकर्म के सामाजिक प्रमाणित नहीं हो पाता और एकात्मज्ञान और एकात्मकर्म बिना एकात्मध्यान के सार्वजनिक या ब्रह्माण्डीय प्रमाणित नहीं हो पाता। इसलिए पुराण में शिव-शंकर से विष्णु को तथा पुन-विष्णु से ब्रह्मा को बहिर्गत अर्थात् ब्रह्मा को विष्णु के समक्ष तथा विष्णु को शिव-शंकर के समक्ष समर्पित या समाहित होते दिखाया गया है। परिणामस्वरूप एकात्मज्ञान, एकात्मज्ञान सहित एकात्मकर्म और एकात्मज्ञान तथा एकात्मकर्म सहित एकात्मध्यान क्रमश-ब्रह्मा, विष्णु और शिवशंकर का सत्य गुण हैं चूँकि शिव-आत्मा-ईश्वर-ब्रह्म का पूर्ण सार्वजनिक प्रमाणित गुण एकात्मज्ञान, एकात्मकर्म और एकात्मध्यान का संयुक्त रूप है जो शंकर के अधीन है। इसलिए उनका पूर्ण रूप शिव-शंकर है। और महादेव, त्रिदेव, विश्वेश्वर जैसे सर्वोच्च नाम को प्राप्त हैं। सिर्फ शंकर, एकात्मध्यान के रूप है। सिर्फ विष्णु, एकात्मकर्म के रूप है। सिर्फ ब्रह्मा, एकात्मज्ञान के रूप है। पूर्ण विष्णु एकात्मज्ञान सहित एकात्मकर्म के रूप है। ब्रह्मा, विष्णु और शिव-शंकर ईश्वर-आत्मा-शिव-ब्रह्म के संक्रमणीय, संग्रहणीय गुणात्मक मूल गुण के सगुण रूप है। जिनका कार्‌य तभी सक्रिय होता हैं जब दृश्य जगत में आत्मीय कर्म, आत्मीय ज्ञान और आत्मीय ध्यान की सर्वोच्चता समाप्त हो जाती है। दृश्य जगत में आत्मीय ध्यान के संरक्षक देवताओं के राजा इन्द्र और उनके परिवार के मूल सगुण रूप में है। जब भी दृश्य जगत में देवता जैसा कर्म होता था तो इन्द्र परिवार से उसके सूक्ष्म शरीर को जोड़ा जाता है। और जब भी दृश्य जगत में अवतार जैसा कार्य होता है तब उन्हें ईश्वर के मूल गुणों ब्रह्मा, विष्णु, शिव-शंकर से उनके सूक्ष्म शरीर को जोड़ा जाता है। इसके अलावा दृश्य जगत में एक पक्ष और होता है जो आत्मीय से मुक्त ज्ञान, कर्म और ध्यान से जुड़ा रहता है। वह है-असुर पक्ष। इनके भी सूक्ष्म शरीरों को मूल असुर परिवार से जोड़ा जाता है। ब्रह्मा, विष्णु, शिव-शंकर का लोक ब्रह्म, विष्णु, शिव लोक तथा इन्द्र का इन्द्र लोक या स्वर्गलोक तथा असुरों का लोक-नरक लोक कहा जाता है। लोक का अर्थ मन स्तर से है जहाँ उनकी अपनी मन का स्तर और दृष्टि है। सत्य रूप से नरक, स्वर्ग और अन्य लोक एक ही मन की क्रमश-निम्न, उच्च, उच्चतर और सर्वोच्च अवस्था युक्त स्थान या स्तर है। अब यहाँ पुराणों में प्रेक्षेपित सगुण रूपों के साथ उनके परिवारों का धर्मनिरपेक्ष-सत्य दृष्टि प्रस्तुत की जा रही है। उस सत्य दृष्टि-गुण से उन्हें देखने पर पुराणों की दैनिक जीवन में उपयोगिता आत्मसात् करने लगेगी। उदाहरण के रूप में यदि ब्रह्मा बोल रहे है तो यह समझें कि एकात्म ज्ञान व्यक्त हो रहा है। यदि नारद बोल रहे है तो समझे कि एकात्म मन व्यक्त हो रहा है।-इस प्रकार। इस क्रम में मनुष्य को उसके कार्य क्षेत्र के अनुसार सर्वोच्च आदर्श मानक चरित्र प्रक्षेपित किये गये जिससे मनुष्य मार्गदर्शन प्राप्त कर सके।

ब्रह्मा अर्थात् एकात्मज्ञान परिवार
(व्यक्तिगत कार्य क्षेत्र स्तर)

व्यक्तिगत कार्य क्षेत्र स्तर पर चरित्र और मानक चरित्र को जानने के लिए पहले समाज की सबसे छोटी और मूल इकाई व्यक्ति को जानना होगा। व्यक्ति के साथ शरीर, ज्ञान, वाणी और मन होता है जब तक यह स्वतन्त्र है तब तक वह वह व्यक्ति है जैसे ही उसकी दिशा सार्वभौम एकात्म हो जाती है वह आदर्श मानक चरित्र में परिवर्तित हो जाता है अर्थात् ईश्वरीय हो जाता है। इसी को पुराणों में ब्रह्मा एवं परिवार को प्रक्षेपित किया गया जिससे व्यक्ति व्यक्तिगत क्षेत्र स्तर पर स्वयं को समझ सके। बह्मा एकात्मज्ञान परिवार इस प्रकार हैं-

चूँकि एकात्मज्ञान का व्यक्त रूप एकात्मवाणी है अर्थात् एकात्मज्ञान बिना एकात्म वाणी के नहीं हो सकती तथा एकात्मवाणी बिना एकात्मज्ञान के नहीं हो सकता इसलिए ब्रह्मा को एकात्मज्ञान और उनके अर्धांगनी सरस्वती को एकात्मवाणी के रूप में प्रक्षेपित किया गया है। अर्धनारीश्वर रूप में एकात्म ज्ञान और एकात्मवाणी दोनों ही, प्रत्येक में अर्थात् ब्रह्मा और सरस्वती दोनों में विद्यमान है। चूँकि ज्ञान रूपी कमल, सांसारिकता रूपी कीचड़ और जल में रहते हुये भी उससे मुक्त और अमिश्रित रहता है तथा हंस, गुण-अवगुण के बीच रहते हुये भी सिर्फ गुणों को आत्मसात् करने का गुण रखता है। इसलिए ब्रह्मा और सरस्वती को क्रमश-सांसारिकता और अवगुणों से ऊपर रहने वाले कमल और हंस को आसन और वाहन के रूप में प्रक्षेपित किया गया है। चूँकि एकात्मज्ञान और एकात्मवाणी से युक्त सांसारिकता और अवगुणों से मुक्त, एकात्मज्ञान और वाणी से सृष्टिकर्ता, नीति और ध्यान अर्थात् कालबोध से मुक्त, ये सत्व गुण ब्राह्मण के है इसलिए ब्रह्मा और सरस्वती को ब्राह्मण और ब्राह्मणी के रूप में प्रक्षेपित कर श्वेत वस्त्र धारण कराया गया है। साथ ही ब्रह्मा को कमण्डल, दण्ड, वेद धर्मग्रन्थ तथा नाम जप के लिए रूद्राक्षमाला धारण कराया गया है। उसी प्रकार सरस्वती को वाद्ययन्त्र वीणा (आत्मा को झंकरीत करने वाला), शास्त्र-साहित्य तथा नाम जप के लिए रूद्राक्ष माला धारण कराया गया है जिससे उनका स्वरूप क्रमश-दृष्टि और विद्या के मूल ईश्वर रूप में प्रक्षेपित हुआ है। क्योंकि जहाँ सृष्टिकत्र्ता है, वहीं विद्या है, जहाँ विद्या है वही सृष्टिकत्र्ता है। एकात्म ज्ञान के पाँच वेदों के अधिकारी प्रक्षेपित करते हुये ब्रह्मा को पाँच सिर व मुख से युक्त प्रक्षेपित किया गया था। उसके उपरान्त सृष्टि के उत्पत्ति, स्थिति और प्रलय के अधिकारी सर्वशक्तिमान सर्वव्यापी शिव-शंकर पर आधारित पुराण कथा के एक कथा (कालभैरव जन्म कथा) के माध्यम से ब्राह्मण ब्रह्मा के पाँचवें सिर को काटकर पाँचवें वेद को शिव-शंकर अधिकृत प्रक्षेपित किया गया। परिणामस्वरूप ब्रह्मा को चारों वेदों को प्रक्षेपित करते चार सिर व मुख शेष (दिव्यरूप-चार सिर व मुख) है। देश-काल मुक्त स्थिर एकात्मज्ञान और एकात्मवाणी का ही देश-काल बद्ध अस्थिर ज्ञान और वाणी रूप मन है, जिसे ब्रह्मा और सरस्वती के एक ही मानस पुत्र नारद के रूप में प्रक्षेपित किया गया है। चूंकि असुर, देवता और ईश्वर सभी के समक्ष मन की उपस्थिति होती है इसलिए नारद (एकात्म मन) के पूर्णत-ईश्वर नाम "नारायण" का उच्चारण करते हुये सभी लोको अर्थात् सभी स्थानों में भ्रमण करने वाले ब्राह्मण के रूप में प्रक्षेपित किया गया है। जिस प्रकार समस्त ज्ञानियों के समष्टि संयुक्त मूल रूप मे ब्रह्मा (एकात्म ज्ञान) का प्रक्षेपण है, उसी प्रकार समस्त मनों के समष्टि संयुक्त मूलरूप में नारद (एकात्म मन) का प्रक्षेपण है। पुराणों में जहाँ-जहाँ नारद की उपस्थिति होती हैं, वहाँ-वहाँ यह समझना चाहिए कि एकात्म मन व्यक्त हो रहा है, सूचना व्यक्त हो रहा है या एकात्म मन का प्रश्न व्यक्त हो रहा है। यह एकात्म मन जिसके समक्ष व्यक्त हो रहा हैं उसका मन भी हो सकता है, अन्य व्यक्तियों का भी हो सकता है या कोई अन्य माध्यम भी हो सकता है। परन्तु पुराणों में उसे अलग-अलग न प्रक्षेपित कर समष्टि संयुक्त मूल रूप नारद (एकात्म मन) के रूप में प्रक्षेपित किया गया है। इसी प्रकार जहाँ-जहाँ ब्रह्मा और सरस्वती व्यक्त हो रहे हैं वहाँ-वहाँ यह समझना चाहिए कि एकात्म ज्ञान और एकात्मवाणी व्यक्त हो रहा है। जो सृष्टि अर्थात् एक नये एकात्म मन या सूचना या प्रश्न आधारित शाखा का निर्माण कर रहा है।

यहाँ ज्ञानी और मन के प्रकृति पर ध्यान देने योग्य यह है कि ज्ञानी, नीति मुक्त, ध्यान मुक्त, परिणामज्ञान से मुक्त कालमुक्त, स्थिर और व्यक्त-अव्यक्त एक समान होता है जबकि मन, नीति, मुक्त, ध्यानमुक्त, परिणामज्ञान

से मुक्त, कालबद्ध, अस्थिर और व्यक्त-अव्यक्त एक समान होता है। यही कारण है कि पुराण में ब्रह्मा (एकात्म ज्ञान) देवता और असुर दोनों को प्राप्त होते दिखाया गया है फलस्वरूप सृष्टि तो हो जाती हैं परन्तु उसका परिणाम कभी देवताओं का अधिपत्य होता है तो कभी असुरों का क्योंकि देवता स्वकल्याण सहित लोक कल्याण के लिए उसका (एकात्म ज्ञान) उपयोग करते है तो असुर सिर्फ स्वकल्याण के लिए उसका (एकात्म ज्ञान) दुरूपयोग करते है। अन्तत-असुरों के अधिपत्य से स्थिति देवताओं और स्वयं ब्रह्मा के नियन्त्रण से बाहर हो जाती है और विष्णु (एकात्म ज्ञान सहित एकात्म कर्म) की आवश्यकता पड़ जाती हैं। नारद (एकात्म मन) के साथ सूचना ही सूचना तथा प्रश्न ही प्रश्न होता है। जब नारद (एकात्म मन), ब्रह्मा (एकात्म ज्ञान) के समक्ष व्यक्त होते है तब नारद (एकात्म मन) सूचना तो व्यक्त कर दंेते है परन्तु प्रश्नो का उत्तर नहीं जान पाते क्योंकि बह्मा (एकात्म ज्ञान), स्वयं ही स्थिर और परिणाम ज्ञान से मुक्त अवस्था है, उनका ज्ञान तो सूचना पर ही निर्भर रहता है परिणामस्वरूप ब्रह्मा (एकात्मज्ञान), नारद (एकात्म मन) को विष्णु (एकात्म ज्ञान सहित एकात्म कर्म) के पास उत्तर के लिए भेज देते है या स्वयं जाते है।

ब्रह्मा अर्थात् एकात्म ज्ञान का व्यक्त रूप एकात्म वाणी अर्थात् सरस्वती है। एकात्म ज्ञान का कारण एकात्म वाणी तथा एकात्म वाणी का कारण एकात्म ज्ञान होता है। वह वाणी जो आत्मा के लिए हो और वह ज्ञान जो आत्मा के लिए हो अर्थात् सम्भाव वाणी और ज्ञानयुक्त मानव शरीर ही ब्रह्मा का अवतार है। बिना कर्म के ज्ञान प्रमाणित नहीं होता अर्थात् ज्ञान वही है जो व्यवहारिक हो। इस ज्ञान की खोज में भारत के ऋषि-मुनि, क्षत्रिय राजाओं ने लम्बे समय में चिन्तन और कर्म करके एकात्मज्ञान के शास्त्र-साहित्यों का भण्डार बना दिये है। उनमें से कुछ एकात्मज्ञान की ओर ले जाते है। तो कुछ संस्कारित मानव समाज के लिए व्यक्तिगत प्रमाणित अदृश्य कर्म ज्ञान उपलब्ध कराते हैं। इस प्रकार वे सभी ऋषि-मुनि, और क्षत्रिय राजा एकात्म ज्ञान अर्थात् ब्रह्मा के ही अंशावतार है।

विष्णु अर्थात एकात्म ज्ञान सहित एकात्म कर्म परिवार
(सामाजिक कार्य क्षेत्र स्तर)

चूँकि एकात्म कर्म का व्यक्त रूप एकात्म प्रेम है अर्थात् एकात्म कर्म बिना एकात्म प्रेम के नहीं हो सकता तथा एकात्म प्रेम बिना एकात्म कर्म के नहीं हो सकता। साथ ही एकात्म ज्ञान और एकात्म वाणी तो अकेले हो सकती है परन्तु एकात्म कर्म और एकात्म प्रेम बिना एकात्म ज्ञान और एकात्म वाणी के नहीं हो सकती इसलिए ब्राह्मण ब्रह्मा और ब्रह्मणी सरस्वती को विष्णु और उसकी अर्धांगनि लक्ष्मी में समाहित करते हुये विष्णु को एकात्म ज्ञान तथा एकात्म कर्म से युक्त और लक्ष्मी को एकात्म वाणी और एकात्म प्रेम से युक्त कर प्रक्षेपित किया गया है अर्थात् विष्णु और लक्ष्मी से ही ब्रह्मा और सरस्वती बर्हिगत है। अर्धनारीश्वर रूप में एकात्म ज्ञान, एकात्म वाणी, एकात्म प्रेम, एकात्म कर्म सभी प्रत्येक में अर्थात् विष्णु और लक्ष्मी दोनों में विद्यमान है। चूंकि विष्णु में बह्मा समाहित हैं इसलिए विष्णु के सृष्टि संचालन में सृष्टि करना भी समाहित है। संचालन गुण-सात योग का प्रतीक सात फनों से युक्त पूर्ण सांसारिकता युक्त कीचड़ और जल (क्षीर सागर) की निम्न तल में रहने वाला शेषनाग विष्णु-लक्ष्मी का आसन तथा सांसारिकता में रहते हुए भी अनाशक्त रहने का प्रतीक क्षीरसागर का निम्नतल निवासस्थल के रूप में प्रक्षेपित किया गया है। संचालन की तीव्रता का प्रतीक शक्तिशाली और वेगवान गरूड़ पक्षी विष्णु के वाहन के रूप में तथा एकात्म प्रेम की सार्वभौमिकता का प्रतीक दिन अर्थात् प्रकाश में न देखने वाला और रात में देखने वाला और कहीं भी बैठ जाने वाला उल्लू पक्षी लक्ष्मी के वाहन के रूप में प्रक्षेपित किया गया है। चूंकि एकात्म ज्ञान, एकात्म वाणी, एकात्म कर्म, एकात्म प्रेम से युक्त संचालन, सांसारिकता से बद्ध एवम् मुक्त अर्थात् अनासक्त, नीति और ध्यान अर्थात् जीवन कालबोध से युक्त, सत्व-रज गुण से युक्त अर्थात् मानक अनासक्त गृहस्थ मानव है इसलिए विष्णु और लक्ष्मी को क्रमश-पीला अेर लाल वस्त्र धारण करा, लक्ष्मी को विष्णु की चरण सेवा करते प्रक्षेपित किया गया है। साथ ही विष्णु को सुदर्शन चक्र अर्थात् अच्छे विचार का मार्ग शस्त्र के रूप में, उद्घोष के लिए शंख, रक्षा के लिए गदा तथा ज्ञान का प्रतीक कमल पुष्प धारण करा कर प्रक्षेपित किया गया है। चूँकि ज्ञान रूप कमल का जड़ या मूल विष्णु के निवास स्थान सांसारिकता रूपी जल का निम्न तल कीचड़ होता है इसलिए उनकी नाभि से निकलकर जल के उपरी

तल अर्थात् सांसारिकता से मुक्त ज्ञान का प्रतीक कमल को ही ब्रह्मा का निवास स्थान बना प्रक्षेपित किया गया है। विष्णु की भांति लक्ष्मी को उदघोष के लिए शंख, ज्ञान का प्रतीक कमल, आशिर्वाद मुद्रा और धन का दान करते हुये प्रक्षेपित किया गया है। जहाँ अर्धांगनी में एकात्म वाणी और एकात्म प्रेम है वहीं संचालन है, समृद्धि है, धन है। जहाँ धन है, समृद्धि है वहीं संचालन है वहीं अर्धागनी का एकात्म वाणी और एकात्म प्रेम है इसलिए विष्णु और लक्ष्मी का स्वरूप क्रमश-सृष्टि संचालन और धन के मूल ईश्वर के रूप में प्रक्षेपित हुआ है। सृष्टि संचालन के लिए एकात्म कर्म, बिना एकात्म प्रेम के नहीं हो सकता तथा बिना एकात्म कर्म के सृष्टि संचालन और एकात्म प्रेम नहीं हो सकता। इसलिए विष्णु-लक्ष्मी के बीच बाधक रूप में उनका कोई पुत्र रूप प्रक्षेपित नहीं है। पुराणों में जहाँ-जहाँ विष्णु और लक्ष्मी व्यक्त हो रहे है वहाँ-वहाँ यह समझना चाहिए कि एकात्म ज्ञान, एकात्म वाणी, एकात्म कर्म और एकात्म प्रेम व्यक्त हो रहा है जो सृष्टि संचालन सहित देवताओं के अधिपत्य के लिए वातावरण का निर्माण कर रहा है। समस्त संचालकों के समष्टि मूल रूप में विष्णु (एकात्म ज्ञान सहित एकात्म कर्म) का प्रक्षेपण है और इनका दिव्यरूप-चतुर्भुज एवं विश्वरूप है।

कार्य की प्रथम शाखा अर्थात् भुजा-कालानुसार व्यक्तिगत और संयुक्त विचारों-दर्शनों से युक्त अर्थात् सुदर्शन चक्र, जिससे निम्न और संकीर्ण विचारों का परिवर्तन या बध होता है। दूसरी भुजा-उद्घोष अर्थात् शंख जिससे चुनौती दी जाती है। तीसरी भुजा-रक्षार्थ अर्थात् गदा जिससे आत्मीय स्वजनों की रक्षा की जाती है। चैथी और अन्तिम भुजा-निर्लिप्त अर्थात् कमल जिससे सांसारिकता और असुरी गुणो से मुक्त समाज में आश्रय पाना आसान होता है क्योंकि सांसारिकता और असुरी गुणों से युक्त व्यक्ति अपने अहंकारी दृष्टि से ही देखते हैं। परिणामस्वरुप अच्छे विचार को सुरक्षित विकास का अवसर प्राप्त होता है। इन सभी गुणों से युक्त हो शक्तिशाली और तीव्र वेग अर्थात् गरुड़ पक्षी रुपी वाहन से व्यक्त होना, ये ही पालनकर्ता विष्णु के मूल लक्षण हैं जिससे वे समाज में व्यक्त हो संसार का पालन करते हैं।

विष्णु के अवतारों में चाहे श्रीराम, श्रीकृष्ण रहे हो या बुद्ध या लव कुश सिंह "विश्वमानव " किसी को भी पुत्र सुख प्राप्त नहीं हुआ। या तो उन्होंने उसे त्याग दिया या रहते हुये भी नहीं के जैसा रहा है।

यहां संचालक के प्रकृति पर घ्यान देने योग्य यह है कि संचालक, नीति युक्त, ध्यान युक्त परिणाम ज्ञान से युक्त, काल युक्त अर्थात् कालानुसार, स्थिति और व्यक्त-अव्यक्त असमान होता है। यही कारण है कि ब्रह्मा (एकात्म ज्ञान) द्वारा सृष्टि होने पर जब असुरों का अधिपत्य हो जाता है तब विष्णु (एकात्म ज्ञान सहित एकात्म कर्म) द्वारा पुन-देवताओं का अधिपत्य स्थापित कर दिया जाता है परन्तु यह स्थायी नहीं हो पाता क्योंकि विष्णु स्वयं कालानुसार ही होते है, कालमुक्त नहीं परिणामस्वरूप शिव-शंकर (एकात्म ज्ञान और एकात्म कर्म सहित एकात्म ध्यान) की आवश्यकता आ जाती है। सृष्टि संचालन के लिए कर्म में सूचनाओं और सूचना माध्यमों अर्थात नारद (एकात्म मन) की प्राथमिकता के साथ आवश्यकता पड़ती है इसलिए नारद (एकात्म मन) का विष्णु परिवार के यहां उपस्थिति सर्वाधिक होता है। स्वयं विष्णु (एकात्म ज्ञान सहित एकात्म कर्म) को भी नारद (एकात्म मन) की आवश्यकता हमेशा रहती है क्योंकि देवताओं के अधिपत्य के लिए वातावरण का मुख्य निर्माण नारद द्वारा ही होता है। विष्णु (एकात्म ज्ञान और एकात्म कर्म) के समक्ष व्यक्त होकर नारद (एकात्म मन) सूचना तो व्यक्त कर देंते हैं परन्तु प्रश्नों के उत्तर में विष्णु (एकात्म ज्ञान सहित एकात्म कर्म) सिर्फ उसी प्रश्न का उत्तर देते है जो देवताओं के अधिपत्य के लिए समयानुसार वातावरण बनाने में सहायक हो क्योंकि विष्णु, स्वयं स्थिर नीति, ध्यान, कालयुक्त, व्यक्त-अव्यक्त असमान परिणाम ज्ञान से युक्त अवस्था है। उनका कर्म तो सूचना पर ही निर्भर रहता है और वे नारद (एकात्म मन) की प्रकृति को भलि-भांति जानते है कि मन समय से मुक्त होता है जो असमय सूचना प्रसार कर कर्म नीति को निष्फल कर सकता है। इसलिए जो प्रश्न समयानुसार नहीं होते उनका उत्तर वे अगले कर्म के उपरान्त समयानुसार होने पर देते हैं। जिस प्रश्न का उत्तर विष्णु के परिणाम ज्ञान के बाहर होता है उसे वे शिव-शंकर (एकात्म ज्ञान और एकात्म कर्म सहित एकात्म ध्यान) के पास उत्तर पाने के लिए नारद को भेज देते या स्वयं जाते हैं।

महाविष्णु के कुल चौबीस (1.सनकादि ऋषि (ब्रह्मा के चार पुत्र), 2.नारद, 3.वाराह, 4.मत्स्य, 5.यज्ञ (विष्णु कुछ काल के लिये इंद्र रूप में), 6.नर-नारायण, 7.कपिल, 8.दत्तात्रेय, 9.हयग्रीव, 10.हंस पुराण, 11.पृष्णिगर्भ,

12.ऋषभदेव, 13.पृथु, 14.नृसिंह, 15.कूर्म, 16.धनवंतरी, 17.मोहिनी, 18.वामन, 19.परशुराम, 20.राम, 21.व्यास, 22.कृष्ण, बलराम, 23.गौतम बुद्ध (कई लोग बुद्ध के स्थान पर बलराम को कहते है, अन्यथा बलराम शेषनाग के अवतार कहलाते हैं), 24.कल्कि) अवतार माने जाते हैं जिनमें कुल दस (1.मत्स्य, 2.कूर्म, 3.वाराह, 4.नृसिंह, 5.वामन, 6.परशुराम, 7.राम, 8.श्रीकृष्ण, 9.बुद्ध और 10.कल्कि) मुख्य अवतार हैं।

शिव-शंकर अर्थात एकात्म ज्ञान और एकात्म कर्म सहित एकात्म ध्यान परिवार (वैश्विक/ब्रह्माण्डिय कार्य क्षेत्र स्तर)

चूँकि एकात्म ध्यान अर्थात् कालधारण का व्यक्त रूप एकात्म समर्पण है अर्थात् एकात्म ध्यान बिना एकात्म समर्पण के नहीं हो सकता तथा एकात्म समर्पण बिना एकात्म ध्यान के नहीं हो सकता। साथ ही एकात्म ज्ञान सहित एकात्म कर्म और एकात्म वाणी सहित एकात्म प्रेम तो अकेले हो सकता है परन्तु एकात्म ध्यान और एकात्म समर्पण बिना एकात्म ज्ञान सहित एकात्म कर्म और एकात्म वाणी सहित एकात्म प्रेम के नहीं हो सकता इसलिए आदर्श मानक अनासक्त गृहस्थ विष्णु और गृहणी लक्ष्मी को शिव-शंकर और उनकी अर्धागनी शक्ति-पार्वती में समाहित करते हुये शिव-शंकर को एकात्म ज्ञान, एकात्म कर्म तथा एकात्म ध्यान से युक्त और शक्ति-पार्वती को एकात्म वाणी, एकात्म प्रेम तथा एकात्म समर्पण से युक्त कर प्रक्षेपित किया गया है। अर्थात् शिव-शंकर और शक्ति-पार्वती से ही विष्णु और लक्ष्मी बहिर्गत है। अर्धनारीश्वर रूप में एकात्म ज्ञान, एकात्म वाणी, एकात्म कर्म, एकात्म प्रेम, एकात्म ध्यान और एकात्म समर्पण सभी प्रत्येक में अर्थात् शिव-शंकर और शक्ति पार्वती दोनों में विद्यमान है। चूँकि शिव-शंकर में विष्णु तथा विष्णु में ब्रह्मा समाहित है इसलिए शिव-शंकर के प्रलय या संहार में सृष्टि संचालन या स्थिति और सृष्टि करना दोनों समाहित है। शिव-शंकर में शिव रूप सृष्टि और संचालन या स्थिति का तथा शंकर रूप-संहार या प्रलय का प्रक्षेपण है। इसी प्रकार शक्ति-पार्वती में शक्ति रूप सत्ता का तथा पार्वती रूप-समपर्ण का प्रक्षेपण है। सृष्टि, संचालन और संहार में आवश्यक गुण ऐश्वर्य और वैभव से दूरी का प्रतीक पर्वत (कैलाश) शिव-शंकर और शक्ति-पार्वती के निवास स्थान के रूप में प्रक्षेपित है। निरर्थक वस्तुओं का सदुपयोग का प्र्रतीक मृगछाल का आसन तथा अपनी मस्ती में मस्त, निडर, शक्तिशाली परन्तु अहिंसक अर्थात् आक्रमण के उपरान्त आक्रमण करनें वाला स्थिर शांन्तचित्त, समर्पण गुणों से युक्त बैल (नन्दी) चैपाया पालतू पशु को शिव-शंकर के वाहन के रूप में तथा एकात्म समर्पण गुण पतिपरमेश्वर के चरणों में आसन तथा अपनी मस्ती में मस्त, निडर, शक्तिशाली परन्तु हिंसक अर्थात् प्रथमतया आक्रमण करने वाला, अस्थिर सतर्क चिंत्त, समर्पण न करने वाले गुणों से युक्त शेर चैपाया जंगली पशु को शक्ति-पार्वती के वाहन के रूप में प्रक्षेपित किया गया है। शिव-शंकर का दिव्यरूप-पाँच सिर व मुख वाला दिखाया गया है। इनके परिवार में दो पुत्र-गणेश व कार्तिकेय दिखाये गये हैं।

एकात्म नेतृत्व के प्रक्षेपण शिव-शंकर पुत्र गणेश हैं। गण अर्थात् जन के ईश अर्थात् ईश्वर, इस प्रकार गणेश का अर्थ जनता का ईश्वर से है। जनता का ईश्वर के गुण क्या होने चाहिए इसका ही प्रक्षेपण गणेश हैं। खाने के दाँत अलग और दिखाने के दाँत अलग होने चाहिए। नाक इतनी बड़ी होनी चाहिए जिससे दूर तक को सूँघा जा सके। कान इतने बड़े हों का दूर तक को सुना जा सके। पेट इतना बड़ा हो कि बहुत कुछ खाया व पचाया जा सके। सवारी चूहे से तात्पर्य कहीं भी छेद कर जाया जा सके या किसी को भी धीरे-धीरे ऐसा काटा जा सके कि पता ही न चले। गणेश की दो पत्नी बुद्धि और सिद्धि हैं। के मुख्य रूप से इतना जो करेगा वो ही घी के लड्डू को खायेगा। गणेश का दिव्य रूप-पाँच मुख व सिर वाला है अर्थात् पाँच वेदों के ज्ञान से युक्त भी होना चाहिए।

एकात्म रक्षा के प्रक्षेपण शिव-शंकर पुत्र कार्तिकेय हैं। इनकी सवारी मोर से तात्पर्य हर खतरे को समाप्त कर देना है। कार्तिकेय का दिव्य रूप-छः मुख व सिर वाला है अर्थात् रक्षा के लिए चार दिशा सहित आकाश और पाताल में एक साथ दृष्टि रहनी चाहिए।

शंकर अर्थात् एकात्मध्यान का व्यक्त रूप एकात्म समर्पण अर्थात् पार्वती है। एकात्म ध्यान का कारण एकात्म समर्पण तथा एकात्म समर्पण का कारण एकात्म ध्यान होता है। वह ध्यान जो आत्मा के लिए हो और वह

समर्पण जो ध्यान के लिए हो अर्थात् समभाव और ध्यान युक्त मानव शरीर ही शंकर का अवतार है। इस ध्यान का अर्थ काल चिन्तन है। विभिन्न कालों में विभिन्न रूपों में काल के प्रति समर्पण कराने अर्थात् एकात्मज्ञान और एकात्मकर्म की परीक्षा और परीक्षोपरान्त मार्ग प्रशस्त करने के लिए व्यक्तिगत प्रमाणित शंकर अर्थात् एकात्म ध्यान के 21 अंशावतार जाने जाते है।

सम्पूर्ण आध्यात्मिक सूक्ष्म एवम् स्थूल सिद्धान्तों को व्यक्त करने का माध्यम मात्र मानव शरीर और कर्म क्षेत्र मात्र समाज ही है। साथ ही उसका मूल्यांकनकत्र्ता मानव का अपना मन स्तर ही है। इसलिए अवतार सम्पूर्ण सिद्धान्तों को कालानुसार व्यक्त सगुण रूप मानव शरीर ही होता है। मूलरूप से अवतार शिव-आत्मा-ईश्वर-ब्रह्म अर्थात् सार्वभौम सत्य-सिद्धान्त के अवतार होते है परन्तु एकात्म ज्ञान अर्थात् ब्रह्मा और एकात्मध्यान अर्थात् शंकर सार्वजनिक प्रमाणित दृश्य न हो सकने के कारण एकात्म कर्म-विष्णु के ही अवतार के रूप में जाना जाता है। क्योंकि एक मात्र कर्म ही मानव समाज में सार्वजनिक प्रमाणित होता है। इस एकात्म कर्म का कारण एकात्म प्रेम और एकात्म प्रेम का कारण मात्र एकात्म कर्म होता है।

विकास क्रम को सार्वभौम सत्य-सिद्धान्तानुसार सदैव बनाये रखने वाले माध्यम शरीर को अवतार कहते हैं। अवतार के सम्बन्ध में कुछ मान्यता सृष्टि के प्रारम्भ से विकास क्रम को देखते हैं तो कुछ मानव सभ्यता के प्रारम्भ से। परन्तु दोनों ही सत्य हैं और विकास क्रम को ही प्रमाणित करती है। एक के अनुसार-सृष्टि के प्रारम्भ में जलीय जीव (1.मत्स्य, 2.कच्छप, 3.वाराह), फिर जल-थल जीव (4.नर सिंह), फिर थल मानव (5.वामन, 6.परशुराम, 7.राम, 8.कृष्ण, 9.बुद्ध, 10.कल्कि) का विकास हुआ और माध्यम को अवतार कहा गया। दूसरे के अनुसार-जल-प्लावन के समय मछली से मार्गदर्शन (मछली की गति का सिद्धान्त) पाकर मानव की रक्षा करने वाला 1.मत्स्यावतार, 2 कूर्मावतार (कछुए के गुण का सिद्धान्त), 3.वाराह अवतार (सुअर के गुण का सिद्धान्त) 4.नर-सिंह अवतार (सिंह के गुण का सिद्धान्त), 5.वामन अवतार (समाज का सिद्धान्त) 6.परशुराम अवतार (लोकतन्त्र का सिंद्धान्त) 7.राम अवतार (आदर्श व्यक्ति चरित्र का सिद्धान्त), 8.कृष्ण अवतार (व्यष्टि-आदर्श सामाजिक व्यक्ति चरित्र और समष्टि-सार्वभौम सत्य आत्मा का सिद्धान्त), 9.बुद्ध अवतार (धर्म-संघ-बुद्धि का सिद्धान्त) और अन्तिम 10.कल्कि अवतार (व्यष्टि-आदर्श वैश्विक व्यक्ति चरित्र और समष्टि-सार्वभौम सत्य-सिद्धान्त)। ग्रन्थों में अवतारों की कई कोटि बतायी गई है जैसे अंशाशावतार, अंशावतार, आवेशावतार, कलावतार, नित्यावतार, युगावतार इत्यादि। जो भी सार्वभौम सत्य-सिद्धान्त को व्यक्त करता है वे सभी अवतार कहलाते हैं। व्यक्ति से लेकर समाज के सर्वोच्च स्तर तक सार्वभौम सत्य-सिद्धान्त को व्यक्त करने के क्रम में ही विभिन्न कोटि के अवतार स्तरबद्ध होते है। अन्तिम सार्वभौम सत्य-सिद्धान्त को व्यक्त करने वाला ही अन्तिम अवतार के रूप में व्यक्त होगा। अब तक हुये अवतार, पैगम्बर, ईशदूत इत्यादि को हम सभी उनके होने के बाद, उनके जीवन काल की अवधि में या उनके शरीर त्याग के बाद से ही जानते हैं। एक ही समय में कई अवतार हो सकते हैं परन्तु मुख्य अवतार का निर्धारण उसके कार्य के प्रभाव क्षेत्र से जाना जाता है।

उपरोक्त के अनुसार यह स्पष्ट है कि शास्त्राकार लेखक द्वारा पौराणिक देवी-देवताओं में ब्रह्मा-विष्णु-शिवशंकर परिवार के कार्य क्षेत्रानुसार मानक के रूप में प्रक्षेपित किये गये थे। मनुष्य की इच्छा पाने की अधिक होती है अलावा इसके कि हो जाने की। ऐसे व्यक्ति जो हो जाने में विश्वास रखते थे वे ही धरती पर मनुष्य रूप में आये और अवतार हो कर चले गये। अवतार का अर्थ ही होता है सर्वोच्च लक्ष्य सिद्धान्त के अनुसार नीचे उतरना जबकि मनुष्य का अर्थ होता है नीचे से ऊपर की ओर बढ़ना। शास्त्राकार लेखक ने मानव जाति को ईश्वर की ओर विकास करने या ईश्वर के रूप में बन जाने के लिए इन देवी-देवताओं का रूप प्रक्षेपित किया था लेकिन ये पूजा और आयोजन में बदल गया और अन्य धर्म-सम्प्रदाय के आ जाने से यह एक विशेष धर्म का ही जाना जाने लगा। जिस प्रकार आम की लकड़ी से कुर्सी, मेज, दरवाजा, खिड़की बनाया गया और आम गायब होकर कुर्सी, मेज, दरवाजा, खिड़की हो गया उसी प्रकार सम्पूर्ण पृथ्वी के मनुष्य के मागदर्शन के लिए व्यक्त मानक देवी-देवताओं का अर्थ गायब होकर मूर्तिपूजा में बदलकर एक धर्म का हो गया।

जिस प्रकार लोग आत्मा की महत्ता को न समझकर शरीर को ही महत्व देते हैं उसी प्रकार लोग भले ही पढ़कर ही विकास कर रहें हो परन्तु वे शास्त्राकार लेखक की महत्ता को स्वीकार नहीं करते। जबकि वर्तमान समय में चाहे जिस विषय में हो प्रत्येक विकास कर रहे व्यक्ति के पीछे शास्त्राकार, लेखक, आविष्कारक, दार्शनिक की ही शक्ति है जिस प्रकार शरीर के पीछे आत्मा की शक्ति।

भाग-1

धर्म

साभार - "विश्व के प्रमुख धर्मों में धर्म समभाव की अवधारणा"
प्रकाशक-वैज्ञानिक तथा तकनीकी शब्दावली आयोग, मानव संसाधन विकास मंत्रालय, भारत सरकार

धर्म का अर्थ, धर्म और रिलिजन

धर्म की परिभाषा, तत्व चिंतन और आवश्यकता

धर्म एवं दर्शन, धर्मदर्शन, विज्ञान, नैतिकता

धर्म में वस्तु तत्व एवं प्रतीक

धर्मसमभाव की अवधारणा और विश्वधर्म का आधार

धर्म का अर्थ

शब्द कोश के अनुसार धर्म शब्द की उत्पत्ति "धृ" धातु से हुई है और धृ का अर्थ है "धारण करना"। ऋग्वेद में "अतो धर्माणि धारयन" के रूप में धर्म के धारण करने का उल्लेख मिलता है (ऋग्वेद, 1/22/18)। महाभारत में "धारणात् धर्म मित्याहुः धर्मोधारयते प्रजाः" (महाभारत, कर्ण पर्व, 49/50) के द्वारा एवं भगवद्गीता में "धृत्यायया धारयते" (गीता, 18/33) के द्वारा धारण का अर्थभाव स्पष्ट होता है। "धारण करना" को सरल शब्दों में अपनाना भी कहा जा सकता है।

ऋग्वेद में "त्रीणि पदा विचक्रमें विष्णुगोंपा अदाभ्यः। अतो धर्माणि धारयन।। (ऋग्वेद, 1/22/18)" के द्वारा व्यापाक अर्थ में कहा गया है कि परमात्मा ने आकाश में त्रिपाद परिमित स्थान में त्रिलोक का निर्माण कर उनमें धर्मों का धारण किया है। धृव्रतो (ऋग्वेद, 1/9/44/4) अर्थात सत्यव्रत धारण करने वाले, अधि धा (ऋग्वेद, 1/10/54/11) अर्थात अच्छी तरह धारण कर धर्मणामिरज्यसि (ऋग्वेद, 1/10/55/3) अर्थात धर्मों के योग से अतिशय, ऐश्वर्य आदि को धारण करने का निर्देश मिलता है।

अथर्ववेद में सत्य, दीक्षा, तप, ब्रह्म, यज्ञ आदि को धर्म तत्व मानते हुए पृथ्वी को धारण (अथर्ववेद, 12/1/1) करने की बात कही गयी है। महाभारत में वह वस्तु जो सम्पूर्ण विश्व को धारण कर रही है एवं समाज (प्रजा) की एकता को मूर्तिमंत करती है (महाभारत, कर्ण पर्व, 58-59), उसे ही धर्म कहा गया है।

धर्म के तत्वज्ञान (कठ उपनिषद्, 1/22/13), विधि-निषेध (तैत्तिरीय उपनिषद्, 2/11/1), सत्य (बृह. उपनिषद्, 1/4/14), पुण्य (छान्दोग्य उपनिषद्, 2/1/14), सांसारिक जीवन में अभ्युदय एवं जीवन के परम निःश्रेयस (वैशेषिक सूत्र, 1/1/1-3), चरित्र-आचरण (मनुस्मृति, 2/108) आदि को जीवन में धारण करना माना गया है जो निश्चित ही धारण के सम्बन्ध में विभिन्नताओं को दर्शाता है। अतः धर्म के धारण के सम्बन्ध में कोई एक पूर्ण निश्चित तथा सर्वमान्य विचार कर निर्णय कर पाना लगभग दुष्कर है किन्तु इतना निश्चित है कि धर्म का अर्थ निःसन्देह धारण करना ही माना गया है।

धर्म (मजहब), किसी एक या अधिक परलौकिक शक्ति में विश्वास और इसके साथ-साथ उसके साथ जुड़ी रिति, रिवाज, परम्परा, पूजा-पद्धति और दर्शन समूह है। इस सम्बन्ध में प्रोफेसर महावीर सरन जैन का अभिमत है कि आज धर्म के जिस रूप को प्रचारित एवं व्याख्यायित किया जा रहा है उससे बचने की जरूरत है। वास्तव में धर्म, सम्प्रदाय नहीं है। जिन्दगी में हमें जो धारण करना चाहिए, वही धर्म है। नैतिक मूल्यों का आचरण ही धर्म है। धर्म वह पवित्र अनुष्ठान है जिससे चेतना का शुद्धिकरण होता है। धर्म वह तत्व है जिसके आचरण से व्यक्ति अपने जीवन को चरितार्थ कर पाता है। यह मनुष्य में मानवीय गुणों के विकास की प्रभावना है, सार्वभौम चेतना का सत्संकल्प है। मध्ययुग में विकसित धर्म एवं दर्शन के परम्परागत स्वरूप एवं धारणाओं के प्रति आज के व्यक्ति की आस्था कम होती जा रही है। मध्ययुगीन धर्म एवं दर्शन के प्रमुख प्रतिमान थे- स्वर्ग की कल्पना, सृष्टि एवं जीवों के कर्ता के रूप में ईश्वर की कल्पना, वर्तमान जीवन की निरर्थकता का बोध, अपने देश एवं काल की माया एवं प्रपंचों से परिपूर्ण अवधारणा। उस युग में व्यक्ति का ध्यान अपने श्रेष्ठ आचरण, श्रम एवं पुरूषार्थ द्वारा अपने वर्तमान जीवन की समस्याओं का समाधान करने की ओर कम था, अपने आराध्य की स्तुति एवं जय गान करने में अधिक था। धर्म के व्याख्याताओं ने संसार के प्रत्येक क्रियाकलाप को ईश्वर की इच्छा माना तथा मनुष्य को ईश्वर के हाथों की कठपुतली के रूप में स्वीकार किया। दार्शनिकों ने व्यक्ति के वर्तमान जीवन की विपन्नता का हेतु "कर्म-सिद्धान्त" के सूत्र में प्रतिपादित किया। इसकी परिणति मध्ययुग में यह हुई कि वर्तमान की सारी मुसीबतों का कारण "भाग्य" अथवा ईश्वर की मर्जी को मान लिया गया। धर्म के ठेकेदारों ने पुरूषार्थवादी मार्ग के मुख्य द्वार पर ताला लगा दिया। समाज या देश की विपन्नता को उसकी नियति मान लिया गया। समाज स्वयं भी भाग्यवादी बनकर सुख-दुःखात्मक स्थितियों से संतोष करता रहा। आज के युग ने यह चेतना प्रदान की है कि विकास का रास्ता हमें स्वयं बनाना है। किसी समाज या देश की समस्याओं का समाधान कर्म-कौशल, व्यवस्था परिववर्तन, वैज्ञानिक तथा तकनीकी विकास, परिश्रम तथा निष्ठा से सम्भव है। आज के मनुष्य की रूचि अपने वर्तमान जीवन को सँवारने में अधिक है।

उसका ध्यान "भविष्योन्मुखी" न होकर वर्तमान में है। वह दिव्यताओं को अपनी ही धरती पर उतार लाने के प्रयास में लगा हुआ है। वह पृथ्वी को स्वर्ग बना देने के लिए बेताब है।

"वेदान्त दर्शन एक एक करके इन तीन सोपानों (द्वैत, विशिष्टद्वैत, अद्वैत) का अवलम्बन करके अग्रसर हुआ है तथा हम इस तृतीय सोपान (अद्वैत) को पार करके अधिक अग्रसर नहीं हो सकते, क्योंकि हम एकत्व के उपर अधिक जा नहीं सकते। धर्मज्ञान को उच्चतम चूड़ा में आरोहण करने के लिए मानव जाति को जिन सब सोपानों का अवलम्बन करना पड़ा है, प्रत्येक व्यक्ति को भी उसका ही अवलम्बन करना होगा। केवल प्रभेद यह है कि समग्र मानव जाति को एक सोपान से दूसरे सोपान में आरोहण करने के लिए लाख-लाख वर्ष लगे हो, किन्तु व्यक्तिगण कुछ वर्षों में ही मानव जाति का समग्र जीवन यापन कर ले सकते हैं, अथवा वे और भी शीघ्र, सम्भवतः छः मास के भीतर ही उसे सम्पूर्ण कर ले सकते हैं।" (धर्म विज्ञान, पृष्ठ-134-135, राम कृष्ण मिशन प्रकाशन)

- स्वामी विवेकानन्द

धर्म और रिलिजन

पाश्चात्य चिंतन में धर्म के स्थान पर "रिलिजन" शब्द का प्रयोग मिलता है। अतः रिलिजन शब्द के अर्थ को समझना आवश्यक है। कई विद्वान रिलिजन शब्द का प्रयोग एवं धर्म शब्द का प्रयोग एक ही अर्थ में करते हैं। वे इन्हें पूर्णतः एक ही मान लेते हैं और रिलिजन कह ही भाँति धर्म को व्याख्यायित करने का प्रयत्न करते हैं। इसका प्रमुख कारण दोनों में कुछ समरूपताओं का पाया जाना है, जैसे- पवित्रता, संयमपूर्ण जीवन, नैतिकता, विश्वास, ईश्वर की या परमसत्ता की मान्यता, प्रार्थना, उपासना, स्वर्ग-नरक आदि। किन्तु इससे यह नहीं माना जा सकता कि धर्म व रिलिजन एक ही हैं या दोनों का प्रयोग समग्र अर्थ में एक दूसरे के स्थान पर किया जा सकता है।

धर्म के लौकिक प्रयोग (हिन्दी विश्वकोष, एकादश भाग, नगेन्द्रनाथ बसु, पृष्ठ 107-108) को वर्णित करते हुए धर्म व रिलिजन के अर्थभेद को स्पष्ट किया गया है। इसमें ऋग्वेद के अनुसार धर्म को जगत् के निर्वाहक नियमों के समूह के रूप में स्वीकार किया गया है। धर्म शब्द संस्कृत भाषा का शब्द है जबकि लैटिन-अंग्रेजी भाषा के रिलिजन शब्द से विभिन्न जातियों की ईश्वरोपासना प्रणाली का बोध होता है। संस्कृत में ईश्वरोपासना प्रणाली को महत्ता दी गयी है किन्तु वह आचार शब्द के अन्तर्गत है। धर्म शब्द से आचार शब्द का बोध कराते हुए क्रमशः उसका अर्थ संकुचित कर आचार के विभिन्नांशो के लिए उसका प्रयोग किया जाने लगा और ऐसी स्थिति में रिलिजन शब्द का अर्थ धर्म में प्रविष्ट हो गया तथा धर्म को रिलिजन शब्द के स्थान पर, रिलिजन को धर्म शब्द के स्थान पर प्रयुक्त किया जाने लगा।

मैक्समूलर के अनुसार- धर्म और रिलिजन दो पृथक भाषाओं के शब्द हैं अतः धर्म को ग्रीक या लैटिन में अनुवादित नहीं किया जा सकता है और न ही लैटिन के रिलिजन में ही धर्म का सम्पूर्ण अर्थ सन्निहित है।

धर्म एवं रिलिजन में एक अन्य प्रमुख भेद व्यापकता का भी पाया जाता है। धर्म में ईश्वर को मानने वाले और ईश्वर को न मानने वाले, दोनों को धर्म में समावेशित किया गया है। वैदिक धर्म में ईश्वर की सत्ता में विश्वास प्रकट किया गया है किन्तु जैन धर्म एवं बौद्ध धर्म में ईश्वर (सृष्टा) के अस्तित्व में विश्वास प्रकट नहीं किया गया है जबकि रिलिजन के अर्थ के अन्तर्गत दिव्य सत्ता (ईश्वर), अलौकिक विश्वास, ईश्वर की अधिनता का आदर्श, ईश्वर का सृष्टित्व, उपवास, प्रायश्चित, विभिन्न उपासना पद्धतियाँ आदि को विशेष रूप से स्वीकार किया गया है। अनीश्वरवादी (ईश्वर को नहीं मानने वाला) धर्म हो सकता है, इसे प्रायः पाश्चात्य चिंतन परम्परा में स्थान दिये जाने का उल्लेख नहीं मिलता हे। दैवीय सत्ता के प्रकाशना (जिसके द्वारा ईश्वर स्वयं मनुष्यों को अपने विषय में जानकारी देता है), चमत्कार, आदि का बोध रिलिजन माना गया है। धर्म में भी आचार-विचार के दृष्टिकोण से इन समस्त भावों का आभास पाया जाता है किन्तु विभिन्न ग्रन्थों में धर्म के उल्लेखों से यह स्पष्ट होता है कि धर्म का अर्थ व स्वरूप रिलिजन के अर्थ एवं स्वरूप की अपेक्षा अधिक व्यापक है क्योंकि धर्म के रूप में तत्कालिन मनुष्य की सामाजिक व्यवस्था के स्वरूप के अनुसार धार्मिक विधि-विधान, सामाजिक एवं नैतिक नियमों, रीति-रिवाजों, ईश्वर, आत्मा, सृष्टि आदि से सम्बन्धित अवधारणाओं को वर्णित किया गया है। धर्म शब्द का प्रयोग मूर्तामूर्त, आत्मवाद व अनात्मवाद, ईश्वरवाद व अनीश्वरवाद, आचार, शास्त्र-आज्ञा, कर्तव्यपालन, श्रेय व प्रेय की सिद्धि, स्वभाव आदि सभी के लिए प्रयुक्त हुआ है। रिलिजन शब्द का प्रयोग कहीं पर भी अनात्मवाद या अनीश्वरवाद के लिए किया गया हो ऐसा उल्लेख उपलब्ध नहीं होता है। कारण यह है कि रिलिजन का अर्थ ही मनुष्य को ईश्वर से सम्बन्धित करना अथवा बाँधना है। अतः यह स्पष्ट होता है कि धर्म शब्द का अर्थ व प्रयोग निःसन्देह व्यापक व विस्तृत अर्थ में हुआ है जबकि रिलिजन शब्द का प्रयोग अपेक्षाकृत कम व्यापक अर्थ में किया गया है।

धर्म की परिभाषा, तत्व चिंतन और आवश्यकता

परिभाषा और तत्व चिंतन

धर्म अथवा रिलिजन की कोई निश्चित एवं सर्वमान्य परिभाषा देना कठिन है क्योंकि धर्म अथवा रिलिजन शब्द का प्रयोग विभिन्न अर्थो में किया जाता रहा है।

जे.बी.प्राट के अनुसार - यह बड़ा बेतुका तथ्य प्रतीत होता है कि धर्म नाम का लोक प्रचलित शब्द जो मनुष्य जाति के होठों से बार-बार निःसृत होता है और जिससे मानव जीवन के सबसे प्रत्यक्ष व्यापार का बोध होता है फिर भी यह इतना जटिल है कि इसे परिभाषित करना अत्यंन्त दुष्कर है। धर्म की वहीं परिभाषा सर्वमान्य हो सकती है जो सभी धर्मों पर लागू हो सकती हो तथा जिसमें ज्ञान, भावना और कर्म तीनों का समावेश हो।

भारतीय चिंतन में धर्म को अनेक रूपों में परिभाषित किया गया है। जैसे- वेद में सत्य, ऋतु, व्रत, यज्ञ आदि को विभिन्न प्रकार से धर्म ही कहा गया है। तैत्तिरीय व छान्दोग्य उपनिषद् में नैतिक आदर्श या सदाचार को धर्म कहा गया है। बृहदारण्यक उपनिषद् में धर्म शब्द का प्रयोग आध्यत्मिक, नैतिक एवं भौतिक जगत (वस्तुओं) के संचालन के अर्थ में किया गया है। धर्म के सम्बन्ध में कहा गया है कि - यह धर्म सब भूतों का मधु है, और सब वस्तुएँ इस धर्म की मधु हैं और जो इस धर्म में प्रकाशमय, अमृतमय पुरूष है, वह आत्मा ही है, यह अनश्वर अमृत है, यह ब्रह्म है, यह सर्वमय है। बृहदारण्क उपनिषद् में धर्म को सत्य व सत्य को धर्म के रूप में विवेचित करते हुए सत्य बोलने वाले के लिए कहा गया है कि यह धर्म कह रहा है तथा धर्म की बात कहने वाले के प्रति कहा गया है कि वह सत्य कह रहा है। सत्य को धर्म धर्म के रूप में मानते हुए ईशावास्योपनिषद् में कहा गया है कि ऋषियों ने सत्य को धर्म के रूप में देखा है-"सत्यं धर्माय दृष्टये"। सत्य ही धर्म की सच्ची प्रतिष्ठा है- "धर्म प्रतिष्ठितः"। इसलिए सत्य से बढ़कर दूसरा धर्म नहीं माना गया है - "सत्यान्नास्ति परोधर्म"। सत्य से बढ़कर कोई धर्म, नीति, तप व बल नहीं माना गया है। सत्य पर सभी को अधिष्ठित मानते हुए यही कहा गया है कि यह संसार धर्म पर प्रतिष्ठित है - "धर्मो विश्वस्य जगतः प्रतिष्ठा"।

महाभारत में धर्म के लिए कहा गया है कि वह वस्तु जो सम्पूर्ण विश्व को धारण कर रही है या करती है अर्थात जो समस्त वस्तुओं का मूल आधार है एवं समाज की एकता को मूर्तिमंत करती है वही धर्म है। इसमें सत्य को सनातन मानते हुए सर्वाधिक महत्व दिया गया है।

मनुस्मृति में धर्म के दस लक्षणों का वर्णन व्यवहार्य के अर्थ में किया गया है यथा-धृति, क्षमा, दम, अस्तेय, शौच, इन्द्रिय निग्रह, धी, विद्या, सत्य और अक्रोध। यह राग द्वेष रहित आचरण को धर्म मानती है। मनुस्मृति के अनुसार वेदविरूधता अधर्म है।

गीता में धर्म को कर्तव्याकर्तव्य की व्यवस्था के रूप में माना गया है। उसमें राग-द्वेष को जीतकर स्वधर्म का आचरण, शास्त्रविधि से नियतकर्म करना, यज्ञादि कर्म करना, अनासक्त भाव से निरंतर कर्तव्य कर्म का अच्छी तरह आचरण (पालन) करना, निष्काम कर्म, स्वधर्म तथा समत्व बुद्धियोग (पुण्य-पाप दोनों का त्याग कर धर्म व अधर्म का निष्पक्ष बोध) से कर्तव्य का पालन करना-कर्म बंधन से मुक्त होने का उपाय ही धर्म माना गया है। भागवत पुराण में विद्या, दान, तप औ सत्य को धर्म के चार पर माने गये है। पुराणों में नैतिक गुणों को संस्कारों से अधिक महत्वपूर्ण माना गया है तथा कुछ स्थलों पर नैतिक गुणों को धर्म का मूल कहा गया है।

जैन धर्म में धर्म को धम्मं शब्द से निरूपित करते हुए उसके स्वरूप को विभिन्न प्रकार से वर्णित किया गया है। जिनोक्त धर्म का आचरण (मोक्षमार्ग-संयम का अनुगामी सम्यक् ज्ञान, सम्यक् चरित्र व सम्यक् दर्शन (त्रिरत्न), ममत्वरहित एवं निरंहकार होकर आचरण करना) करना, महावीर की आज्ञा का पालन करना ही धर्म माना गया है। स्थानांग सूत्र में ग्राम धर्म, नगर धर्म, संघ धर्म आदि के सन्दर्भ में धर्म को सामाजिक विधि-विधानों के रूप में भी माना गया है। जैन धर्म में धर्म को शुभ कर्म, कर्तव्य, कुशल अनुष्ठान, सुकृत, पुण्य, सदाचार, स्वभाव, गुण, पर्याय, धर्मास्तिकाय, द्रव्य मर्यादा, रीति-व्यवहार आदि से सम्बद्ध माना गया है। उसमें धर्म के कई प्रकारों यथा नाम धर्म,

स्थापना धर्म, साधु धर्म, श्रमण धर्म आदि का उल्लेख भी मिलता है। किन्तु धर्म का सार लक्षण चरित्र, विश्वकल्याण, ज्ञान, संयम, निर्वाण आदि को माना गया है।

बौद्ध धर्म में धम्म या धम्र्म (धर्म) के कई अर्थ और व्याख्यान मिलते हैं। टीकाकार बुद्धघोष तथा प्राचीन शास्त्र परम्परा के अनुसार "वेदना", "संज्ञा" और अहंकार इन तीनों स्कंधों को ही धम्म कहा गया है, जो विज्ञान या मन के परिणाम हैं। यमकवग्गो में धर्म के लिए कहा गया है कि जो मनुष्य राग, द्वेष और मोह का परित्याग कर प्रज्ञायुक्त चिंताविहिन चित्त से शास्त्रों का भाषण करता हुआ धर्म का आचरण करता है वह सद्गति को प्राप्त होता है (श्रमण का भागीदार होता है)। अवैर (अशत्रुता), इन्द्रिय संयम, शीलयुक्त आचरण को श्रेष्ठ माना गया है और उसे ही धर्म कहा गया है, धर्म से मानव चित्त शुद्ध एवं निर्मल होता है।

यहूदी धर्मग्रन्थ "धर्मशास्त्र (बाइबिल)" के पुराना नियम (ओल्ड टेस्टामेन्ट) में धर्म न्याय करते हुए यहोवा (परमेश्वर) के मार्ग में अटल बने रहने का विधान है। विश्राम के दिनों का पालन करना और यहोवा के पवित्र स्थान का भय मानना।, वाचा न तोड़ना व यहोवा की आज्ञा मानना भी धर्म माना गया है तथा इनका उल्लंघन करना अधर्म है। अन्याय से मुक्त करना, भूखों को अपनी रोटी बाँट देना, दीन-दुखियों को संतुष्ट करना धर्मशास्त्र के अनुसार धर्म है। यहोवा की महिमा प्रकट करना भी धर्म माना गया है। यहोवा की महिमा को महत्व देते हुए यहोवा द्वारा ही कहलाया गया है कि "यह मैं ही हूँ जो धर्म से बोलता और पूरा उद्धार करने की शक्ति रखता हूँ "।

ईसाई धर्म के नया नियम (न्यू टेस्टामेन्ट) में ईश्वर (परमेश्वर) से अपनी सम्पूर्ण बुद्धि, मन, प्राण शक्ति से प्रेम रखना और अपने पड़ोसी से अपने समान प्रेम रखना ही परमेश्वर की सबसे बड़ी आज्ञा है। नम्रता, दयावंत होना, दीन मन होना, शुद्ध मन होना धर्म के लक्षण माने गये हैं और इनके समर्थकों को व अपनाने वालों को धन्य कहा गया है। संदेह, अनिश्चय, अविश्वास पाप है, अधर्म है तथा पवित्र आत्मा से जो मेल-मिलाप और एक-दूसरे का सुधार होता है उसे ही धर्म कहा गया है, आनन्द कहा गया है, यह परमेश्वर को प्रिय एवं मनुष्यों के ग्रहण करने योग्य है।

कुरान मज़ीद में कुरआन के ज्ञान को एवं उसके अनुसरण को धर्म माना गया है तथा इस्लाम धर्म अल्लाह (ईश्वर) की ओर से है, यह कहा गया है। इंसाफ (ईमान) का पालन करना, अल्लाह से डरना, नेक काम करना धर्म है तथा इसका पालन न करना दीन (धर्म) से इंकार कराना है। सूरे फातिहः में अल्लाह को सर्वोपरि एवं ज़जा (अंतिम न्यायी) माना गया है जो इस्लाम (शान्ति) की रूह है और इस्लाम ही धर्म है।

महात्मा गाँधी के अनुसार - "सच्ची नीति ही सच्चा धर्म है। धर्म के बिना नीति का पालन नहीं किया जा सकता है, यानि नीति का आचरण धर्म के रूप में करना चाहिए। फर्ज (कर्तव्य), दया, सेवा आदि का निःस्वार्थ आचरण ही नीति है।"

डा. भगवान दास के अनुसार - "धर्म शाब्दिक दृष्टि से वह है जो किसी वस्तु को धारण किये होता है, उसे वह जो कुछ बनाता है, उसे टूटने और किसी अन्य वस्तु में परिवर्तित होने से बचाता है, इसका प्रमुख कार्य, इसका विशिष्ट लक्षण, इसका अनिवार्य गुण, इसकी अनिवार्य प्रकृति, इसका धर्म है।"

डा. सर्वपल्ली राधाकृष्णन् के अनुसार - "जिन सिद्धान्तों का हमें अपने दैनिक जीवन शुद्धि के नियम या विधि-विधान बनाना है। अतः मनुष्य के उस आचार-विचार को धर्म कहते हैं जिसके द्वारा मनुष्य का वैयक्तिक और सामाजिक कल्याण होता है, सुख बढ़ता है, एक व्यवस्था पैदा होती है"

ग्रीक दार्शनिक सुकरात (470-399 ई.पू.) के अनुसार ज्ञान ही धर्म है, परम शुभ है, निःश्रेयस है। ज्ञान, धर्म का पूर्व प्रतिबंध है। धर्म ज्ञान के अस्तित्व के कारण है और ज्ञान धर्म की प्रमाणिकता का कारण है। ज्ञान और धर्म तत्व के दो समानान्तर पहलू हैं। ज्ञान शुभ कमों का सार है और शुभ कर्म (सद्गुण) धर्म होते हैं- ऐसा मानते हैं। उनके अनुसार ज्ञान शिक्षणीय है अतः धर्म शिक्षणीय है और यह एकत् है। बुद्धिमता, साहस, न्याय व मिताचार आदि धर्म के विभिन्न प्रकाशन है।

विलियम जेम्स के अनुसार - "धर्म का अर्थ व्यक्ति का वह एकान्तिक भाव, क्रिया एवं अनुभव है, जो व्यक्ति और ईश्वर (दिव्य सत्ता) के सम्बन्ध के ज्ञान से विकसित होते हैं।"

दी. पारसन्स के अनुसार - "धर्म व्यक्तियों द्वारा समाज में विकसित विश्वासों, रिवाजों एवं संस्थाओं का समूह है।"

एम. सालोमन रिंच के अनुसार - "धर्म उन निषेधों का संग्रह है जो हमारी शक्तियों के स्वतन्त्र कार्य (विकास) में बाधक है।"

मैथ्यू आर्नाल्ड के अनुसार - "संवेग सहित नैतिकता ही धर्म है।"

एडवर्ड टायलर के अनुसार - "धर्म आध्यात्मिक सत्ताओं में विश्वास है।"

सर जेम्स फ्रजर के अनुसार - "धर्म (रिलिजन) से मैं मनुष्य से श्रेष्ठ उन शक्तियों की संतुष्टि या आराधना समझता हूँ जिनके सम्बन्ध में यह विश्वास किया जाता है कि वे प्रकृति और मानव जीवन को मार्ग दिखलाती है और नियंत्रित करती है।"

मैक्समूलर के अनुसार - "धर्म वह मानसिक शक्ति या प्रवृत्ति" है जो मनुष्य को अनन्त सत्ता का ज्ञान प्राप्त कराने में सक्षम सिद्ध होती है।

गिलिन और गिलिन के अनुसार - "एक सामाजिक समूह में व्याप्त उन भावनात्मक विश्वासों को जो किसी अलौकिक शक्ति से सम्बन्धित है तथा उन बाहरी प्रकट व्यवहारों, भैतिक वस्तुओं एवं प्रतीकों को जो इन विश्वासों से सम्बन्ध रखते हैं धर्म के सामाजिक क्षेत्र में सम्मिलित किया जा सकता है।"

जार्ज गैल्वे के अनुसार - "अपने से परे शक्ति में मनुष्य का यह विश्वास धर्म है जिसके द्वारा वह अपनी संवेगात्मक आवश्यकताओं की संतुष्टि और जीवन की स्थिरता प्राप्त करता है तथा जिसे वह उपासना एवं सेवा के माध्यम से प्रकट करता है।"

ब्रैडले के अनुसार - "उँचे शुभ स्तर पर पहुँची हुई नैतिकता धर्म में समाप्त होती है।"

हाफडिंग के अनुसार - "मूल्यों के संरक्षण में विश्वास ही धर्म है।"

उपरोक्त समग्र विवेचन के अनुसार - धर्म की वे सभी परिभाषाएं सर्वमान्य हो सकतीं हैं जो मानव के ज्ञानात्मक, भावात्मक एवं क्रियात्मक पक्षों को अभिव्यक्त करती हों और जो पूर्वाग्रह रहित होकर वैयक्तिक और सामाजिक कल्याण के अन्तर्गत भौतिकता व आध्यात्मिकता (लोक मण्डल) को समन्वयात्मक रूप से समावेशित करती हों।

आवश्यकता

मानव में पूर्णता की भावना होती है। वह केवल बौद्धिक सीमाओं में रह कर पूर्णत्व की उपलब्धि नहीं कर सकता है। धर्म में ईश्वर के द्वारा आवतरित होने का भाव, श्रेयस की भावना, नियामक सिद्धान्त आदि विश्व की प्रयोजनात्मक प्रक्रिया, उसकी निश्चित दिशा व लक्ष्य के आधार पर मानव में सार्वभौमिक सम्बन्धों के द्वारा समन्वय स्थापित करने की चेष्टा की जाती है। अतः धर्म के द्वारा व्यक्ति की अन्तर्दृष्टि का विकास होता है यह अन्तर्दृष्टि से प्रेरित उच्चतम चेतना का आदर्श होता है जो मनुष्य में सभी प्रकार के दिव्य विचारों को जन्म देता है तथा उनको अनुभवगम्य बनाने की चेष्टा करता है। यह हमारे भीतर जीवन के प्रति सहज निष्ठा और मानवीय प्रकृति की एकता के प्रति विश्वास उत्पन्न कर आध्यात्मिक आधार पर समस्त जीवन में सामंजस्य व संतुलन स्थापित कर भयमुक्त (अभय) करता है।

पूर्णता के लिए व्यक्ति की चाह, अभाव की भावना, अनन्तता की चेतना को जानने एवं प्राप्त करने की चेष्टा स्वाभाविक, दिव्य एवं शक्ति रूप है, चाहे वह एक विचार मात्र ही क्यों न हो। बुद्धिमान मनुष्य ने ही अमरत्व की इच्छा कर चक्षु आदि इन्द्रियों को बाह्य विषयों की ओर से विमुख करके अतंरात्मा को देखा है। सभी धर्मों में (ईश्वरवादी व अनीश्वरवादी) अतीन्द्रिय बोध के लिए इन्द्रियों को वश में कर कर्म करने को, नैतिकता को श्रेष्ठ आचरण एवं शुभ तथा कल्याणकारक माना गया है।

संसार से पलायन कर मनुष्य न तो पूर्णत्व को उपलब्ध हो सकता है और न ही कोई भी कर्म करके अकर्म (निष्कर्मता) की दशा को उपलब्ध कर सकता है। मनुष्य जब तक जीवित है तब तक वह एक पल भी कर्म

किये नहीं रह सकता। सब बुरी बातें हमारे हृदय से ही निकलती है। धर्म तत्व इन बुरे विचारों का अपने आध्यात्मिक चिंतन के द्वारा शमन करता है तथा दिव्य शक्ति भाव को हृदय में प्रतिष्ठित करता है। धर्म सामूहिक रूप में तो सामाजिक अथवा संस्थागत होता है किन्तु व्यक्ति के सन्दर्भ में यह पूर्णतया उसके अंतर्जगत से सम्बन्धित होता हे।

धर्म व्यक्ति को मानसिक शक्ति प्रदान करता है तथा समुदाय में सामाजिक सामंजस्य उत्पन्न करने में योगदान देता है। अपूर्ण मानव सत्ता से भिन्न एक पूर्ण सत्ता ईश्वर धर्म का एक प्रमुख तत्व होता है जिस पर व्यक्ति का आस्थामय विश्वास होता है। इस विश्वास केन्द्रित भाव (आस्था) से आशावाद का जागरण होता है इसलिए ईश्वर नहीं वरन् जीवन-अधिक जीवन, व्यापक, अधिक समृद्ध तथा संतोषजनक जीवन ही धर्म का उद्देश्य है। धर्म मानव जीवन को दृढ़ता, पुनर्जीवन, अनुकम्पा, आश्वासन प्रदान करता है। प्राकृतिक मानव का रूपान्तरण नूतन जीवन के रूप में अर्थात उसे सभ्य एवं सुसंस्कृत करता है। वास्तविक धर्म का वैयक्तिक एवं सामाजिकता दोनों से सम्बन्ध होता है। वस्तुतः धर्म मत या धर्म सिद्धान्त स्वयं धर्म नहीं वरन् वे सब मनुष्यों को धर्म (धारण) तक ले जाने वाले साधन मात्र हैं जो मानव भावना को रूपान्तरित करते हैं। वह देश-काल् की सीमाओं में न बँधने वाला सार्वभौमिक सत्य है जो प्राणिमात्र को विश्वात्मा से आबद्ध करता है।

धर्म एवं दर्शन, धर्मदर्शन, विज्ञान, नैतिकता

धर्म एवं दर्शन

दर्शन शब्द की उत्पत्ति "दृश" धातु से हुई है, जिसका अर्थ है "देखना"। यह दर्शन या तो इन्द्रियजन्य निरीक्षण हो सकता है, या प्रत्ययी ज्ञान अथवा अन्तर्दृष्टि द्वारा अनुभूत हो सकता है। यह घटनाओं के सूक्ष्म निरीक्षण, तार्किक परीक्षण अथवा आत्मा के अन्तर्निरीक्षण द्वारा भी प्राप्त होता है।

धर्म में पूर्ण चेतनात्मक एकता की अनुभूति को लक्ष्य माना जाता है। यह व्यक्ति और समाज में सामंजस्य एवं परस्पर अभियोजन स्थापित करने का यत्न करता है। धर्म के पालन से स्वपर कल्याण अर्थात श्रेय व प्रेय की सिद्धि होती है। इसलिए कहा जा सकता है कि आध्यात्मिक चिंतन के द्वारा विश्व को मित्रतापूर्ण बनाना निश्चय ही धर्म का एक उद्देश्य है।

डा. सर्वपल्ली राधाकृष्णन् के अनुसार - "दर्शन पूर्णता (पूर्ण सत्ता) का उत्तर तर्क से देता है जबकि धर्म इसका उत्तर विश्वास से देता है।"

दर्शन व धर्म भिन्न क्षेत्रों से सम्बन्धित होते हुए भी परस्पर पूरक हैं। धर्म में दर्शन का समावेश हो या न हो किन्तु दर्शन अपनी व्यापकता के अनुसार धर्म को भी चिन्तन का विषय बनाता है तथा उसे यौक्तिक आधार प्रदान करता है। दर्शन अपने समग्र रूप में ज्ञान, प्रमाण, सृष्टि, नैतिकता, धर्म, तत्वमीमांसा आदि की सत्य, निष्पक्ष, तर्कपूर्ण, बौद्धिक, सैद्धान्तिक व्याख्या कर उन्हें सुदृढ़ आधार प्रदान करता है। वह तुलनात्मक, विश्लेषणात्मक दृष्टि अपनाते हुए तर्क-वितर्क, आलोचना-प्रत्यालोचना तथा विवेकपूर्ण मंथन के द्वारा निष्कर्षों की निरपेक्ष स्थापना करने का यत्न करता है। परम सत्ता की खोज, जिसे प्रायः धर्म श्रद्धा व विश्वास के आधार पर मानता है को आना लक्ष्य बनाता है तथा विवेकपूर्ण सद्आचरण द्वारा अभिव्यक्त करता है।

धर्म एवं धर्मदर्शन

वस्तुतः धर्मदर्शन न तो स्वयं धर्म ही है और न ही दर्शन। वरन् धर्म के दार्शनिक विवेचन को ही धर्मदर्शन कहते हैं। धर्मदर्शन के अन्तर्गत विश्व के समस्त धर्म और उनके विषय क्षेत्र के अध्ययन की विषय-वस्तु होती है। वह ईश्वरवादी एवं अनीश्वरवादी, आत्मवादी एवं अनात्मवादी धर्म प्रत्यय-प्रतीक तत्व, ईश्वर के गुण आदि की विवेकपूर्ण निष्पक्ष तुलनात्मक बौद्धिक व्याख्या प्रस्तुत करता हे। उन्हें तार्किक आधार प्रदान करता है। इसलिए वर्तमान जीवन के लिए धर्मदर्शन का विशिष्ट महत्व है। धर्मदर्शन धार्मिक चेतना से प्राप्त दिव्य जीवन की दार्शनिक अभिव्यक्ति है, व्याख्या है तथा दोनों ही (धर्म एवं धर्मदर्शन) सत्य को महत्व देते हैं।

जान हिक के अनुसार - "धर्म के सन्दर्भ में दार्शनिक चिंतन ही धर्मदर्शन है।"

प्रो. गैल्वे के अनुसार - "धर्मदर्शन, दार्शनिक विधियों एवं दार्शनिक सिद्धान्तों का धर्म पर प्रयोग है।"

प्रो. डी.एम.एडवर्ड के अनुसार - "धर्मदर्शन, धार्मिक अनुभूति के स्वरूप, व्यापार, मूल्य तथा सत्यता की दार्शनिक खोज है।"

प्रो. ब्राइटमैन के अनुसार - "धर्मदर्शन, धर्म की बौद्धिक व्याख्या की खोज का एक प्रयास है। यह धर्म का सम्बन्ध अन्य अनुभूतियों से बतलाकर विश्वासों की सत्यता, धार्मिक मनोवृत्तियों एवं आधारों का मूल्य स्पष्ट करता है।"

महर्षि अरविन्द के अनुसार - "धर्म एक क्षण भी खड़ा नहीं रह सका होता यदि वह महान सत्यों की बौद्धिक व्याख्या से अपनी पुष्टि नहीं करता, चाहे वे कितने ही अपर्याप्त हों"

धर्म एवं विज्ञान

विज्ञान की परिभाषा करते हुए यह कहा जाता है कि विज्ञान वह है जिसमें व्यवस्थित चिंतन के परिणामस्वरूप सिद्धान्त एवं प्रयोग होते हैं। यह एक प्रकार से प्रयोग को सर्वाधिक महत्व देता है अतः इसकी प्रमाणिकता का आधार अनुभूत तथ्य, तर्क, युक्ति होते हैं जो बुद्धिजनित होते हैं जिनके आधार पर वैज्ञानिक मापन, तोलन, परिकलन, वर्गीकरण करके कारणों का निर्धारण एवं नियमों को सूत्रबद्ध करता है। तथ्यों का विश्लेषण, वर्णन और व्याख्या करता है।

दूसरी ओर धर्म श्रद्धा, विश्वास एवं दिव्य सत्ता से सम्बन्धित होता है जिन्हें विज्ञान सत्य नहीं मानता, क्योंकि प्रायः धर्म अथवा धार्मिक विश्वास अनुभूतिपरक एवं श्रद्धाजनित होते हैं उन्हें तर्क द्वारा अथवा इन्द्रियानुभव द्वारा या उपकरणों के द्वारा नहीं जाना जा सकता। धर्म का अनुभव व बोध श्रुति के माध्यम से प्राप्त किया जाता है। उसमें भावनात्मक दृष्टिकोण अनिवार्यतः रहता है। अतः धर्म को विज्ञान का विरोधी एवं मानव प्रगति में बाधक माना गया है।

धर्म और विज्ञान के अपने-अपने क्षेत्र हैं तथा धर्म और विज्ञान दोनों ही हमारे ज्ञान के आवश्यक अंग हैं। धर्म हमारे जीवन के गंतव्य को निश्चित करता है, परन्तु विज्ञान हमारे समक्ष उन साधनों को प्रस्तुत करता है जो गंतव्य अथवा लक्ष्य तक पहुँचने में सहायक होते हैं। धर्म व विज्ञान में यद्यपि तार्किकता, अन्वेषण विधि, विषय सामग्री आदि को लेकर पर्याप्त अन्तर पाया जाता है किन्तु दोनों को एक दूसरे के पूर्णतः विरोधी मानना मानव कल्याण की दृष्टि से तर्कसंगत प्रतीत नहीं होता है। पूर्ण संतोषप्रद जीवन के लिए धर्म और विज्ञान दोनों ही आवश्यक हैं। धर्म और विज्ञान में जो विरोध माना जाता रहा है वह इन दोनों के वास्तविक स्वरूप, विषय-वस्तु, पद्धति एवं उपयोग को न समझ पाने के कारण है।

जार्ज संटियाना के अनुसार - "धर्म और विज्ञान में संघर्षात्मक स्थिति तभी उत्पन्न होती है जब धर्म विज्ञान का एवं विज्ञान धर्म का स्थान लेना चाहता है। सांसारिक कष्टों व दुःखों का (जो वास्तविक समस्या है) वास्तविक निवारण, वास्तविक तरीकों से ही होता है। उनकी निःस्सारता एवं काल्पनिकता के द्वारा नहीं। धर्म की विफलता का कारण दुःखों के निवारण के लिए काल्पनिक निदान (अप्राकृतिक) देना है। यदि धर्म में भी यथार्थता के आधार पर समस्याओं का निराकरण करने पर बल दिया जाये तो धर्म और विज्ञान में विरोधात्मक संघर्ष नहीं रहेगा।"

वैज्ञानिक मैंस प्लैंक के अनुसार - "प्रत्येक विमर्शी चिंतक यह स्वीकार करता है कि मानव जीवन को संतुलित एवं सामंजस्य रूप देने में धार्मिक तत्वों का एक महत्वपूर्ण योगदान है, अतः धर्म और विज्ञान के बीच कोई वास्तविक विरोध नहीं है, क्योंकि दोनों एक दूसरे के पूरक हैं।"

आइन्सटाइन के अनुसार - "धर्म के अभाव में विज्ञान पंगु है और विज्ञान के अभाव में धर्म अंधा है।"

अमेरिकी समीक्षात्मक यथार्थवादी विचारक सेलर्स के अनुसार - "धर्म का भविष्य पारलौकिकता को तिलांजली देने में ही है। अनुभूत तथ्यों की उपेक्षा करने वाले तत्वों का आश्रय न लेकर क्रियाशील प्राकृतिक परिवर्तनों के आधार पर विश्व एवं चेतना की व्याख्या की जानी चाहिए। नैतिक तत्व, एक प्रकार से धर्म जीवन-यापन करने की एक कला है।"

स्वामी विवेकानन्द के अनुसार - (पुस्तक - विज्ञान और आध्यात्किकता, राम कृष्ण मिशन प्रकाशन)

1. यदि हम अपने व्यक्तिगत एवं सामूहिक जीवन में वैज्ञानिक चेतना सम्पन्न एवं आध्यात्मिक एक साथ न हो पाए, तो मानवजाति का अर्थपूर्ण अस्तित्व ही संशय का विषय हो जाएगा। (पृ0-9)
2. अवश्य, सदाचार बहुत महत्वपूर्ण है। यह सही है कि अपने विचारों एवं भावनाओं को अनुशासित किये बिना मनुष्य धर्म के लक्ष्य तक नहीं पहुँच सकता, लेकिन आचार किसी भी अर्थ में धर्म का अन्तिम लक्ष्य नहीं है। (पृ0-17)

3. अन्त में देश-काल की सीमाओं में बद्ध ज्ञान का महामिलन उस ज्ञान से होगा जो इन दोनों से परे है, जो मन तथा इन्द्रियों के पहुँच से परे है- जो निरपेक्ष है, असीम है, अद्वितीय है। (पृ0-36)
4. विज्ञान सहज निर्धारण एवं उसे प्राप्त करने की प्रेरणा लक्ष्यों एवं प्रेरणाओं की सिद्धि के उपायों के बारे में धर्म, परोक्ष या अपरोक्ष रूप से विज्ञान से बहुत कुछ सीख सकता है। विज्ञान यह बता सकता है कि अमुक लक्ष्य कैसे प्राप्त किया जाय। लेकिन वह यह नहीं बता सकता कि उसे कौन सा लक्ष्य प्राप्त करना चाहिए। (पृ0-55)
5. अनुभव ही ज्ञान का एक मात्र स्रोत है। विश्व में केवल धर्म ही ऐसा विज्ञान है जिसमें निश्चयत्व का अभाव है, क्योंकि अनुभव पर आश्रित विज्ञान के रूप में उसकी शिक्षा नहीं दी जाती। ऐसा नहीं होना चाहिए। परन्तु कुछ ऐसे लोगों का एक छोटा समूह भी सर्वदा विद्यमान रहता है, जो धर्म की शिक्षा अनुभव के माध्यम से देते हैं। ये लोग रहस्यवादी कहलाते हैं। और वे हरेक धर्म में, एक ही वाणी बोलते हैं। और एक ही सत्य की शिक्षा देते हैं। यह धर्म का यथार्थ विज्ञान है। जैसे गणित शास्त्र विश्व के किसी भी भाग में भिन्न-भिन्न नहीं होते। वे सभी एक ही प्रकार के होते है तथा उनकी स्थिति भी एक ही होती है। उन लोगों का अनुभव एक ही है और यही अनुभव धर्म का रूप धारण कर लेता है। (पृ0-70)
6. धर्म तात्त्विक (आध्यात्मिक) जगत के सत्यों से उसी प्रकार सम्बन्धित है, जिस प्रकार रसायन शास्त्र तथा दूसरे भौतिक विज्ञान भौतिक जगत के सत्यों से। रसायन शास्त्र पढ़ने के लिए प्रकृति की पुस्तक पढ़ने की आवश्यकता है। धर्म की शिक्षाप्राप्त करने के लिए तुम्हारी पुस्तक अपनी बुद्धि तथा हृदय है। सन्त लोग प्रायः भौतिक विज्ञान से अनभिज्ञ ही रहते हैं। क्योंकि वे एक भिन्न पुस्तक अर्थात् आन्तरिक पुस्तक पढ़ा करते हैं; और वैज्ञानिक लोग भी प्रायः धर्म के विषय में अनभिज्ञ ही रहते हैं क्योंकि वे भी भिन्न पुस्तक अर्थात् वाह्य पुस्तक पढ़ने वाले हैं। (पृ0-71)
7. काल प्रवाह में सुसंगत परिवर्तन लाने के लक्ष्य को प्राप्त करना ऐसा आसान कार्य नहीं है जो इने गिने मुट्ठी भर उत्साही लोगों द्वारा चन्द दिनों में किया जा सके। यह कार्य लाखों लोगों के युग-युगान्तर तक किये गये साग्रह एवं निष्ठापूर्ण प्रयास द्वारा ही सम्भव है। इसके लिए हमारी शिक्षा पद्धति को पुनर्गठित करना होगा जिससे मानव के विचारों, आदर्शों एवं कार्यों को नई दिशा प्रदान की जा सके। (पृ0-78)
8. सम्भवतः ऐसा समय आ रहा है जब इस भौतिकवादी समाज में एक नयी भावना का उदय होगा और वह यह कि ईश्वर-दर्शन प्रत्येक व्यक्ति के लिए सम्भव है; तब सभी के उस दिशा में संघर्ष न करने पर भी जो ईश्वर का प्रत्यक्ष प्रयोगात्मक अनुभव करना चाहंेगे उन्हें युग-चेतना से उपहास एवं संदेह के बदले, प्रोत्साहन प्राप्त होगा। (पृ0-100)

धर्म एवं नैतिकता

अंग्रेजी में ग्रीक के Ethos शब्द से उत्पन्न Ethics और Mores से उत्पन्न Moral का अर्थ क्रमशः आचार रीति या रीति-रिवाज और परम्परा पालन है जो आचार-व्यवहार के नियमों के रूप में पालनीय होते हैं। दर्शन परिभाषा कोश के अनुसार - नैतिक आदर्श की दृष्टि से आचरण का अध्ययन करने वाला शास्त्र अथवा मुख्य रूप से मानव-स्वभाव, आदर्श और उसका अनुसरण करने के लिए बनाये गये नियमों से सम्बन्धित विचारों का तन्त्र विशेष नीति कहलाता है। नीति एवं दर्शन की वह शाखा जो कर्म में उचित-अनुचित, शुभ-अशुभ, कर्तव्य-अकर्तव्य, पुण्य-पाप इत्यादि भेदों का विवेचन करती है तथा इन भेदों के मूल में जो आदर्श निहित है उसका निरूपण करती है, आचार नीति अथवा नीति शास्त्र कहलाता है। अतः शब्दकोष के आधार पर यह स्पष्ट होता है कि नीति यदि आचरण नियमरूप है तो नीतिशास्त्र विषयरूप है जिसमें नीति-आचरण का व विचारों का सैद्धान्तिक विवेचन होता है और नैतिकता उन नीति-आचरण का जीवन में व्यावहारिक प्रयोग है जिसमें व्यक्ति सदाचारी एवं निष्ठावान बनता है अर्थात् नैतिकता नियमों का पालन या सद्गुण युक्त जीवन है।

मानव जीवन के विभिन्न पक्षों को दृष्टि में रखते हुए ही मानवोचित मूल्यों की स्थापना की जाती है। ये मूल्य सभ्यता, संस्कृति, नीति, धर्म, सद्गुण, राजनीति आदि के सन्दर्भ में स्वीकार किये जाते हैं। मानव जीवन में धर्म एवं नैतिकता का विशेष महत्व होने के कारण चिंतकों ने इन दोनों के सम्बन्ध पर विविध प्रकार से चिंतन किया है।

धर्म का अर्थ धारणात्मक तत्व से है। वह कोई मत, पंथ या सम्प्रदाय आदि नहीं है, वरन् उन नियमों, वृत्तियों, आध्यात्मिक अनुभवों व कृत्यों का आचरण है जिनकों श्रेयकर माना गया है। नीति शब्द से ही नैतिकता शब्द विकसित हुआ है। नीति का शाब्दिक अर्थ किसी कार्य की सिद्धि के लिए अपनायी (प्रयुक्त) जाने वाली युक्ति या उपाय जो लोक या समाज के कल्याण के लिए उचित ठहराये हुए आचार-व्यवहार की निर्धारित व्यवस्था या नियम रूप व्यावहारिक सिद्धान्त है। इसे व्यवहार की रीति भी कहा जा सकता है।

धर्म के सैद्धान्तिक स्वरूप में नीति का और व्यावहारिक रूप में नैतिकता का समावेश अनिवार्यतः किया गया है किन्तु नीति या नैतिकता में धर्म का समावेश अनिवार्यतः हो ही यह आवश्यक नहीं है। यद्यपि जिस प्रकार से धर्म का सम्बन्ध मानव चेतना से है ठीक उसी प्रकार से नैतिकता का सम्बन्ध भी केवल मानव चेतना से या मानव जीवन से ही है। नैतिक आचरण (नैतिकता) की दृष्टि से सद्गुणों का विशेष महत्व है। अतः नैतिकता को मानव सभ्यता का आधार मानते हुए मानव जीवन दर्शन का निर्धारण किया गया है। धर्म अंतःकरण की गहन अनुभूति के आधार पर लोकसेवा और लोक कल्याण की भावना से प्रेरित होकर अनुभवातीत, अतींद्रिय सत् से सम्बद्ध कर व्यक्ति की नैतिकता को आध्यात्मिक तत्वों से समायोजित करता है। धर्म के द्वारा होने वाली नैतिकता की अभिव्यक्ति मानव का तीनों वृत्तियों अथवा पक्षों (ज्ञान, भाव एवं कर्म) के समन्वय का परिणाम है। अतः नैतिकता विहिन धर्म का चितंन करना एवं धर्मविहीन नैतिकता का समर्थन करना मानव जीवन का ऐकांगी पक्ष ही होगा।

जे.एस. मैकेंजी के अनुसार - "नैतिक जीवन का अर्थ ही है चरित्र निर्माण अर्थात निश्चित आदतों का निर्ताण है। जिनके आधार पर व्यक्ति जीवन यापन करता है अथवा आचरण करता है।"

मैथ्यू आर्नाल्ड के अनुसार - "धर्म भावना (संवेग) में युक्त नैतिकता के अतिरिक्त अन्य कुछ नहीं है।"

स्वामी विवेकानन्द के अनुसार

(पुस्तक - भारत का ऐतिहासिक क्रम विकास और अन्य प्रबन्ध, राम कृष्ण मिशन प्रकाशन)

1. नियम कभी घटनाचक्र से, सिद्धान्त कभी व्यक्ति से भिन्न नहीं होता। अपनी सीमा के भीतर, पृथक पदार्थ की, क्रिया अथवा निष्क्रिय सम स्थिति की विधि ही नियम कही जाती है। (पृ0-68)
2. नियम पदार्थों की यथास्थिति में है- इस विधि से कि पदार्थ एक दूसरे के प्रति कैसे क्रियमान होते हैं; न कि कैसे उन्हें होना चाहिए। (पृ0-68)
3. आध्यात्मिक नियम, नैतिक नियम, सामाजिक नियम, राष्ट्रीय नियम-तभी नियम है जब वे प्रस्तुत आत्मिक और मानव इकाईयों के अंग हो और इन नियमों से शासित मानी जाने वाली प्रत्येक इकाई को कर्म की अनिवार्य अनुभूति हो। (पृ0-68)
4. हमारा निर्माण नियम द्वारा और हमारे द्वारा नियम का निर्माण-यह चक्र चलता है। कुछ विशिष्ट परिस्थितियों में मनुष्य अनिवार्यतः क्या करता है, इस सम्बन्ध में सामान्य निष्कर्ष- एक उन परिस्थितियों के सम्बन्ध में मनुष्य पर लागू होने वाला नियम है। अचल, सार्वभौम मानवीय व्यापार ही मनुष्य का नियम है, जिससे कोई भी व्यक्ति बच नहीं सकता- किन्तु यह भी सत्य है कि अलग-अलग व्यक्तियों के कार्यों का योग ही सार्वभौम नियम है। पूर्ण योग या सार्वभौम अथवा असीम ही व्यक्ति का निर्माण कर रहा है और व्यक्ति अपने क्रिया से उस विधान को सजीव बनाये हुए है। इस अर्थ में नियम सार्वभौम का ही दूसरा नाम है। सार्वभौम व्यक्ति पर निर्भर है, व्यक्ति सार्वभौम पर निर्भर है। यह अनन्त शान्त अंशों से निर्मित है। (पृ0-69)
5. आध्यात्मिक और नैतिक नियम प्रत्येक मनुष्य की क्रिया पद्धति नहीं है। शीलाचार, नैतिकता, और राष्ट्रीय नियमों के पालन की अपेक्षा इनका उल्लंघन ही अधिक किया जाता है। यदि ये सब नियम होते तो भंग कैसे किये जा सकते। (पृ0-70)

6. प्रकृति के नियमों के विपरीत जाने की सामथ्र्य किसी भी व्यक्ति में नहीं है। तो फिर ऐसा क्यों है कि हम सर्वदा मनुष्य द्वारा नैतिक और राष्ट्रीय नियमों के भंग किये जाने की शिकायत सुनते हैं? (पृ0-70)
7. राष्ट्रीय नियम, अपने सर्वोत्कृष्ट रूप में, राष्ट्र के बहुमत की इच्छा के मूर्त रूप है- सर्वदा एक अन्य स्थिति, न कि यथार्थ स्थिति। इस प्रकार प्राकृतिक नियमों के सम्बन्ध में प्रयुक्त 'नियम' शब्द का अर्थ सामान्यतः नीतिशास्त्र और मानव क्रियाओं की भूमिका में बहुत बदल जाता है। (पृ0-70)
8. संसार के नैतिक नियमों का विश्लेषण करने पर और यथार्थ स्थिति से उनकी तुलना करने पर दो नियम सर्वोपरि ठहरते हैं। एक है अपने से प्रत्येक वस्तु के विकर्षण का नियम-हर व्यक्ति से अपने को पृथक करना जिसका परिणाम होता है, अन्ततः दूसरों की सुख-सुविधा की बलि देकर भी अपने अभ्युदय की सिद्धि। दूसरा है आत्म-बलिदान का विधान- अपनी चिन्ता से सर्वथा मुक्ति7सर्वदा केवल दूसरों का ध्यान करना। संसार में महान और सत्पुरुष वे हैं जिनमें यह दूसरी क्षमता प्रबल होती है। फिर भी ये दोनों शक्तियाँ साथ साथ संयुक्त रूप से काम कर रही है; प्रायः प्रत्येक व्यक्ति में वह मिली हुई पायी जाती है, एक या दूसरी प्रमुख होती है। चोर, चोरी करता है; पर शायद, किसी दूसरे के लिए जिसे वह प्यार करता है। (पृ0-70)
9. मुक्ति ही विश्व की प्रेरक है और मुक्ति ही इसका लक्ष्य है। प्रकृति के नियम में ऐसी पद्धतियाँ हैं जिनके द्वारा हम जगदम्बा के निर्देशन में, उस मुक्ति तक पहुँचने का संघर्ष करते हैं। मुक्ति के लिए इस विश्वव्यापी संघर्ष की सर्वोच्च अभिव्यक्ति मनुष्य में मुक्त होने की सजग अभिलाषा के रूप में होती है। यह मुक्ति तीन प्रकार से प्राप्त होती है- कर्म, उपासना और ज्ञान से। कर्म-दूसरों की सहायता करने और दूसरों को प्रेम करने का सतत अविरत प्रयत्न। उपासना-प्रार्थना-वन्दना, गुणगान और ध्यान। ज्ञान-जो ध्यान से उत्पन्न होता है। (पृ0-73)

धर्म में वस्तु तत्व एवं प्रतीक

शब्द कोश के अनुसार-

कोई भी चीज जिसके बारे में बातचीत या विचार किया जा सके, चाहे वह वास्तविक हो या काल्पनिक, मानसिक हो या भौतिक "वस्तु" कहलाती है और तत्व शब्द का अर्थ है - सार, रहस्य, यथार्थता इत्यादि। इस आधार पर धर्म के सम्बन्ध में वस्तु तत्व का अर्थ धर्म में सर्वस्वीकृत मूत्र्त या अमूत्र्त विषय एवं धारणाएँ होगा। वस्तु तत्व को भाषायिक स्वरूप प्रदान कर इनके श्रेष्ठ, उचित या योग्य होने के सम्बन्ध में विभिन्न संदर्भों के अन्तर्गत वार्तालाप, संभाषण, तर्क आदि किये जा सकते हैं। अतः धर्म के वस्तु तत्व जैसे ईश्वर, मुक्ति, नियतिवाद, कर्म, स्वर्ग-नरक आदि के सम्बन्ध में भिन्न-भिन्न लेखकों ने प्रश्न उठायें हैं, प्राकल्पनाएँ, सिद्धान्त, व्याख्याएँ, परिभाषाएँ एवं धारणाएँ प्रस्तुत की हैं।

इस आधार पर यह कहा जा सकता है कि धर्म के वस्तु-तत्व वे होते हैं जो सत्ता/अस्तित्व/अमूत्र्त को अर्थपूर्णता प्रदान करते हैं और समाज को सक्रिय चेतन आयाम प्रदान करते हैं। इन वस्तु तत्वों को समाज/समुदाय की विकासोन्मुख स्थिति, बौद्धिक वर्ग एवं जन सामान्य की स्थिति, नये मूल्यपरक दृष्टिकोण आदि को ध्यान में रखते हुए शक्तिशाली, अपूर्व बुद्धिमान व्यक्ति पुराने के स्थान पर नवीन धर्मतत्वों की स्थापना कर सकते हैं या उन्हें रूपान्तरित कर सकते हैं। अतः धर्म के वस्तु तत्व-तत्वों का निर्धारण देशकाल, परिस्थितियों के आधार पर अथवा युगानुरूप दृष्टिकोण के आधार पर किया जा सकता है। धर्म के वस्तु तत्व व्यक्ति के अपूर्व कल्पना शक्ति के द्योतक होते हैं। इनके द्वारा अमूर्त को मूर्त रूप में व्याख्यायित कर समझने का व्यावहारिक यत्न किया जाता है।

धर्म में वस्तु तत्व प्रतीक के रूप में होते हैं। ऋग्वेद में प्रतीक शब्द का प्रयोग अवयव के अर्थ में किया गया है। उपनिषद् में प्रतीक शब्द का प्रयोग मुख के लिए करते हुए कहा गया है कि जो अन्न के अक्षय भाव को जानता है, वह मुख रूप से प्रतीक के द्वारा इसका भक्षण करता है। इससे स्पष्ट होता है कि प्रतीक प्रयोग प्राचीनकाल में अवयव, मुख, अंग आदि विभिन्न अर्थो में किये जाते रहें हैं।

शब्दकोश के अनुसार सामान्यतः प्रतीक वे होते हैं जो किसी भौतिक एवं अभौतिक वस्तु का प्रतिनिधित्व करते हैं। ये संकेत, चिन्ह, लक्षण (स्वभाव), चरित्र आदि अर्थ को भी समाहित करते हैं। ये वे कृत्रिम चिन्ह या संकेत हैं जो किसी वस्तु-विचार या कल्पना को व्यक्त करते हैं। ये मानव मन का ही आविष्कार है तथा चेतन-अचेतन दोनों मनः अवस्थाओं द्वारा प्रयुक्त किये जाते हैं। अतः प्रतीक केवल मानस प्रत्यक्ष तथा कल्पना में आने वाले विचारों, भावों और अनुभूतियों के गोचर संकेत अथवा चिन्ह हैं, के रूप में भी परिभाषित किया गया है। भारतीय चिंतकों के अनुसार प्रतीक का अर्थ है- "ओर आना या समीप पहुँचना"। ये मनुष्य को अपने साधना मार्ग अथवा सद्गुणों के विकास में अगले सोपान (सीढ़ी) तक ले जाते हैं। इनके आधार पर मनुष्य अपने ध्येय की ओर बढ़ता है किन्तु वे प्रतीक सीढ़ीयाँ उच्चतर तत्व की प्राप्ति के लिए सहायक साधन मात्र हैं, स्वयं लक्ष्य या उच्चतर तत्व नहीं। इनका प्रयोग हम मूल वस्तु को समझने के लिए करते हैं। ये सदा ही अनुभव या अवबोध से भिन्न होते हैं।

प्रतीक के निम्नलिखित लक्षण होते हैं-

1. प्रतीक व चिन्ह दोनों अपने से पृथक किसी अन्य वस्तु की ओर संकेत करते हैं। ये एक दूसरे से भिन्न होते हैं, किन्तु कई बार इनमें अंतर न कर पाने के कारण इन्हें एक मान लिया जाता है। एक चिन्ह के स्थान पर दूसरे चिन्ह को स्वेच्छानुसार प्रयोग किया जा सकता है किन्तु किसी एक प्रतीक के स्थान पर अन्य प्रतीक का स्वेच्छापूर्वक प्रयोग अथवा उसकी रचना नहीं की जा सकती। प्रतीक में अपनी विशेष शक्ति अन्तर्निहित होती है।
2. प्रतीक वस्तुओं का प्रतिनिधित्व करते हुए प्रतीक्य की ओर संकेत करते हैं, उसमें सहभागी होते हैं किन्तु कभी भी प्रतीक्य का स्थान ग्रहण नहीं कर सकते है। जैसे - राष्ट्रध्वज (प्रतिनिधि) राष्ट्र की शक्ति, गौरव, मर्यादा, सम्मान में सहभागी होता है किन्तु यह सम्मान ध्वजरूपी प्रतिनिधि का नहीं वरन् उसका होता है जिसका कि वह प्रतिनिधित्व करता है।

3. इनकी सहायता से वह अदृश्य, अनुभवातीत सत्ता भी इनके सत्स्वरूप संकेत के कारण बोधगम्य हो जाती है जिसे अन्य इन्द्रियानुभविक प्रकारों से नहीं जाना जा सकता है।
4. प्रतीक की सार्थकता समाज द्वारा उनकी स्वीकृति पर निर्भर होती है। प्रतीक बनने तथा प्रतीक के रूप में समाज द्वारा स्वीकार किये जाने की प्रक्रिया साथ ही साथ होती है। यद्यपि प्रतीक सर्वप्रथम किसी के मन में उत्पन्न होते हैं और अचेतन पर निर्भर हैं फिर भी इसकी रचना व ग्राह्य सामाजिक क्रिया का परिणाम है कल्पित या मनगढ़न्त नहीं।
5. प्रतीकों में संगठनात्मक व विघटनात्मक दोनों शक्तियाँ विद्यमान रहती हैं।

प्रतीकों के ये लक्षण सामान्य प्रतीकों के साथ-साथ धार्मिक प्रतीकों में भी पायी जाती हैं। इस दृष्टि से सामान्य प्रतीकों तथा धार्मिक प्रतीकों में पर्याप्त समानता है परन्तु इस समानता के होते हुए भी धार्मिक प्रतीक सामान्य प्रतीक से भिन्न होते हैं। प्रत्येक धार्मिक प्रतीक का प्रयोजन उसकी ओर संकेत करना है जो सीमातीत है। ये ऐसे विषय को अभिव्यक्त करते हैं जो आस्था का विषय है तथा स्वरूपतः विश्व की उन वस्तुओं से परे है जिन्हें ज्ञान का विषय बनाया जा सकता है। ऐसे विषय यथा-परमसत्ता जो कि निरूपाधिक इन्द्रियातीत सत्ता है, को धार्मिक प्रतीकों के अभाव में नहीं जाता जा सकता। जबकि सामान्य प्रतीक जिन वस्तुओं की ओर संकेत करते हैं उन्हें प्रतीकों की सहायता लिये बिना भी जाना जा सकता है। परमसत्ता अनुभवातीत और अज्ञेय है अर्थात् इन्द्रियगम्य नहीं है। अतः इस परमसत्ता के सम्बन्ध में कुछ कहने के लिए विभिन्न प्रतीकों की सहायता लेनी पड़ती है। इन प्रतीकों के माध्यम से मनुष्य परमसत्ता के प्रति अपनी भावनाओं तथा अभिवृत्तियों को व्यक्त कर सकता है। इन धर्म प्रतीकों के द्वारा परमसत्ता का ज्ञान (बौद्धिक) तो नहीं हो सकता, किन्तु इनके प्रतीक के द्वारा अगम्य परमसत्ता (अन्तिम सत्ता) का सांकेतिक, अप्रत्यक्ष आभास अवश्य हो सकता है। प्रतीक इसी सत्स्वरूप के प्रति अन्तिम संलग्नता को व्यक्त करते हैं। ये हमारे कार्यो को दैवत्व से सम्बद्ध करते हैं।

धार्मिक प्रतीकों का क्षेत्र विस्तृत है। ईश्वर, देवता, इष्ट, धर्मगुरू, प्रतिमा, शब्द, सिद्धान्त, देवकथा, पवित्र वस्तुएँ, सृष्टि, स्वर्ग-नरक, पाप-पुण्य, पूजा आदि सभी धर्म में, प्रतीक रूप में व्यवहार्य हैं। गौतम बुद्ध, ईसामसीह आदि ऐतिहासिक पुरूष ही नहीं वरन् धर्म प्रतीक भी हैं। प्रतीक सभी अनुभवात्मक जगत में सत्यस्वरूप की ओर संकेत करते हैं जो कि इन्द्रियातीत है। लक्ष्य प्राप्ति होने पर प्रतीकों का कोई प्रयोजन नहीं है।

अतः कहा जा सकता है कि धर्म में जो वस्तु तत्व स्वीकार्य किये जाते हैं वे प्रतीक रूप होते हैं। चाहे वे धार्मिक उपादान (ईश्वर, आत्मा, अवतार, ईश्वर के अंश से उत्पन्न मानव, क्रास, शंख, चक्र, धर्म पुस्तकें आदि) हों या धार्मिक कृत्य चर्च, मन्दिर जाना, उपासना करना, नमाज या प्रार्थना करना, यज्ञ करना आदि। ये किसी न किसी रूप में सभी धर्मों में प्रचलित होते हैं तथा मानव आस्थाओं के परिचायक होते हैं।

स्वामी विवेकानन्द के प्रतीक के सम्बन्ध में विचार-

1. उन्हें (सिद्ध गुरुओं) मंत्र द्वारा शिष्यों में आध्यात्मिक ज्ञान का बीजारोपड़ करना पड़ता है। ये मंत्र क्या हैं? भारतीय दर्शन के अनुसार नाम और रुप ही इस जगत की अभिव्यक्ति के कारण हैं। मानवीय अन्तर्जगत में एक भी ऐसी चित्तवृत्ति नहीं रह सकती, जो नाम-रुपात्मक न हो। बृहत् ब्रह्माण्ड में भी ब्रह्मा, हिरण्यगर्भ या समष्टि महत् ने पहले अपने आप को नाम के, और फिर बाद में रुप के आकार में अर्थात् इस परिदृश्यमान जगत के आकार में अभिव्यक्त किया। यह सारा व्यक्त इन्द्रियग्राह्य जगत रुप है, और इसकें पीछे है अनन्त अव्यक्त स्फोट। स्फोट का अर्थ- समस्त जगत की अभिव्यक्ति का कारण शब्द-ब्रह्म है। समस्त नामों अर्थात् भावों की नित्य समवायी उपादान स्वरुप यह नित्य स्फोट ही वह शक्ति है, जिससे भगवान इस विश्व की सृष्टि करते हैं। यहीं नहीं बल्कि भगवान पहले स्फोट रुप में परिणत हो जाते हैं और तत्पश्चात् अपने को उससे भी स्थूल इस इन्द्रियग्राह्य जगत के रुप में परिणत कर लेते हैं। इस स्फोट का एक मात्र वाचक शब्द है-"ॐ"। और चूँकि हम किसी भी उपाय से शब्द को भाव से अलग नहीं कर सकते, इसलिए यह "ॐ" भी इस नित्य स्फोट से नित्य संयुक्त है। एकमेव यह "ॐ" ही इस प्रकार सर्वभावाव्यापी वाचक शब्द है, अन्य

कोई भी इसके समान नहीं। स्फोट ही सारे भावों का उपादान है, फिर भी वह स्वयं पूर्ण रुप से विकसित कोई विशिष्ट भाव नहीं है। अर्थात् यदि उन सब भेदों को, जो एक भाव को दूसरे से अलग करते हैं, निकाल दिया जाय, तो जो कुछ बचा रहता है, वहीं स्फोट है। इसलिए इस स्फोट को "नादब्रह्म" कहते हैं। जो वाचक शब्द उसे सब से कम विशेषभावापन्न करेगा, पर साथ ही उसके स्वरुप को यथासम्भव पूरी तरह प्रकाशित करेगा, वहीं उसका सबसे सच्चा वाचक होगा। और यह वाचक शब्द है- एकमात्र "ऊँ" क्योंकि ये तीनों अक्षर अ, उ और म्, जिनका एक साथ उच्चारण करने से "ऊँ" होता है, समान शब्दों के साधारण वाचक के तौर पर लिये जा सकते हैं (भक्ति योग, राम कृष्ण मिशन)।

2. सृष्टि के पूर्व ब्रह्म शब्दात्मक बनते है, फिर ओंकारात्मक या नादात्मक होते है। तत्पश्चात् पहले कल्पों के विशेष शब्द जैसे- भूः, भुवः, स्वः अथवा गो, मानव, घट, पट इत्यादि का प्रकाश उसी आंेकार से होता है। सिद्ध संकल्प ब्रह्म में क्रमशः एक-एक शब्द के होते ही उसी क्षण उन सब पदार्थो का भी प्रकाश हो जाता है और इस विचित्र जगत् का विकास हो उठता है। अब समझे न कि कैसे शब्द ही सृष्टि का मूल है (विवेकानन्द जी के संग में, पृष्ठ-62, राम कृष्ण मिशन)।
3. प्रतीक का अर्थ है वे वस्तुएं, जो थोड़े-बहुत अंश में ब्रह्म के स्थान में उपास्य-रूप से ली जा सकती है जो वस्तु ब्रह्म नहीं है, उसमें ब्रह्म-बुद्धि करके ब्रह्म का अनुसंधान प्रतीकोपासना कहलाता है। (योग क्या है?, पृष्ठ-48, राम कृष्ण मिशन)।
4. संसार के मुख्य धर्मों में से वेदान्त, बौद्ध धर्म और ईसाई धर्म के कुछ सम्प्रदाय बिना किसी आपत्ति के प्रतिमाओं का उपयोग करते हैं। केवल इस्लाम और प्रोटेस्टेण्ट ये ही दो ऐसे धर्म हैं जो इस सहायता की आवश्यकता नहीं मानते। फिर भी मुसलमान प्रतिमा के स्थान में अपने पीरों और शहीदों की कब्रों का उपयोग करते हैं। ईसाई और इस्लाम धर्म में जो कुछ प्रतिमा-उपासना विद्यमान है, वह उस श्रेणी की है, जिसमें प्रतीक या प्रतिमा की उपासना केवल प्रतीक या प्रतिमा रूप से होती है- ब्रह्म दृष्टि से नहीं। अतएव वह कर्मानुष्ठान के ही समान है-उससे न भक्ति मिल सकती है, न मुक्ति। इस प्रकार की प्रतिमा-पूजा में उपासक ईश्वर को छोड़ अन्य वस्तुओं में आत्मसमर्पण कर देता है और इसलिए प्रतिमा, कब्र, मन्दिर आदि के इस प्रकार उपयोग को ही सच्ची मूर्तिपूजा कहते है। पर वह न तो कोई पाप कर्म है और न कोई अन्याय-वह तो बस एक कर्म मात्र है, और उपासकों को उसका फल भी अवश्य मिलता है। (भक्तियोग पृष्ठ-51, राम कृष्ण मिशन)"

श्री लव कुश सिंह "विश्वमानव" के प्रतीक के सम्बन्ध में विचार-

मानव सभ्यता के विकास के कालक्रम में कर्म कर अनुभव के ज्ञान सूत्र का संकलन ही वेद के रूप में व्यक्त हुआ जिससे आने वाली पीढ़ी मार्गदर्शन को प्राप्त कर सके और अपना समय बचाते हुए कर्म कर सके। अर्थात प्रत्येक साकार सफल नेतृत्व के साथ उसके अनुभव का निराकार ज्ञान सूत्र के संकलन की समानान्तर प्रक्रिया भी चलती रही। और यह सभी प्रक्रिया मानव जाति के श्रेष्ठतम विकास के लिए ही की जा रही थी। समाज को एकात्म करने के लिए शास्त्र की रचना करना व उसका प्रचार-प्रसार करने वाले व्यास कहलाये।
जिनके द्वारा शास्त्र रचना के युगानुसार निम्न चरण पूरे हुए।

1. सार्वभौम आत्मा के ज्ञान द्वारा समाज को एकात्म करने के लिए शास्त्र - वेद
2. सार्वभौम आत्मा के नाम द्वारा समाज को एकात्म करने के लिए शास्त्र - उपनिषद्
3. सार्वभौम आत्मा के कृति कथा द्वारा समाज को एकात्म करने के लिए शास्त्र - पुराण
4. सार्वभौम आत्मा के प्रकृति द्वारा समाज को एकात्म करने के लिए शास्त्र - महाभारत
5. सार्वभौम आत्मा के कर्मज्ञान द्वारा समाज को एकात्म करने के लिए शास्त्र -विश्वशास्त्र-द नालेज आफ फाइनल नालेज

वेद के ज्ञान सूत्र व उपनिषद् की वार्ता के अलावा मनुष्य को एकात्म करने के लिए दृश्य चित्र या वस्तु की आवश्यकता की विधि का प्रयोग ही पौराणिक देवी-देवता हैं। सार्वभौम आत्मा के कृति कथा द्वारा समाज को एकात्म करने के लिए पुराण शास्त्र ही देवी-देवताओं के उत्पत्ति का कारण है। जिसे उत्पन्न करने का कारण मानव को एक आदर्श मानक पैमाना व लक्ष्य देना था जिससे वे मार्गदर्शन प्राप्त कर सकें। वेद और उपनिषद् शास्त्र में देवी-देवता के स्थान पर मात्र प्रकृति-पुरूष का प्रतीक चिन्ह - शिवलिंग ही व्यक्त था। मनुष्य या कोई भी जीव जब अपने ईश्वर का रूप निर्धारित करेगा तब वह अपनी ही शारीरिक संरचना रूप में ही कल्पना कर सकता है। इस मानवीय रूप के निर्धारण में गुणों को वस्त्र-आभूषण, वाहन इत्यादि के प्रतीक के माध्यम से व्यक्त किया गया। पुराणों में निम्नलिखित विधि से देवी-देवताओं की उत्पत्ति की गयी है-

1. सार्वभौम आत्मा से ब्रह्माण्ड और उसके परिवार जैसे सूर्य, चाँद, ग्रह, नक्षत्र, नदी, समुद्र, पर्वत इत्यादि को देवी-देवता के रूप में एक मानवीय रूप द्वारा गुणों के अनुसार निरूपित कर प्रक्षेपित किया गया। जिससे यह ज्ञान प्राप्त हो सके कि उस अदृश्य ईश्वर की कृति यह ब्रह्माण्ड उसका दृश्य रूप है अर्थात यह दृश्य ब्रह्माण्ड ही हमारा दृश्य ईश्वर है। अर्थात जिस प्रकार हम ईश्वर से प्रेम करते हैं उसी प्रकार हमें इस दृश्य ईश्वर - ब्रह्माण्ड से प्रेम करना चाहिए जो हमें प्रत्यक्ष रूप में जीवन संसाधन उपलब्ध कराता है।
2. सार्वभौम आत्मा से मनुष्य और उसके परिवार को देवी-देवता के रूप में एक मानवीय रूप द्वारा गुणों के अनुसार निरूपित कर प्रक्षेपित किया गया। जिससे यह ज्ञान प्राप्त हो सके कि उस अदृश्य ईश्वर की कृति यह मनुष्य उसका दृश्य रूप है अर्थात यह दृश्य मनुष्य ही हमारा दृश्य ईश्वर है। अर्थात जिस प्रकार हम ईश्वर से प्रेम करते हैं उसी प्रकार हमें इस दृश्य ईश्वर - मानव से प्रेम करना चाहिए जो हमें प्रत्यक्ष रूप में जीवन संसाधन उपलब्ध कराता है।

उस एक सार्वभौम आत्मतत्व को जानने के लिए ज्ञान सूत्रों के माध्यम से वेदों में, ईश्वर नाम (ओउम्) के माध्यम से उपनिषद् में, उस आत्मतत्व के गुणों व ब्रह्माण्डीय वस्तुओं (सूर्य, चाँद, ग्रह, नक्षत्र, तत्व इत्यादि) के गुणों के साकार निरूपण (मूर्ति) के माध्यम से पुराणों में, प्रकृति (सत्व, रज, तम, आसुरी, दैवी व उसके अन्य अंश गुणों) के माध्यम से गीता/गीतोपनिषद् में व्यक्त किया गया है। इन सभी माध्यमों सहित वर्तमान पदार्थ विज्ञान, समाज विज्ञान, राजनीति विज्ञान, शासन प्रणाली इत्यादि के माध्यम से सार्वजनिक प्रमाणित गीता अर्थात विश्वशास्त्र में व्यक्त किया गया है।

धर्मसमभाव की अवधारणा और विश्वधर्म का आधार

मानव जीवन में धर्म का अपना विशिष्ट स्थान है। अतः प्राचीन काल से ही मानव धर्म के सम्बन्ध में विविध रूपों में चिन्तन प्रस्तुत करता रहा है। प्रकृति के परिवर्तनशीलता और मानव के विकास के साथ-साथ धर्म-धारणा में भी निरन्तर परिवर्तन, परिष्कार तथा विकास उदात्तता की ओर होता चलता गया है। सभी धर्म मानव जाति के उत्थान और एकता के लिए विकसित हुए हैं। सभी धर्म इसके लिए प्रेम, सौहार्द, सौमनस्यपूर्णता तथा समत्वभाव का चिन्तन प्रस्तुत करते हैं, तथापि धर्म को लेकर मानव समाज में हिंसा, द्वेष, वैमनस्य और वैर-विरोध पाये जाते हैं। सामान्य मानव के मस्तिष्क में धर्म के नाम पर या तो मन्दिर, मस्जिद, गुरूद्वारा, चर्च, अगियारि आदि स्मृति में आते हैं, या फिर वेद, उपनिषद्, गीता, रामायण, पुराण, त्रिपिटक, आगम शास्त्र, कुरआन, जेन्द-अवेस्ता, कर्मकाण्ड, पूजा-पाठ, प्रार्थना, नमाज आदि। किन्तु धर्म यही तक सीमित नहीं है। धर्म के व्यापक धरातल को प्रस्तुत करने की दृष्टि से एवं धर्मानुयायियों में व्यापक कट्टरता, विद्वेष, साम्प्रदायिकता तथा हठधर्मिता को दूर करने की दृष्टि से "धर्म समभाव" की धारणा चिन्तकों द्वारा प्रस्तुत की गयी है। परन्तु स्वयं धर्म समभाव के विषय में भी कालान्तर में भिन्न-भिन्न दृष्टिकोण निर्मित होते गये। यही कारण है कि धर्म और धर्म समभाव का संगत अर्थ सही परिप्रेक्ष्य में उसके सभी पक्ष-उपपक्ष के साथ प्रस्ततु किया जाना आधुनिक काल की महती आवश्यकता बन गई है।

धर्म समभाव का अर्थ एवं परिभाषा

धर्म समभाव शब्द तीन पदों से बना है। प्रथम पद है-धर्म, द्वितीय पद है-सम और तृतीय पद है-भाव। शब्दकोश में हमें धर्म समभाव की सम्पूर्ण परिभाषा उपलब्ध नहीं होती है। अतः हम पदों के अर्थ निरूपित करते हुए इनके योग के आधार पर एवं विचारकों के दृष्टिकोण के आधार पर इसके (धर्म समभाव) प्रत्यय को समझने का यत्न करेंगे।

धर्म, सम एवं भाव, तीनों ही पद संस्कृत तथा हिन्दी भाषीय शब्द हैं। धर्म को "धृ" धातु से उत्पन्न मानते हुए सदाचार, सत्कर्म, आध्यात्मिक, नैतिक एवं चरम सत्य की वह अनुभूति जो समस्त प्राणियों में चेतनात्मक एकता के भाव जागृत करती है।

शब्दकोश के अनुसार सम का अर्थ समान, तुल्य, बराबर, वैसा ही समरूप आदि है। तथा भाव का अर्थ होना, भावना, विचार, विश्वास, आदर, प्रतिष्ठा आदि है। समानता अथवा तुल्यता का अर्थ राग-द्वेष से परे, निष्पक्ष, तुलनात्मक समान आदर विचार अथवा भावना के रूप में किया जा सकता है। अतः शब्दकोश के आधार पर धर्म समभाव का अर्थ धर्म के प्रति निष्पक्ष, तुलनात्मक समान आदर भाव रखना और "सर्व धर्म समभाव" का अर्थ सब धर्मों के प्रति निष्पक्ष, तुलनात्मक समान (राग-द्वेष से परे) आदर भाव (समभाव) रखना माना जा सकता है।

किसी भी धर्म को पूर्ण सत्य या पूर्ण असत्य समझना भूल है। किसी भी धर्म का उपयोग करते समय युगबाह्य (जो समयानुसार न हो, तत्कालीन देश-काल से मेल न खाता हो) अंश निकाल देना चाहिए और युगसत्य (जो तत्कालीन देश-काल से मेल खाता हो) जोड़ देना चाहिए। इस प्रकार विवेक और आदरपूर्वक उसका उपयोग करना चाहिए।

धर्म समभाव का व्यवहार करने वाला व्यक्ति यह मानकर चलता है कि साधारणतः सभी धर्म जगत के कल्याण के लिए उत्पन्न हुए हैं। वह प्रचलित धर्म की युग के अनुसार मानव कल्याण विरोधिता की विवेकपूर्ण जाँच करने के पश्चात् ही उसे स्वीकार या अस्वीकार करता है। जबकि धर्म सम्भाव विरोधी केवल अपने धर्म को (जिस धर्म का वह अनुयायी है एवं जिसे वह सत्य समझता है) छोड़कर अन्य सब धर्मों को मिथ्या समझता है। महापुरूषों, तीर्थंकरों, पैगम्बरों में ज्ञान, संयम आदि की दृष्टि से अंतर तो होता है लेकिन इससे धर्म समभाव के व्यवहार में बाधा उत्पन्न नहीं होती है। जैसे माता, पिता, चाचा आदि में अन्तर होता है किन्तु साधारणतः व्यवहार में वे सब वंदनीय/आदरणीय होते हैं। लेकिन वंदनीय होने से अन्तर समाप्त नहीं होता है। तात्पर्य यह है कि समभावी अपने

तीर्थ या तीर्थंकर एवं धर्म का अंध प्रशंसक और दूसरे के धर्म का अंधनिन्दक नहीं होता है। वह विवेकहीन होकर सबको सत्य नहीं मानता है वरन् संकुचितता का त्याग कर निष्पक्षता से उनका निरीक्षण-परीक्षण करता है, गुण-दोषों की जांच करता है, इससे समभाव पर कोई आंच नहीं आती है। इससे अपने युग की समस्याओं का निराकरण करने में सहायता मिलती है तथा मानव-जीवन के लिए युगानुरूप विकास का मार्ग प्रशस्त होता है।

धर्म समभाव की आवश्यकता

धर्म का उद्देश्य तो जगत में प्रेम, शान्ति व आनन्द को विकसित करना है। धर्म के अन्तर्गत सभी प्रचलित संस्थागत धर्मों को इसलिए स्वीकार किया गया है कि एक ही लक्ष्य की प्राप्ति के लिए (आत्मशुद्धि द्वारा आध्यात्मिक विकास और उसकी आत्मानुभूति के आधार पर जगत में दुःख निवारण तथा स्वपर कल्याण करना) भिन्न-भिन्न देश व काल में किये गये भिन्न-भिन्न प्रयास हैं। अतः विश्व में धर्म के विभिन्न रूप मिलते हैं। देश काल के अनुसार बाह्याचार (मन्दिर, मस्जिद, भाषा, कर्मकाण्ड, विधि-विधान, शास्त्र आदि) में वे विरोधी हैं, किन्तु उनके पीछे मूल उद्देश्य एक ही है। अतः प्रत्येक धर्म को अन्य धर्म से पृथक मानते हुए भी विरोधी मानना उपयुक्त नहीं है। सभी धर्म मानवीय मूल्यों के संरक्षण पर बल देते हैं।, सभी धर्म चेतनात्मक एकता को स्वीकार करते हैं। प्रत्येक धर्म में सत्य अन्तर्निहित है। अतः वह नष्ट न हो और उनकी (धर्मों की) विविधता भी बनी रहे इसके लिए उनमें धर्म समभाव के द्वारा ही समन्वय अथवा सामंजस्य स्थापित किया जा सकता है।

धर्म समभाव के स्वीकृत तत्वों के आधार पर धर्म समन्वय करने पर सत्य अक्षुण्ण रहता है तथा मिथ्यात्व, रूढ़िवादिता, धार्मिक कट्टरता, मोहांधता, संकीर्ण व संकुचित दृष्टिकोण आदि समाप्त हो जाते हैं। सभी धर्मों के प्रति सत्यनिष्ठ एवं विनयगत आदरभाव विकसिंत होता है। अतः धर्म समभाव की महत्ती आवश्यकता स्पष्ट होती है।

विश्वधर्म का आधार

विभिन्न प्रमुख धर्मों के धर्म प्रत्यय सिद्धान्तों के आधार पर सारतः स्पष्ट है कि -

1. सभी धर्म मानते हैं कि परम सत्ता मूलतः एक सर्वव्यापी, सर्वोच्च एवं परमपूज्य है।
2. सभी धर्म मानते हैं कि परमसत्ता के अतिरिक्त देवों/दूतों/फरिश्तों होते हैं।
3. सभी धर्म मानते हैं कि परमसत्ता का ज्ञान व निर्देश देने वाले, दिव्य ज्ञान से युक्त संदेशवाहकों/मार्गदर्शकों का आगमन होता है।
4. सभी धर्म मानते हैं कि अमर/अविनाशी चेतना होती है।
5. सभी धर्म मानते हैं कि मरणोत्तर जीवन होती है।
6. सभी धर्म मानते हैं कि धर्म-कर्म और कर्मफल के उपभोग के साथ ही पाप-पुण्य एवं स्वर्ग-नरक की धारणा में विश्वास है।
7. सभी धर्म मानते हैं कि राग, द्वेष, तृष्णा, अज्ञानादि से बन्धन है और अनासक्ति तथा तत्वज्ञान से मुक्ति होती है।
8. सभी धर्म मानते हैं कि जगत् और संसार चक्र होता है।
9. सभी धर्म मानते हैं कि दुःख से मुक्ति के लिए धर्म साधना का मार्ग स्वीकार करते हुए नैतिक मूल्यों का परिपालन आवश्यक है।

अंधश्रद्धा की अपेक्षा युगानुरूप विवेकसम्मत ज्ञान सत्य होता है इसलिए धर्म ज्ञान एवं तत्संम्बन्धी विवेचन भी युगानुरूप एवं विवेकसम्मत होना चाहिए, जो कुछ न्यायसंगत व उचित है उसे स्वीकार करना चाहिए। अतः आधुनिक समकालीन चिंतको ने धर्म के विषय में पुनः चिंतन करना प्रारम्भ किया है। वे परम्परागत धर्मों की सभी मान्यताओं को आज युगानुरूप नहीं पाते हैं। उनके अनुसार कोई भी धर्म पूर्ण/सार्वभौमिक रूप से सत्य नहीं है और न ही वे आज की धारणाओं से संगति रखते हैं। अतः परम्परागत धर्मों में से कोई भी धर्म, आज का युगधर्म/सर्वमान्य हो सकने वाला सार्वभौमिक/विश्वधर्म नहीं हो सकता है। आधुनिक समकालीन चिंतक परम्परागत धर्मों के स्थान

किसी ऐसे धर्म की स्थापना पर बल देते हैं जिसके विश्वास व मूल्य युगानुरूप बौद्धिक विकास के अनुकूल हों, जिसमें धर्म समभाव के सभी आधार उपलब्ध होते हों तथा जिसमें सिद्धान्त व व्यवहार में असंगत/विरोधाभासपूर्ण मान्यताओं को किसी भी प्रकार से स्वीकृति प्रदान न की गयी हो।

स्वामी विवेकानन्द के विश्वधर्म के सम्बन्ध में विचार-

1. जो व्यक्ति कहता है, इस जगत् का अस्तित्व है, किन्तु ईश्वर नहीं है, वह निर्बोध है, क्योंकि यदि जगत् हो, तो जगत् का एक कारण रहेगा और उसक कारण का नाम ही ईश्वर है। कार्य रहने पर ही उसका कारण है, यह जानना होगा। जब यह जगत् अन्तर्हित होगा, तब ईश्वर भी अन्तर्हित होंगे। जब आप ईश्वर के सहित अपना एकत्व अनुभव करेंगे, तब आपके पक्ष में यह जगत् फिर नहीं रहेगा। जिसे हम इस क्षण जगत् के रूप में देख रहे हैं, वही हमारे सम्मुख ईश्वर के रूप में प्रतिभासित होगा, एवं जिनको एक दिन हम बहिर्देश में अवस्थित समझते थे, वे ही हमारी आत्मा के अन्तरात्मा रूप में प्रतीत होंगे।- 'तत्वमसि'- वही तुम हो।
2. एक ही सूर्य विविध जल बिन्दुओं में प्रतिबिम्बित होकर नाना रूप दिखा रहा है। लाख-लाख जलकणों में लाख-लाख सूर्य का प्रतिबिम्ब पड़ा है तथा प्रत्येक जल कण में ही सूर्य की सम्पूर्ण प्रतिमूर्ति विद्यमान है; किन्तु सूर्य वास्तव में एक है। इन सब जीवगण के सम्बन्ध में भी यही बात है-वे उसी एक अनन्त पुरुष के प्रतिबिम्ब मात्र है। स्वप्न कदापि सत्य के बिना रह नहीं सकता, और वह सत्य-वही एक अनन्त सत्ता है। शरीर, मन अथवा आत्मा भाव में मानने पर आप स्वप्न मात्र हैं, किन्तु आपका यथार्थ स्वरूप अखण्ड सच्चिदानन्द है। - अद्वैतवादी यही कहते है। यह सब जन्म, पुनर्जन्म, यह आना-जाना यह सब उस स्वप्न का अंशभाग है। आप अनन्त स्वरूप है। आप फिर कहाँ जायेंगे? आत्मा कभी उत्पन्न नहीं होती, कभी मरेगी भी नहीं, आत्मा के किसी काल में माता-पिता, शत्रु-मित्र कुछ भी नहीं है; क्योंकि आत्मा अखण्ड सच्चिदानंद स्वरूप है। जिस व्यक्ति ने इसका साक्षात्कार किया है उसने ही मुक्तिलाभ किया है, वह इस स्वप्न को भगं करके उसके बाहर चला गया है, उसने अपना यथार्थ स्वरूप जाना है। अद्वैतवेदान्त का यही उपदेश है।
3. सत्य के दो अंग है। पहला जो साधारण मानवों को पांचेन्द्रियग्राह्य एवम् उसमें उपस्थापित अनुमान द्वारा गृहीत है और दूसरा-जिसका इन्द्रियातीत सूक्ष्म योगज शक्ति के द्वारा ग्रहण होता है। प्रथम उपाय के द्वारा संकलित ज्ञान को "विज्ञान" कहते है, तथा द्वितीय प्रकार के संकलित ज्ञान को "वेद" संज्ञा दी है। वेद नामक अनादि अनन्त अलौकिक ज्ञानराशि सदा विद्यमान है। स्वंय सृष्टिकत्र्ता उसकी सहायता से इस जगत के सृष्टि-स्थिति-प्रलय कार्य सम्पन्न कर रहे हैं। जिन पुरूषों में उस इन्द्रियातीत शक्ति का आविर्भाव है, उन्हें ऋषि कहते है और उस शक्ति के द्वारा जिस अलौकिक सत्य की खोज उन्होंने उपलब्धि की है, उसे "वेद" कहते हैं। इस ऋषित्व तथा वेद दृष्टत्व को प्राप्त करना ही यथार्थ धर्मानुभूति है। साधक के जीवन में जब तक उसका उन्मेष नहीं होता तब तक "धर्म" केवल कहने भर की बात है एवम् समझना चाहिए कि उसने धर्मराज्य के प्रथम सोपान पर भी पैर नहीं रखा है। समस्त देश-काल-पात्र को व्याप्त कर वेद का शासन है अर्थात वेद का प्रभाव किसी देश, काल या पात्र विशेष द्वारा सीमित नहीं हैं। सार्वजनिन धर्म का व्याख्याता एक मात्र "वेद" ही है।
4. विज्ञान एकत्व की खोज के सिवा और कुछ नहीं है। ज्योंही कोई विज्ञान शास्त्र पूर्ण एकता तक पहुँच जायेगा, त्योंहीं उसका आगे बढ़ना रुक जायेगा क्योंकि तब तो वह अपने लक्ष्य को प्राप्त कर चुकेगा। उदाहरणार्थ रसायनशास्त्र यदि एक बार उस एक मूल द्रव्य का पता लगा ले, जिससे वह सब द्रव्य बन सकते हैं तो फिर वह और आगे नहीं बढ़ सकेगा। पदार्थ विज्ञान शास्त्र जब उस एक मूल शक्ति का पता लगा लेगा जिससे अन्य शक्तियां बाहर निकली हैं तब वह पूर्णता पर पहुँच जायेगा। वैसे ही धर्म शास्त्र भी उस समय पूर्णता को प्राप्त हो जायेगा जब वह उस मूल कारण को जान लेगा। जो इस मत्र्यलोक में एक मात्र अमृत स्वरुप है जो इस नित्य परिवर्तनशील जगत का एक मात्र अटल अचल आधार है जो एक मात्र परमात्मा है और अन्य सब आत्माएं जिसके प्रतिबिम्ब स्वरुप हैं। इस प्रकार अनेकेश्वरवाद, द्वैतवाद आदि में

से होते हुए इस अद्वैतवाद की प्राप्ति होती है। धर्मशास्त्र इससे आगे नहीं जा सकता। यहीं सारे विज्ञानों का चरम लक्ष्य है।

5. यह समझना होगा कि धर्म के सम्बन्ध में अधिक और कुछ जानने को नहीं, सभी कुछ जाना जा चुका है। जगत के सभी धर्म में, आप देखियेगा कि उस धर्म में अवलम्बनकारी सदैव कहते हैं, हमारे भीतर एक एकत्व है अतएव ईश्वर के सहित आत्मा के एकत्व ज्ञान की अपेक्षा और अधिक उन्नति नहीं हो सकती। ज्ञान का अर्थ इस एकत्व का आविष्कार ही है। यदि हम पूर्ण एकत्व का आविष्कार कर सकें तो उससे अधिक उन्नति फिर नहीं हो सकती।
6. हमें देखना है कि किस प्रकार यह वेदान्त हमारे दैनिक जीवन में, नागरिक जीवन में, ग्राम्य जीवन में, राष्ट्रीय जीवन में और प्रत्येक राष्ट्र के घरेलू जीवन में परिणत किया जा सकता है। कारण, यदि धर्म मनुष्य को जहाँ भी और जिस स्थिति में भी है, सहायता नहीं दे सकता, तो उसकी उपयोगिता अधिक नहीं - तब वह केवल कुछ विशिष्ट व्यक्तियों के लिए कोरा सिद्धान्त हो कर रह जायेगा।
7. हम मनुष्य जाति को उस स्थान पर पहुँचाना चाहते हैं, जहाँ न वेद है, न बाइबिल है, न कुरान है परन्तु वेद, बाइबिल और कुरान के समन्वय से ही ऐसा हो सकता है। मनुष्य जाति को यह शिक्षा देनी चाहिए कि सब धर्म उस धर्म के, उस एकमेवाद्वितीय के भिन्न-भिन्न रुप हैं, इसलिए प्रत्येक व्यक्ति उन धर्मों में से अपना मनोनुकूल मार्ग चुन सकता है।
8. यदि कभी कोई सार्वभौमिक धर्म हो सकता है, तो वह ऐसा ही होगा, जो देश या काल से मर्यादित न हो, जो उस अनन्त भगवान के समान ही अनन्त हो, जिस भगवान के सम्बन्ध में वह उपदेश देता है, जिसकी ज्योति श्रीकृष्ण के भक्तों पर और ईसा के प्रेमियों पर, सन्तों पर और पापियों पर समान रूप से प्रकाशित होती हो, जो न तो ब्राह्मणों का हो, न बौद्धों का, न ईसाइयों का और न मुसलमानों का, वरन् इन सभी धर्मों का समष्टिस्वरूप होते हुए भी जिसमें उन्नति का अनन्त पथ खुला रहे, जो इतना व्यापक हो कि अपनी असंख्य प्रसारित बाहूओं द्वारा सृष्टि के प्रत्येक मनुष्य का प्रेमपूर्वक आलिंगन करें।... वह विश्वधर्म ऐसा होगा कि उसमें किसी के प्रति विद्वेष अथवा अत्याचार के लिए स्थान न रहेगा, वह प्रत्येक स्त्री और पुरूष के ईश्वरीय स्वरूप को स्वीकार करेगा और सम्पूर्ण बल मनुष्यमात्र को अपनी सच्ची, ईश्वरीय प्रकृति का साक्षात्कार करने के लिए सहायता देने में ही केन्द्रित रहेगा।
9. ईसाई को हिन्दू अथवा बौद्ध नहीं होना पड़ेगा, और न हिन्दू या बौद्ध को ईसाई ही, परन्तु प्रत्येक धर्म दूसरे धर्मों के सारभाग को आत्मसात् करके पुष्टिलाभ करेगा और अपने वैशिष्ट्य की रक्षा करते हुए अपनी निजी प्रकृति के अनुसार वृद्धि को प्राप्त होगा। यदि इस सर्वधर्म परिषद् ने जगत् के समक्ष कुछ प्रमाणित किया है तो वह यह कि उसने यह सिद्ध कर दिखाया है कि शुद्धता, पवित्रता और दयाशीलता किसी सम्प्रदाय-विशेष की सम्पत्ति नहीं है तथा प्रत्येक धर्म ने श्रेष्ठ एवं अतिशय उन्नत-चरित्र स्त्री पुरूषों को जन्म दिया है। अब इन प्रत्यक्ष प्रमाणों के बावजु◌ु◌ु◌ुद भी यदि कोई ऐसा स्वप्न देखे कि अन्यान्य सारे धर्म नष्ट हो जायेंगे और केवल उसका धर्म ही अपना सर्वश्रेष्ठता के कारण जीवित रहेगा, तो उस पर मैं अपने हृदय के अन्तस्थल से दया करता हूँ और उसे स्पष्ट शब्दों में बतलाये देता हू◌ॅ कि वह दिन दूर नहीं हैं, जब उस-जैसे लोगों के अड़ंगों के बावजूद भी प्रत्येक धर्म की पताका पर यह स्वर्णाक्षरों में लिखा रहेगा-'सहयोग, न कि विरोध', पर-भाव-ग्रहण न कि पर-भाव-विनाश, 'समन्वय और शान्ति, न कि मतभेद और कलह'!
10. एक मात्र वेदान्त ही समाज तन्त्रवाद की युक्तिसंगत दार्शनिक भित्ति होने लायक है। मानव समाज की उन्नति चाहने वाले व्यक्तिगण, कम से कम उनके परिचालक गण, यह समझने का प्रयत्न कर रहे हैं कि उनके धन साम्य एवं समान अधिकार पर आधारित मतवादों की एक आध्यात्मिक भित्ति रहना संगत है, और एक मात्र वेदान्त ही यह भित्ति होने के योग्य हैं। सामाजिक, राजनीतिक एवं आध्यात्मिक, सभी क्षेत्रो में यथार्थ संगत स्थापित करने का केवल एक सूत्र विद्यमान है, और वह सूत्र- केवल इतना जान लेना कि मैं

और मेरा भाई एक हैं। सब देशों में, सभी युगो में, सभी जातियों के लिए यह महान सत्य समान रूप से लागू है।

11. हिन्दू भावों को अंग्रेजी में व्यक्त करना, फिर शुष्क दर्शन, जटिल पौराणिक कथाएं और अनूठे आश्चर्यजनक मनोविज्ञान से ऐसे धर्म का निर्माण करना, जो सरल, सहज और लोकप्रिय हो और उसके साथ ही उन्नत मस्तिष्क वालों को संतुष्ट कर सके- इस कार्य की कठिनाइयों को वे ही समझ सकते हैं, जिन्होंने इसके लिए प्रयत्न किया हो। अद्वैत के गुढ़ सिद्धान्त में नित्य प्रति के जीवन के लिए कविता का रस और जीवन दायिनी शक्ति उत्पन्न करनी है। अत्यन्त उलझी हुई पौराणिक कथाओं में से जीवन प्रकृत चरित्रों के उदाहरण समूह निकालने हैं और बुद्धि को भ्रम में डालने वाली योगविद्या से अत्यन्त वैज्ञानिक और क्रियात्मक मनोविज्ञान का विकास करना है और इन सब को एक ऐसे रुप में लाना पड़ेगा कि बच्चा-बच्चा इसे समझ सके।
12. अब व्यावहारिक जीवन में उसके प्रयोग का समय आया है। अब और 'रहस्य' बनाये रखने से नहीं चलेगा। अब और वह हिमालय की गुहाओ। में, वन-अरण्यों में साधु-सन्यासियों के पास न रहेगा, लोगों के दैनन्दिन जीवन में उसको कार्यान्वित करना होगा। राजा के महल में, साधु-सन्यासी की गुफा में, मजदूर की झोपड़ी में, सर्वत्र सब अवस्थाओं में- यहाँ तक कि राह के भिखारी द्वारा भी - वह कार्य में लाया जा सकता है।
1. 13.हमें ऐसे धर्म की आवश्यकता है, जिससे हम मनुष्य बन सकें। हमें ऐसे सिद्धान्तों की आवश्यकता है, जिससे हम मनुष्य हो सकें। हमें ऐसी सर्वांगसम्पन्न शिक्षा चाहिए, जो हमें मनुष्य बना सके और यह रही सत्य की कसौटी-जो भी तुम्हे शारीरिक, मानसिक और आध्यात्मिक दुर्बलता लाए, उसे जहर की भांति त्याग दो; उसमें जीवन-शक्ति नहीं है, वह कभी सत्य नहीं हो सकता। सत्य तो बलप्रद है, वह पवित्रता स्वरूप है, ज्ञान स्वरूप है। सत्य तो वह है जो शक्ति दे, जो हृदय के अन्धकार को दूर कर दे, जो हृदय में स्फूर्ति भर दें। (मेरी समर नीति-पृ0-36)
13. हमें दिखलाना है- हिन्दुओं की आध्यामिकता, बौद्धो की जीवदया, ईसाइयों की क्रियाशीलता एवं मुस्लिमों का बन्धुत्व, और ये सब अपने व्यावहारिक जीवन के माध्यम द्वारा। हमने निश्चय किया- हम एक सार्वभौम धर्म का निर्माण करेंगें।

भाग-2

भारत माता मन्दिर

सत्यमित्रानन्द गिरि

भारत माता मन्दिर (कृषिकेश)

स्वामी सत्यमित्रानन्द गिरि
(19 सितम्बर 1932- 25 जून 2019)

परिचय

सत्यमित्रानन्द गिरि जी का जन्म 19 सितम्बर, 1932 को आगरा (उ0प्र) के ब्राह्मण परिवार में हुआ था। आपके पिता का नाम श्री शिवशंकर पाण्डेय तथा माता श्री का नाम त्रिवेणी देवी है। आपका सन्यास पूर्व नाम अम्बिका प्रसाद था। आपकी संस्कृत शिक्षा, संस्कृत विद्यालय कानपुर से और स्नातकोत्तर शिक्षा, आगरा विश्वविद्यालय से पूर्ण हुआ है। आप वाराणसी से शास्त्री व हिन्दी भाषा व साहित्य में साहित्य रत्न भी हैं। वेद व आधुनिक शिक्षा का समन्वय आपकी शिक्षा रही है। बाल्यकाल से भारतीय संस्कृति, ईश्वर, समाजसेवा के प्रति रूचि ने आपको सन्यास का निर्णय लेने पर बाध्य कर दिया परिणामस्वरूप आप ऋषिकेश में स्वामी वेदव्यासानन्द के शरणागत होकर अम्बिका प्रसाद से सत्यमित्रानन्द गिरि हो गये और भारतीय संस्कृति के समन्वय विचारधारा को मूल मानते हुये समाज के लिए अभूतपूर्व कार्य किये। 27 वर्ष की अवस्था में आप उपपीठ ज्योति मठ के जगतगुरू शंकराचार्य के पद को भी शुशोभित कर चुके हैं। स्वामी विवेकानन्द द्वारा प्रारम्भ किये गये आध्यात्मिक जागरण, मानव सेवा व शान्ति के प्रयासों को आपने आगे बढ़ाया है इसके लिए आपने विश्व के कोने-कोने की यात्राएँ भी की। आपके द्वारा हरिद्वार में "समन्वय कुटीर" व "समन्वय सेवा ट्रस्ट" की भी स्थापना की गई है। सन् 1998 में "स्वामी सत्यमित्रानन्द फाउण्डेशन" अर्थात् आपके नाम से फाउण्डेशन की भी स्थापना की गई है जिसकी शाखाएँ रेनुकूट (सोनभद्र, उ0प्र0), जबलपुर (म0प्र0), जोधपुर (राजस्थान), इन्दौर (म0प्र0) और अहमदाबाद (गुजरात) में है।

आपके समन्वयात्मक विचारों का साकार रूप व अनूठी कृति "भारत माता मन्दिर" है जो सप्त सरोवर, हरिद्वार में स्थित है। इस मन्दिर में रामायण काल से भारत के स्वतन्त्रता काल तक के धर्म-जाति से उपर उठकर महापुरूषों की मूर्तियाँ स्थापित की गई है। 15 मई 1983 को तत्कालिन भारतीय गणराज्य की प्रधानमंत्री श्रीमती इन्दिरा गाँधी ने दीप प्रजल्वित कर इस 180 फीट (55 मीटर) ऊँचे 7 तलों के इस मन्दिर को समाज को समर्पित किया। इस मन्दिर का प्रत्येक तल एक विचार को समर्पित है।

आपके विचार आपके "भारत माता मन्दिर" पुस्तक से-

1. स्वस्ति पन्थामनु चरेम सूर्यचन्द्रमसाविव। पुनर्ददताध्नता जानता सं गमेमहि।। (ऋग्वेद-5/51/15) "जैसे सूर्य और चन्द्रमा निरालम्ब अन्तरिक्ष में निरापद एवं राक्षसादि से अबाधित निर्विध्न यात्रा करते हैं, विचरण करते हैं, वैसे ही हम अपने बन्धु-बान्धवों के साथ लोक-यात्रा में स्नेहपूर्वक, निर्विध्न चलते रहें और हम सबका मार्ग मंगलमय हो।" भगवान शंकर के स्मरण मात्र से ऐसा सम्भव है, क्योंकि वे कल्याण के देव हैं। वे देवाधिदेव महादेव तो हैं ही, किन्तु भारतमाता का स्वरूप-स्मरण करने पर तो यह भाव जीवन्त रूप से जाग्रत हो जाता है कि भारत का समग्र दर्शन भगवान शंकर में ही हो रहा है। विचारपूर्वक देखें, तो भगवान शंकर सम्पूर्ण राष्ट्र के प्रतीक हैं, भगवान श्रीराम राष्ट्र की आदर्श-मर्यादा के और गंगा राष्ट्र में प्रवाहित होने वाली संस्कृति की। उसके साथ उसमें ब्रह्मतत्व भी अन्तर्निहित होना चाहिए, क्योंकि ब्रह्मतत्व से विहिन संस्कृति दीर्घकाल तक नहीं रह सकती। इस ब्रह्मतत्व के साक्षात् स्वरूप श्रीकृष्ण हैं। इसलिए भारतीय संस्कृति का सर्वांग रूप राम, कृष्ण, शंकर और गंगा का समन्वित रूप है।
2. केवल वेश ग्रहण मात्र से किसी को साधु-संत नहीं कहा जा सकता। साधुता और सन्तत्व तो एक वृत्ति का नाम है। यह साधु-वृत्ति कदाचित् श्वेत वस्त्रधारी में भी हो सकती है और कदाचित् भगवा-धारी में नहीं। यह जटाजूटधारी या मुण्डित केशों में भी हो सकती है और नहीं भी। अनिवार्यता केवल इतनी ही है कि जहाँ जीवन में सुचिता है, वहीं साधुता है। जब तक साधुवृत्ति संसार में भ्रमण करती रहेगी, तब तक भारतीय संस्कृति का विनाश कोई नहीं कर सकता।
3. टहनियाँ और पत्तों को काट देने से वृक्ष नहीं सूखता। उसका बीज यदि उर्वरा भूमि में सुरक्षित है, तो अनुकूल अवसर-खाद, पानी, माली आदि पाकर वह पुनः लहलहा उठेगा, हरा-भरा हो जायेगा। यही स्थिति भारतीय संस्कृति के बीज-जीवन मूल्यों की है। भारतीय संस्कृति का बीज किसी एक व्यक्ति के अन्तःकरण में नहीं, अपितु करोड़ों व्यक्तियों की हृदय भूमि में जीवन्त रूप में स्थित है। इसी कारण साधु-संतों की वाणी रूपी खाद, भक्ति रूपी पवित्र जलधारा और प्रभु-कृपा की अनुकूलता प्राप्त होने पर वह पुनः पुनः अंकुरित होती रहेगी। इनकी छाया के नीचे बैठने वाले व्यक्तियों को जीवन में शान्ति का सन्देश सतत् देती रहेगी।
4. यद्यपि प्रत्येक स्थान की भूमि की अपनी निजी विशेषताएँ होती हैं। गुजरात की भूमि में रूई, किसी अन्य जगह हरी मिर्च, मालवा में गेहूँ आदि बहुतायत में तथा अच्छे किस्म के होते हैं, तो भी ये वस्तुएँ थोड़े बहुत अन्तर से अन्यत्र भी उगाई जा सकती हैं, किन्तु यदि केशर को कश्मीर के अतिरिक्त अन्यत्र कहीं पर उत्पन्न करने के प्रयास किये जायें, तो असफलता ही मिलेगी। इसके लिए तो कश्मीर की भूमि की ही शरण लेनी होगी। इसी भाँति भौतिकवाद के विकास के लिए यूरोप ओर अमेरिका की भूमि उपयुक्त है, परन्तु आध्यात्मवाद की केशर यदि प्राप्त करना है, तो सम्पूर्ण विश्व को भारतीय भूमि से ही प्रेम करना होगा। इसके अतिरिक्त कोई उपाय नहीं है। यदि इस धरती का यह वैशिष्ट्य न होता, तो भगवान श्रीराम और भगवान श्रीकृष्ण यहीं पर जन्म क्यों लेते? वे कहीं पर भी आविर्भूत हो सकते थे, परन्तु सरयू और यमुना तट उन्हें अच्छा लगा और इसलिए अपने बाल-मित्रों के साथ उन्होंने यहाँ सहज बाल-क्रिड़ायें कीं, जिससे सभी लोग जान लें कि इस धरती का महत्व कितना अधिक है।
5. उत्तर भारत में भगवान ने अनेक रूपों में अवतार ग्रहण किया। इसलिए उस विराट् एवं चरम चित्त तत्व ने दक्षिण भारत में भी अंशावतार ग्रहण किया। श्री शंकराचार्य, श्री रामानुजाचार्य, श्री वल्लभाचार्य, श्री मध्वाचार्य

आदि महान आचार्यों ने भारतीय समाज के उन्नयन के लिए अवतार ग्रहण किया। यदि उत्तर भारत में प्रभु के अवतारों के माध्यम से भगवद् शक्ति द्वारा संसार को प्रभावित किया गया, तो दक्षिण के आचार्यों ने साधना, संयम, सदाचार के उपदेश द्वारा, पुरूषार्थ के द्वारा मानवों में ऐसी अनुभूति उत्पन्न की कि वे आचार्य अंशावतार न होकर पूरी शक्ति सहित अवतार ही दिखाई देते हैं।

6. संसारी मानव दो प्रकार की विभिन्न परिस्थितियों के हिंडोले में झूलता हुआ अपनी दुर्बलता प्रमाणित करता है कि यदि कोई अनुकूल वस्तु मिल जाए, तो उसके प्रति राग हो जाता है, और यदि प्रिय वस्तु का वियोग हो जाए तो रोष होता है। कोई-कोई विरले मनुष्य होते हैं, जो न राग में जीते हैं, न रोष में जीते हैं, वे तो केवल अनुराग में ही सदा आनन्दित होते हैं। भगवान श्रीराम भी इसी प्रकार के महापुरूष हैं, जिनको न राग है, न रोष, अपितु वे अन्यों को सभी प्रकार संतुष्ट करते हैं। उनका स्मरण कर, उस नित्य आनन्दमय परमात्मा के प्रति भक्ति प्रदर्शित कर, भारतीय व्यक्ति अपने जीवन को धन्य अनुभव करता है।

"भारत माता मन्दिर" के सम्बन्ध में आपके विचार-

ऊँ। विश्वानि देव सवितर्दुरितानी परासुव। यद् भद्रं तन्न आ सुव।।

हमारे देश के गाँव-गाँव, नगर-नगर में मन्दिर मिलते हैं। बुद्धिवादी व्यक्ति नवीन मन्दिरों के निर्माण को निरर्थक मानते हैं। कई लोग इसे अर्थ का अपव्यय भी कहते हैं। इतिहास को जीवित रखना हमारा कर्तव्य है। इतिहास से हमें अपनी राष्ट्रीय-संस्कृति के गौरव का पता चलता है। पाठकों को इससे प्रेरणा मिलती है और भावी पीढ़ी के संस्कार जगाने में चेतना की शक्ति। इसी पावन दृष्टिकोण से, हरिद्वार में भारत माता मन्दिर का निर्माण किया गया है।

मुसलमान, ईसाई बन्धुओं को अपने पूर्वजों के सम्बन्ध में पर्याप्त जानकारी है, परन्तु किसी हिन्दू युवक से उसके पूर्वज ऋषियों के नाम पूछे जायें तो बता पाने में असमर्थता प्रकट करेगा। यदि व्यक्ति अपने श्रेष्ठ पूर्वजों का ही विस्मरण कर बैठे, तो उनके श्रेष्ठ संस्कारों को अपने जीवन में कैसे उतार सकता है?

भारत माता मन्दिर, मन्दिर के रूप में अधिक जाना जाय, ऐसा विचार कम है। तीर्थ-यात्री जो प्रतिवर्ष लाखों की संख्या में हरिद्वार आते हैं, वे इस मन्दिर से देश के संत, आचार्य, बलिदानी महापुरूषों, साध्वी, सतियों (मातृ शक्ति) के जीवन से प्रेरणा लेकर, व्रत और संकल्प कर जा सके-यह इसका मुख्य लक्ष्य है। साम्प्रदायिक उपासना पद्धतियों में मानव पृथक-पृथक घेरों में बँधता जा रहा है। ऐसे समय में राष्ट्रीय एकता को ध्यान में रखकर, सब सम्प्रदायों के आचार्यों और संतों की एक ही स्थान पर प्रतिष्ठा की गई है, इससे-"हम सब एक हैं", "हमारी माता भारत माता है"-का विचार परिपक्व कर सकें। यह विचार दृढ़ होना चाहिए, तभी व्यक्तिवाद से ऊपर उठकर राष्ट्रवाद की ओर जा सकते हैं।

धर्म और राष्ट्र एक-दूसरे के पूरक होने चाहिए। धर्म संस्कारों को बनाता है। संस्कारों का परिष्कार करता है और राष्ट्र-भाव स्वधर्म पर बलिदान होने की प्रेरणा देता है। बिना उत्सर्ग किये इस संसार में कुछ नहीं मिलता। स्वार्थ की बलि चढ़ाये बिना राष्ट्र का यज्ञ अधूरा रहता है। पशु-बलि की बातें आज निरर्थक हो गई हैं, किन्तु आत्म बलिदान के अभाव में कोई महान् लक्ष्य प्राप्त हो जाये, यह सम्भव नहीं है। भारत माता मन्दिर में विराजमान संत, शूर, सती-देश के लाखों यात्रियों में समन्वय, श्रद्धा, परस्पर प्रेम, त्याग, सद्भाव, स्वार्थ त्याग, समरसता और बलिदान की भावना जगाने में समर्थ हो सकेंगे, ऐसा विश्वास किया जाना चाहिए।

हमारा यह विचार है कि मन्दिर में दान-पात्र न रखें जाएँ, परन्तु दर्शनार्थियों की उदार भावना के सम्मानार्थ, उनके द्वारा की जाने वाली चढ़ोतरी के सदुपयोग की दृष्टि से, दान-पात्र रखे जाना युक्तिसंगत भी लगता है। फिर भी भावना यह है कि, दर्शनार्थी इस मन्दिर की स्मृति संजोकर, अपने घरों को लौटकर जाने वाले लोग श्रद्धा से जो कुछ हो, वहीं से प्रेषित करें। इस धनराशि को आदिवासी, गिरिवासी, वनवासी, हरिजन, देश के उपेक्षित वर्ग और दरिद्र नारायण की सेवा में लगाया जा सके। साथ ही, आय का एक भाग ब्राह्मण बालकों को कर्मकाण्ड, वेद,

हवन, यज्ञ आदि की शिक्षा देने के लिए उपयोग में लाया जाए। इस प्रकार यह मन्दिर समाज की सर्वागीण सेवा का प्रकल्प बन सके, यह अपेक्षा है।

इस मन्दिर में जैन, सिक्ख, ईसाई, मुसलमान, पारसी मजहबों के श्रेष्ठ संतों की मूर्तियाँ और उनके जीवन का अंकन किया गया है। सभी प्रमुख धर्मों के मूल मंत्र रजत पट्टीका पर अंकित किये गये हैं, जिससे उपासकों, साधकों, नागरिकों में यह भाव जाग सके कि सभी धर्मों का मूल तत्व एक है। इस प्रकार, अपने देश की संस्कृतियों की समस्त धाराओं को हरिद्वार में बहने वाली गंगा की पावन धारा से जोड़ने का प्रयत्न किया है। गंगा पावनता और गतिशीलता का प्रतीक बन चुकी है। बिना पावन और गतिशील हुए, देश और राष्ट्र की वास्तविक सेवा नहीं की जा सकती।

परमात्मा की कृपा से, अपने राष्ट्र-रथ को अनैतिकता के पंक से उबार, जगद्गुरू के पूर्व आसन पर बैठा सकने में हम सब निमित्त और परमात्मा के हाथ का उपकरण बन सकें, ऐसी उनके चरणों में प्रार्थना है।

"भारत माता मन्दिर (ऋषिकेश)": एक परिचय

लोगों के मन में यह विचार आ सकता है कि इस मन्दिर में भारतमाता की प्रतिमा क्यों स्थापित की गई? भारतमाता तो सम्पूर्ण राष्ट्र है। उसकी सम्पूर्ण शक्ति राष्ट्र के प्रत्येक नागरिक में उद्भूत है, उस शक्ति का अनुभव कराने के लिए सनातन धर्म में प्रतिमा अथवा मूर्ति प्रतिष्ठा का विशेष महत्व है। धनधान्य की समृद्धि के लिए जिस प्रकार बीज बोना परम आवश्यक है, उसी प्रकार देवी और मानवीय संस्कार जाग्रत करने के लिए प्रतिमा की प्रतिष्ठा-उपासना का महत्वपूर्ण अंग है। इसलिए मूर्ति प्रतिष्ठा के अनन्तर प्राण प्रतिष्ठा की जाती है, जिससे उपासक और दर्शनार्थी में तद्नुसार चेतना जाग्रत हो सके। वर्तमान में भारत की भावात्मक एकता और अखण्डता के लिए "हम सब भारतवासी भारत माता की संतान हैं"-इस भावना के लिए भारतमाता की मूर्ति की प्राण प्रतिष्ठा की गई है।

भारतमाता मन्दिर में प्रवेश करते ही, जैसे सीढ़ियों पर चढ़ते हैं-दाई ओर सम्पूर्ण मनोकामना सिद्ध करने वाले, संकट मोचन श्री हनुमन्तलाल जी के दर्शन होते हैं। मुख्य द्वार के ऊपर श्री विघ्नेश्वर गजवदन विनायक श्री गणेश जी प्रतिष्ठित हैं। जिनके दर्शन के साथ ही दर्शनार्थी द्वार प्रवेश कर सीधे भारत माता के पास पहुँचते हैं। हम धन्य हैं कि हम भारत जननी की शस्य श्यामल, समृद्ध, वात्सल्यमयी अंक में पले हैं, बड़े हुए हैं और यशस्वी जीवन-पथ पर गतिशील हैं और सदा गतिशील बने रहेंगे। यह राष्ट्र किसी एक का नहीं, जाति वर्ण, सम्प्रदाय भेद के बिना सभी का है। हम सब एक ही भारत माँ की सन्तान होने के नाते भाई-बहन हैं, एक हैं। जैसे एक मीटर वस्त्र को तैयार करने में किसान, उसके खेती के उपकरण, ओटाई करने वाले, कातने वाले, उसको आकर्षक रूप देने वाले कुशल इंजिनियर, सुपरवाइजर इत्यादि का योगदान रहता है, वैसे ही एक राष्ट्र के निर्माण में किसी की बुद्धि, किसी का श्रम, किसी का बलिदान, किसी का तपस्या और किसी का चिन्तन लगता है।

आधार तल

सात तल वाले इस भव्य मन्दिर के आधार तल में भारतमाता की विशाल एवं भव्य प्रतिमा की प्रतिष्ठा है। माँ, जिसकी गोद में संस्कृति, संस्कार और सभ्यता जन्म लेकर पोषित होती है-उसकी उपमा संसार में कहीं नहीं है। भारत की धरती को ही यह सौभाग्य मिला है, जिसे "भारतमाता" के नाम से विभूषित किया गया है। संसार का कोई भी देश माता के नाम से नहीं जाना जाता। भगवान श्रीराम जी स्वयं कहते हैं-"जननी जन्मभूमिश्च स्वर्गादपि गरीयसी"-माँ और मातृभूमि स्वर्ग से भी श्रेष्ठ है।

भारतवासीयों की रग-रग में संस्कार प्रतिष्ठित करने वाली भारतमाता की मूर्ति की प्रतिष्ठा भारतमाता मन्दिर में की गई-जिनके एक हाथ में दुग्ध पात्र तथा दूसरे में धान की बाली है। सामयिक चेतना जगाने के लिए श्वेत क्रान्ति व हरित क्रान्ति के प्रतीक के रूप में इस कल्पना को ग्रहण किया गया है। प्रतिमा के पीछे कमलाकार चक्र है, जो कमल की पवित्रता और निर्लिप्त भाव का प्रतीक है। गीता में भगवान श्रीकृष्ण का सन्देश है- "पद्मपत्रमिवाम्भसा"-संसार- महासागर में, राष्ट्र की सेवा में व्यक्ति का जीवन, कमल के समान रहना चाहिए।

भारत माता की मूर्ति के सामने भूतल पर भारत का विशाल प्राकृतिक मानचित्र, भारत सरकार के सर्वेक्षण विभाग की प्रमाणिकता के आधार पर निर्मित है-जिसमें नागाधिराज हिमालय के उत्तुंग शिखर, उपत्यिकाएँ, प्रमुख नदियाँ आरेखित की गई हैं। साथ ही निम्नलिखित को भी दर्शाया गया है-

द्वादश ज्योतिर्लिंग- 1. सौराष्ट्र में सोमनाथ, 2. श्रीशैल पर मल्लिकार्जुन (गुण्टुर से 217 मील), 3. उज्जैन में महाकाल, 4. ओंकारेश्वर में मम्लेश्वर (ओंकारेश्वर), 5. हिमाचल पर केदारनाथ, 6. डाकिनी में भीमशंकर (पूना से 43 मील उत्तर, मुम्बई से 70 मील पूर्व की ओर भीमा नदी के तट पर), 7. काशी में विश्वेश्वर विश्वनाथ, 8. गौतमी तट पर त्रयम्बकेश्वर (नासिक रोड स्टेशन से 25 कि.मी. दक्षिण में), 9. चिताभूमि में वैद्यनाथ (कलकत्ता-पटना रेल मार्ग पर किउल स्टेशन से दक्षिण पूर्व में 100 कि.मी.), 10. दारूका वन में नागेश्वर (द्वारिका के पास दारूका वन में गौतमी नदी के किनारे), 11. सेतूबन्ध में रामेश्वर और 12. शिवालय में स्थित घुश्मेश्वर (मनमाड-पूना लाइन पर मनमाड से 100 कि.मी. दौलताबाद स्टेशन से 20 कि.मी. वेरूल गाँव के पास)

सप्त मोक्षदायिनी पुरियाँ - 1. अयोध्या, 2. मथुरा, 3. हरिद्वार, 4. काशी (वाराणसी), 5. काँची, 6. अवन्तिका (उज्जैन), 7. द्वारिका।

सप्त बदरी - उत्तराखण्ड राज्य के बदरी क्षेत्र में 1. आदि बदरी, 2. ध्यान बदरी (कुम्हार चट्टी से 6 मील दूर), 3. वृद्ध बदरी (उशी मठ के कुम्हार चट्टी से ढाई मील दूर), 4. भविष्य बदरी (जोशी मठ से 11 मील दूर), 5. योग बदरी (पाण्डुकेश्वर से दो मील), 6. नृसिंह बदरी (जोशी मठ से नरसिंह भगवान का मन्दिर), 7. प्रधान बदरी।

पंच केदार - भगवान शंकर महिष रूप धारण उपरान्त उनके पाँच अंग प्रतिष्ठित हुये और वे पंच केदार कहलाये। 1. श्री केदारनाथ (प्रमुख केदार पीठ), 2. श्री मध्यमेश्वर (यहाँ नाभि), 3. श्री तुंगनाथ (यहाँ बाहु), 4. श्री रूद्रनाथ (यहाँ मुख), 5. कल्पेश्वर (यहाँ जटायें)।

पंच सरोवर - 1. मानसरोवर (हिमालय क्षेत्र में), 2. बिन्दु सरोवर (गुजरात प्रदेश में), 3. नारायण सरोवर (नल सरोवर और हिमालय क्षेत्र में), 4. पम्पा सरोवर (तुंगभद्रा नदी के उत्तर और किष्किंधा के दक्षिण भाग में), 5. पुष्कर सरोवर (अजमेर के पास में)।

सप्त क्षेत्र - 1. कुरूक्षेत्र (हरियाणा प्रदेश में), 2. हरिहर क्षेत्र (गंगा, सरयू, सोन व गंडकी नदी के संगम का क्षेत्र बिहार प्रदेश में), 3. प्रभास क्षेत्र (द्वारिका, गुजरात प्रदेश में), 4. भृगु क्षेत्र (नर्मदा व समुद्र संगम क्षेत्र), 5. पुरूषोत्तम क्षेत्र (जगन्नाथ धाम, उड़ीसा में), 6. नैमिष क्षेत्र (सीतापुर, उत्तर प्रदेश में), 7. गया क्षेत्र (बिहार प्रदेश में)

प्रथम तल: शूर मन्दिर

मैकाले की शिक्षा पद्धति ने देश के नागरिकों के समक्ष ऐसा इतिहास प्रस्तुत किया कि हम अपने देश के लिए जीवन देने वालों को विस्मृत कर बैठे। आज सबसे बड़ी आवश्यकता है, राष्ट्र के प्रति समर्पित महापुरूषों, बलिदानियों के आदर्शों को उद्घाटित करने की, जिससे वर्तमान भारत के बालक-बालिकाएँ, युवक-युवतियाँ उनसे प्रेरणा ले सकें। यदि हमारे सामने कोई आदर्श ही नहीं होगा, तो हमारा न कोई सिद्धान्त रह जायेगा और न शाश्वत मूल्य रह जाएँगे। इसी दृष्टिकोण से भारत माता मन्दिर के द्वितीय तल पर राष्ट्र के वीरों, बलिदानियों की मूर्तियों की प्रतिष्ठा की गई है जो निम्नवत् हैं-

1. महामना पं. मदन मोहन मालवीय 2. वीर सावरकर 3. सुभाष चन्द्र बोस 4. महात्मा गाँधी 5. छत्रपति शिवाजी 6. गुरू गोविन्द सिंह 7. महारानी लक्ष्मीबाई 8. महराणा प्रताप 9. शहीद भगत सिंह 10. चन्द्रशेखर आजाद 11. डा0 केशवराव बलिराम हेडगेवार 12. हेमू कालानी 13. अश्फाकउल्ला 14. महारानी अहिल्याबाई 15. महराजा अग्रसेन

द्वितीय तल: मातृ मन्दिर

नारी के प्रति महान सम्मान प्रदर्शित करने की दृष्टि से भारतमाता मन्दिर में मातृ मन्दिर की प्रतिष्ठा की गई है। वैदिक काल से लेकर आज तक महान नारीयों की लम्बी श्रृंखला रही है परन्तु यहाँ उनकी शक्ति के प्रतीक के रूप में कुछ महान माताओं की मूर्तियों को प्रतिष्ठित किया गया है जो निम्नवत् हैं-

1. सती जयदेवी 2. कवयित्री आण्डाल 3. मैत्रेयी 4. मीराबाई 5. सती सावित्री 6. ब्रह्मवादिनी गार्गी 7. देवी उर्मिला 8. सती दमयन्ती 9. सती अनुसूया 10. सती मदसलसा 11. सती पद्मिनी 12. वीरांगना किरण देवी 13. श्रीमती एनी बेसेन्ट 14. भगिनी निवेदिता 15. श्री देव नदी गंगा जी 16. श्री यमुना जी

तृतीय तल: संत मन्दिर

भारतीय संस्कृति एवं संस्कृति की समग्र परम्परा का सम्पूर्ण अधिष्ठान भारतीय संतों के अवदान पर ही प्रतिष्ठित है। महर्षि वेदव्यास से लेकर आद्य गुरू शंकराचार्य एवं स्वामी विवेकानन्द, महर्षि अरविन्द, स्वामी रामतीर्थ और उनके परवर्ती संतों की लम्बी श्रृंखला है, जिन्होंने अपनी दिव्य साधना से भारतीय संस्कृति और जनजीवन को आलोकित किया है। रत्नगर्भा भारत भूमि इतने महापुरूषों की जननी है कि उन सबको पर्याप्त स्थान नहीं दे सके। विशिष्ट आचार्यों, संतों को ही स्थान दे सके हैं इसका अर्थ यह नहीं है कि शेष महापुरूष सम्मानीय नहीं है। वे सभी समान कोटि में समादरणीय है। भारतमाता के स्वरूप को सँवारने और उसे समृद्ध बनाने में संतों की साधना, तपश्चर्या, वाणी और साहित्य का अनुपम योगदान रहा है। इसी दृष्टि से सभी सम्प्रदायों के आचार्यों, संतों की प्रतिष्ठा भारत माता मन्दिर में की गई है। जो निम्नवत् हैं-

1. गौतम बुद्ध 2. महावीर स्वामी 3. श्री नरसी मेहता 4. गोस्वामी तुलसीदास 5. श्री चैतन्य महाप्रभु 6. उदासीनाचार्य चन्द्रदेव 7. समर्थ गुरू रामदास 8. संत ज्ञानेश्वर 9. श्री गरीबदास जी 10. श्री रंग अवधूत जी 11. स्वामी वासुदेवानन्द सरस्वती 12. श्री निम्बार्काचार्य 13. जगद्गुरू रामानन्दाचार्य 14. जगद्गुरू आद्य शंकराचार्य 15. श्री वल्लभाचार्य 16. श्री रामानुजाचार्य 17. श्री मध्वाचार्य 18. श्री गुरू नानक 19. शिरडी वाले सांई बाबा 20. स्वामी विवेकानन्द 21. स्वामी दयानन्द 22. महर्षि अरविन्द 23. श्री पीपी जी 24. परमहंस राकृष्णदेव एवं माँ शारदामणि 25. संत कबीर 26. रसखान 27. जलाराम बापा 28. संत रविदास 29. संत नवल साहेब 30. भक्त श्री सेन जी 31. हरिजी बापा 32. गुरू गोरक्षनाथ जी 33. संत श्री झूलेलाल जी 34. महर्षि वाल्मीकि 35. आचार्य दादूदयाल जी 36. स्वामी प्राणनाथ जी

चतुर्थ तल: भारत दर्शन

भारत माता मन्दिर के चतुर्थ खण्ड पर भारत की एकता और अखण्डता के प्रतीक के रूप में भारत-दर्शन की प्रादेशिक झाँकी भित्ति चित्रों और आरेखों द्वारा प्रदर्शित की गई है-जिन्हें देखकर लगता है कि हम भारत में हैं और भारत हम में है। हमारा कोई भी चिन्तन इससे पृथक नहीं हो सकता। हमने इसी भारत के लिए जन्म लिया है और जन्म-जन्मान्तर परमात्मा से प्रार्थना करते हैं कि चाहे जिस रूप में हो, चाहे जिस योनि में हो-हमारा जन्म भारत में ही हो।

दीवालों पर भारत के समस्त प्रदेशों के सांस्कृतिक मानचित्र आकर्षक ढंग से निर्मित किये गये हैं-जिनमें मध्य प्रदेश, गुजरात, महाराष्ट्र, गोवा, राजस्थान, हरियाणा, पंजाब, जम्मू-कश्मीर, हिमाचल प्रदेश, असम, मेघालय, अरूणाचल प्रदेश, मणिपुर, नागालैण्ड, त्रिपुरा, मिजोरम, पश्चिम बंगाल, बिहार, उत्तर प्रदेश, कर्नाटक, आन्ध्र प्रदेश, उड़ीसा, केरल, तमिलनाडु, आदि की झाँकियों में वहाँ के इतिहास-प्रसिद्ध सांस्कृतिक कला, स्थापत्य कला के नमूने, संत, वीर, बलिदानी, नृत्य कला आदि को प्रदर्शित किया गया है। इस मण्डपम् में विशाल मंच निर्मित है। मंच के पाश्र्व में, रजत पट्टीकाओं पर-विश्व के प्रमुख धर्मों- ईसाई धर्म, सिख धर्म, जैन धर्म, बौद्ध धर्म, सनातन धर्म, पारसी धर्म, इस्लाम धर्म के मूल मंत्र आलेखित हैं और वेद भगवान की प्रतिष्ठा की गई है। समन्वय ओर भावनात्मक एकता की दृष्टि से स्थापित इन पट्टीकाओं का अनावरण-भारत गणराज्य के तत्कालिन महामहिम राष्ट्रपति ज्ञानी जैल सिंह जी ने 8 मार्च, 1986 को शिवरात्रि पर्व पर किया था। उन्होंने कहा-"मेरा मन यहाँ से बाहर जाने को नहीं करता। यह मन्दिर आजादी के तुरन्त बाद ही बनना चाहिए था, परन्तु जो कार्य सरकार नहीं कर पाई, उसे स्वामी जी ने किया। भगवान जिससे जब जो कार्‌य कराता है, तभी होता है। मेरा विश्वास है कि जो कोई भी हरिद्वार आयेगा, इस मन्दिर के दर्शन जरूर करेगा।"

सभी धर्म एक हैं। विश्व का कोई भी धर्म हिंसा, असत्य, वैर, कटुता की बात नहीं कहता। धर्मान्धता आड़े आने पर धर्म को विकृत बना दिया जाता है। धर्मनिरपेक्षता का तात्पर्य धर्महीनता नहीं है, अपितु अपने धर्म पर अनन्य निष्ठा, समर्पण भाव रखते हुए-दूसरे धर्म के प्रति समान आदर भाव रखना है। संस्कृति ही राष्ट्र बनाती है। एक राष्ट्र की जनता एक जाति की है, उस जाति का जो स्वरूप है, उसे राष्ट्रीयता कहते हैं और राष्ट्रीयता ही किसी राष्ट्र का जीवन है। यदि राष्ट्रीयता या संस्कृति नष्ट कर दी जाए, तो वह राष्ट्र नष्ट हो जाता है। संस्कृति के जन्म, पोषण, रक्षण और अभिवृद्धि के लिए परमात्मा ने भारत-भूमि का चयन किया। उस संस्कृति का पालन करना, अपने जीवन में ढालना, आचरित करना प्रत्येक भारतवासी का प्रथम कर्तव्य है। संस्कृति और राष्ट्र एक-दूसरे के पर्याय हैं। राष्ट्र रहेगा, संस्कृति रहेगी, और संस्कृति की रक्षा से राष्ट्र की अस्मिता अक्षुण्ण रहेगी।

भारत-भूमि धन्य है, जिसकी प्रशंसा देवों के श्रीमुख से की गई है तथा इस भारत-भूमि पर जन्म लेने के लिए स्वयं देवता भी लालायित रहते हैं। जिसका जन्म इस धरती पर हुआ, वह भी धन्य हो गया। भारत-भूमि इस भूखण्ड पर सबसे पुण्यशाली है। यह भूमि भगवान के अवतारों की, संतो की, महर्षियों की, पुण्य सलिला सरिताओं की प्राकट्य-स्थली है। स्वयं परमात्मा ने विभिन्न रूपों में अवतरित होकर यहाँ लीलीयें कर, धर्म और संस्कृति की मर्यादा स्थापित की। भारत की धरती देवताओं की यज्ञ-भूमि होने से, परम पावन मानी गई है।

आज की भयावह परिस्थिति में सम्पूर्ण विश्व भारत की ओर आँखें लगाये लालायित है कि विश्व की समस्याओं का निदान भारत के पास है। समय आयेगा। विश्व को भारत ने रास्ता दिखाया था, पुनः दिखायेगा। महर्षि अरविन्द की वाणी सत्य सिद्ध होगी कि "भारत एक है, अखण्ड है, अखण्ड रहेगा।" विभाजन की रेखाएँ, भौगोलिक सीमायें ध्वस्त होंगी। भारत की पहचान भौगोलिक सीमाओं से कभी नहीं रही। भौतिक सीमाएँ भारत को कभी बाँध नहीं सकी। भारत की पहचान उसके आध्यात्म से है, भारतीयता से है, भारतीय संस्कृति से है और यह पहचान यावत्चन्द्र दिवाकर बनी रहेगी।

पंचम तल: शक्ति मन्दिर

भारत माता मन्दिर के इस तल पर 1. वेदमाता गायत्री 2. देवी मीनाक्षी 3. देवी सरस्वती की मूर्ति प्रतिष्ठित है।

भारतीय संस्कृति में शक्ति की उपासना को सर्वाधिक महत्व दिया गया है। चैत्र शुक्ल पक्ष और अश्विन शुक्ल पक्ष प्रतिपदा से नवमी तक पराम्बा भगवती की अराधना सम्पूर्ण भारत में की जाती है। समस्त आस्तिक जनता अशुभ के विनाश और शुभ की प्राप्ति के लिए दुर्गा का, जो दुर्गति का नाश करने वाली है-घट स्थापन, पूजन, अर्चन, हवन आदि करती है। दुर्गा के नौ रूप 1. शैल पुत्री 2. ब्रह्मचारिणी 3. चन्द्रघण्टा 4. कूष्माण्डा 5. स्कन्द माता 6. कात्यायनी 7. कालरात्रि 8. महागौरी 9. सिद्धीदात्री हैं।

शक्ति की महत्ता के बारे में महाशक्ति के उद्गार हैं-

अहं राष्ट्री संगमनी वसूनां चिकितुषी प्रथमा यज्ञयानाम्।
तां मा देवा व्यदधुः पुरूत्रा भूरिस्थात्रां भूर्यावेशयन्तीम।।

"मैं ही राष्ट्रीय अर्थात् सम्पूर्ण जगत् की ईश्वरी हूँ। मैं उपासकों को उसका अभीष्ट वसु-धन प्राप्त कराने वाली हूँ। जिज्ञासुओं के साक्षात् कर्तव्य-परब्रह्म को अपनी आत्मा के रूप में मैंने अनुभव कर लिया है। जिनके लिए यज्ञ किये जाते हैं, उनमें सर्वश्रेष्ठ हूँ। सम्पूर्ण प्रपंच के रूप में मैं ही अनेक होकर विराजमान हूँ। सम्पूर्ण प्राणियों के शरीर में जीव-रूप में मैं अपने-आपको ही प्रविष्ट कर रहीं हूँ। भिन्न-भिन्न देश, काल, वस्तु और व्यक्तियों में जो कुछ हो रहा है-किया जा रहा है, वह सब मुझ में, मेरे लिए ही किया जा रहा है। सम्पूर्ण विश्व के रूप में अवस्थित होने के कारण, जो कोई जो कुछ भी करता है-वह सब मैं ही हूँ। (देवी सूक्त आत्म सूक्त ऋ मं, 10 सूक्त 125 अ.1)"

अराधना के लिए गुरू या संत से कोई मंत्र लेते हैं, निर्देशन प्राप्त करते हैं, परन्तु "माँ" अपने-आप में स्वतन्त्र मंत्र है। जन्म के प्रारम्भ से ही हमारी संस्कृति "माँ" मंत्र देती है। वात्सल्यमयी है। वह करूणा की मूर्ति हैं।

इसलिए शास्त्र में "माँ" को "सत्यं परम् सत्यम्" कहा है। वह पराशक्ति, निर्गुण ओर सगुण दोनों रूपों में पूज्या है। निर्गुण शक्ति व्यापक शक्ति है, जो अन्तर चेतना जाग्रत करती है। वह प्रत्येक व्यक्ति के भीतर प्रसुप्त अवस्था में रहती है। साधना के द्वारा या महापुरूषों की कृपा से उसे जागृत किया जाता है। योगीजन उसे कुण्डलिनी शक्ति के रूप में जानते हैं। जब शक्ति अन्तर से चैतन्य हो जाती है, तो ऐसे महापुरूष कई चमत्कार करने में समर्थ हो जाते हैं। कुछ दूसरें के मन की बात जान लेते हैं।

षष्ठम् तल: विष्णु मन्दिर

सम्पूर्ण भारतवर्ष में विभिन्न धर्मों और सम्प्रदायों के लोग रहते हैं। अपनी-अपनी आस्था-श्रद्धा के अनुरूप भगवान विष्णु (नारायण) के प्रति विभिन्न रूपों में अपनी भावना व्यक्त कर, उनके विग्रह की पूजा-अर्चना कर जीवन धन्य समझते हैं। इस दृष्टि से भारत माता मन्दिर में विष्णु-मन्दिर का निर्माण कर, उसमें परमात्मा के विभिन्न विग्रहों 1. दत्तात्रेय 2. श्रीनाथ जी 3. रणछोड़राय 4. श्री सीताराम 5. श्री लक्ष्मी नारायण 6. श्री राधाकृष्ण 7. श्री व्यंक्टेश 8. स्वामीनारायण 9. श्री विट्ठल रूक्मिणी जी की प्रतिष्ठा की गई है।

सप्तम तल: शिव मन्दिर

भारतमाता मन्दिर के सर्वोच्च शिखर पर (आखिरी मंजिल पर) शिव-मन्दिर निर्मित है। जिसमें हिमालय की तलहटी में भगवान शंकर चार स्वरूपों में दर्शन देते हैं। पद्मासन में ध्यानस्थ शिवजी की रजत मूर्ति है, उनके पीछे शिव परिवार, बायीं ओर अर्द्धनारीश्वर और दायीं ओर नटराज शिव। वस्तुतः आशुतोष भगवान शिव के अतिरिक्त ऐसा और कोई देव नहीं है, जो अपनी विस्मृति कर औघड़ आशीर्वाद देता हो। विग्रह के दोनों ओर दो रजत कल्प वृक्षों पर 54-54 विविध रंगों के शिवलिंग प्रतिष्ठित किये गये हैं।

भारत माता मन्दिर के विभिन्न तलों पर स्थापित विभूतियों से प्रेरणा ग्रहण करें तथा एक ही स्थान पर सम्पूर्ण देश के श्रद्धा के आधारों का दर्शन कर सकें, इस दृष्टि से भारत माता मन्दिर की आधारशिला पर ऊपर के विभिन्न मन्दिरों का निर्माण हुआ है। जो तथ्य और अनुभूति असंख्य प्रवचनों, बहुसंख्यक ग्रन्थों से प्रदान नहीं की जा सकती, वह भारत माता मन्दिर के आधार तल से ऊपर के उच्चतल तल पर प्रतिष्ठित मूर्तियों के दर्शन द्वारा सहज ही प्राप्त की जा सकती है। यद्यपि शूर, सती, मातृ शक्ति, संत, शक्ति और परमात्मा के असंख्य, अनन्त रूप हैं, फिर भी इन सभी मन्दिरों में स्थापित मूर्तियाँ उन वर्गों की प्रतिनिधि एवं प्रतीक स्वरूप हैं।

श्री लव कुश सिंह "विश्वमानव" द्वारा स्पष्टीकरण

जब मैं रेनुकूट, सोनभद्र में रहता था (सन् 1999 से 2001 तक) तब आपकी रेनुकूट शाखा का परिसर मेरे अस्थायी निवास (क्वार्टर नं0 आई-1521,) जो मेरे मित्र, बड़े भाई श्री सिया राम सिंह (हिन्डाल्को स्टाफ) द्वारा सुविधा दी गई थी, के ठीक सामने दिखता था। श्री सिया राम सिंह जी द्वारा आपके साहित्य भी हमें प्राप्त होते रहते थे। वे आध्यात्मिक विचारधारा के स्वामी हैं जो उन्हें विरासत में ही प्राप्त थी। इस क्वार्टर में रहकर मैंने "विश्वशास्त्र" के बहुत से महत्वपूर्ण अंश लिखे थे। सन् 2012 में "भारत माता मन्दिर" के दर्शन का अवसर प्राप्त हुआ। वहीं से पुस्तक "भारत माता मन्दिर" मैं लाया था।

"भारत माता मन्दिर", का एकात्म विचार बहुत ही जीवन्त है और वह प्रत्यक्ष रूप में सामने है। संघनित होती दुनिया में दृश्य माध्यम से "भारत" के रूप को समझने का यह ज्ञान आधारित मन्दिर है।

अब जबकि विश्व का अन्तिम शास्त्र-"विश्वशास्त्र" व्यक्त हो चुका है, ऐसी स्थिति में "भारत माता मन्दिर" से भारत के "विश्वरूप" का दर्शन व ज्ञान आने वाले लोगों को हो, इसके लिए थोड़े परिवर्तन की आवश्यकता है। जो एक सार्वभौम सत्य-सैद्धान्तिक सलाह मात्र है-

7 वाँ तल-"ज्योति मन्दिर"-इस तल पर केवल "शिव ज्योति" और उसका दृश्य प्रकाश "विश्वशास्त्र" रखा होना चाहिए।
6 वाँ तल-"मानक चरित्र मन्दिर"-इस तल पर केवल त्रिदेव एवं परिवार होने चाहिए। 1. ब्रह्मा एवं परिवार (व्यक्तिगत मानक व्यक्ति चरित्र), 2. विष्णु एवं परिवार (सामजिक मानक व्यक्ति चरित्र) एवं 3. शंकर एवं परिवार (वैश्विक मानक व्यक्ति चरित्र)
5 वाँ तल-"अवतार मन्दिर"-इस तल पर केवल ईश्वर के 24 अवतार होने चाहिए।
4 वाँ तल-"देवी-शक्ति और मातृ मन्दिर"
3 वाँ तल-"संत मन्दिर"
2 वाँ तल-शूर मन्दिर
1 वाँ तल-भारत दर्शन
आधार तल-कोई परिवर्तन नहीं

इस रूप से "भारत" का विश्वरूप व्यक्त होगा साथ ही यह भी व्यक्त होगा कि मनुष्य को अपने विचार को उत्तरोत्तर श्रेष्ठ करने में कितने चरण से गुजरना है। आधार तल से 7वाँ तल उसी को व्यक्त करता है। मनुष्य की गति नीचे से उपर की ओर तथा अवतार की गति उपर से नीचे की ओर होती है।

पहले भारतमाता मन्दिर और अब अन्त में उसमें मैं और मेरा विश्वधर्म मन्दिर

यदि मैं लव कुश सिंह "विश्वमानव", ही कल्कि अवतार हैं तो उनका स्थान 5वें तल के "अवतार मन्दिर" में उनका अधिकार बनता है।

भाग-3

विश्व धर्म मन्दिर

स्वामी विवेकानन्द

रामकृष्ण मन्दिर

स्वामी विवेकानन्द के व्याख्यान

01. धर्म महासभा स्वागत भाषण का उत्तर, दिनांक 11 सितम्बर, 1893
02. हमारे मतभेद का कारण, 15 सितम्बर, 1893
03. हिन्दू धर्म, 19 सितम्बर, 1893
04. धर्म भारत की प्रधान आवश्यकता नहीं, 20 सितम्बर, 1893
05. बौद्ध धर्म, 26 सितम्बर, 1893
06. धन्यवाद भाषण, 27 सितम्बर, 1893

लव कुश सिंह "विश्वमानव

विश्व धर्म मन्दिर

स्वामी विवेकानन्द

परिचय

स्वामी विवेकानन्द, वेदान्त के विख्यात और प्रभावशाली आध्यात्मिक गुरू थे। उनका वास्तविक नाम नरेन्द्र नाथ दत्त था। उन्होंने अमेरिका स्थित शिकागों में सन् 1893 में आयोजित विश्व धर्म महासम्मेलन में सनातन धर्म का प्रतिनिधत्व किया था। भारत का वेदान्त अमेरिका और यूरोप के हर देश में स्वामी विवेकानन्द की वकृतता के कारण ही पहुँचा। उन्होंने रामकृष्ण मिशन की स्थापना की थी जो आज भी अपने उद्देश्य "शिव भाव से जीव सेवा" के अनुसार काम कर रहा है। वे रामकृष्ण परमहंस के सुयोग्य शिष्य थे। रामकृष्ण जी बचपन से ही एक पहुँचे हुए सिद्ध पुरूष थे। स्वामी जी ने कहा था की जो व्यक्ति पवित्र ढंग से जीवन निर्वाह करता है उसी के लिए अच्छी एकाग्रता प्राप्त करना सम्भव है।

भारतीय अध्यात्म और व्यवहारिक वेदांत आकाश का यह दीप्तिमान नक्षत्र 12 जनवरी, 1863 के दिन पिता श्री विश्वनाथ एवं माता श्रीमती भुवनेश्वरी के कलकत्ता स्थित परिवार में अवतरित हुआ। वाराणसी के वीरेश्वर महादेव की अराधना से प्राप्त होने के कारण, माता ने वीरेश्वर नाम दिया और प्रेम से "विले" पुकारती, परन्तु पिता ने नरेन्द्रनाथ नाम दिया। बचपन से ही ये नटखटी और जिज्ञासु प्रकृति के थे। नरेन्द्र की बुद्धि बचपन से ही तीव्र थी और परमात्मा को पाने की लालसा भी प्रबल थी। इस हेतु वे "ब्रह्म समाज" में गये किन्तु वहाँ उनके चित्त को सन्तोष नहीं हुआ। श्री विश्वनाथ दत्त की मृत्यु हो गई। घर का भार नरेन्द्र पर आ गया। घर की दशा बहुत खराब थी। अत्यन्त गरीबी में भी नरेन्द्र बड़े अतिथि सेवी थे। स्वयं भूखे रहकर अतिथि को भोजन कराते, स्वयं बाहर वर्षा में रात भर भींगते-ठिठुरते पड़े रहते और अतिथि को अपने बिस्तर पर सुला देते।

शिक्षा के साथ-साथ जीवन के गहन प्रश्नों की ललक से वे रामकृष्ण परमहंस के सम्पर्क में आये और उन्हीं के अंतरंग बन गये। आर्थिक संकट से घिरने के पश्चात् रामकृष्ण जी के कहने पर माँ काली की प्रतिमा के सामने प्रार्थना करने गये, परन्तु भौतिक सुखों की अपेक्षा माँ से ज्ञान, भक्ति और वैराग्य का ही वरदान माँग सके। स्वामी विवेकानन्द अपना जीवन अपने गुरूदेव को रामकृष्ण परमहंस को समर्पित कर चुके थे। गुरूदेव के शरीर त्याग के दिनों में अपने घर और कुटुम्ब की नाजुक हालत की परवाह किये बिना, स्वयं भोजन की परवाह किये बिना वे गुरू सेवा में सतत संलग्न रहे। गुरूदेव का शरीर अत्यन्त रूग्ण हो गया था। एक बार किसी ने गुरूदेव की सेवा में घृणा और लापरवाही दिखायी तथा घृणा से नाक-भौं सिकोड़ी। यह देखकर विवेकानन्द को गुस्सा आ गया। उस गुरू भाई को पाठ पढ़ाते और गुरूदेव की प्रत्येक वस्तु के प्रति प्रेम दर्शाते हुए उनके बिस्तर के पास रक्त, कफ आदि से भरी थुकदान उठाकर फेंकते थे। गुरू के प्रति ऐसी अनन्य भक्ति और निष्ठा के प्रताप से ही वे अपने गुरू के शरीर और उनके दिव्यतम आदर्शो की उत्तम सेवा कर सके। गुरूदेव को वे समझ सके, स्वयं के अस्तित्व को

गुरूदेव के स्वरूप में विलीन कर सके। समग्र विश्व में भारत के अमूल्य खजाने की सुगन्ध को फैला सके। उनके इस महान व्यक्तित्व की नींव मे थी ऐसी गुरूभक्ति, गुरूसेवा और गुरू के प्रति अनन्य निष्ठा।

रामकृष्ण ने पूर्ण पात्र जानकर, अपनी समस्त आध्यात्मिक शक्तियाँ नरेन्द्र को समर्पित कर दीं। 25 वर्ष की अवस्था में नरेन्द्र ने गेरूआ वस्त्र धारण किया। तत्पश्चात् उन्होंने सम्पूर्ण भारत का भ्रमण किया। राजस्थान में, अलवर के खेतड़ी नरेश ने उन्हें अपना गुरू स्वीकार किया। 1893 में खेतड़ी नरेश अजीत सिंह के विशेष अनुरोध पर "विवेकानन्द" की संज्ञा पाकर शिकागो विश्वधर्म सम्मेलन में भाग लेने हेतु अमेरिका पहुँचे। यूरोप-अमेरिका के लोग उस समय पराधीन भारतवासीयों को बहुत ही हीन दृष्टि से देखते थे। वहाँ के लोगों ने बहुत प्रयत्न किया कि स्वामी विवेकानन्द को सर्वधर्म परिषद् में बोलने का समय ही न मिले। एक अमेरिकन प्रोफेसर के सहयोग से उन्हे थोड़ा समय मिला किन्तु उनके विचार सुनकर सभी विद्वान चकित हो गये। धर्म सम्मेलन में स्वामीजी का अलौकिक व्याख्यान सुनकर अमेरिकावासी श्रद्धावनत् हो गये। तीन वर्ष तक अमेरिका-यूरोप की धरती पर वेदान्त का शंखनाद करते हुए वे भारत आये, तो अपूर्व सम्मान पाये। आध्यात्म विद्या और भारतीय दर्शन के बिना विश्व अनाथ हो जायेगा, यह स्वामी विवेकानन्द जी का दृढ़ विश्वास था। अमेरिका में उन्होंने रामकृष्ण मिशन की अनेक शाखाओं की स्थापना की। अनेक अमेरिकन विद्वानों ने उनका शिष्यत्व ग्रहण किया। वे सदा अपने को गरीबों का सेवक कहते थे। भारत के गौरव को देश-देशान्तरों में उज्जवल करने का उन्होंने सदा प्रयत्न किया। जब भी वो कहीं जाते थे तो लोग उनसे बहुत खुश होते थे।

दृढ़ चरित्र, प्रखर स्वदेश प्रेम, दरिद्र-नारायण की सेवा और गहन आध्यात्मिक साधना से भारत में ही नहीं अपितु सम्पूर्ण विश्‍व में विख्यात हुए। 1897 ई. में स्वामीजी ने "रामकृष्ण मिशन" की स्थापना कलकत्ता में की। यूरोप की सिस्टर मार्गरिट स्वामी जी से प्रभावित हुई और भगिनी निवेदिता के नाम से अनुयायी बनकर भारत आयी और उन्होंने जीवनभर भारत की सेवा का संकल्प लिया।

"उठो, जागो और जब तक अपने अन्तिम लक्ष्य तक नहीं पहुँच जाते, तब तक निश्चिन्त मत हो" का आह्वान करते हुए उन्होंने, भारतीय दर्शन की श्रेष्ठता भारतीयों में स्थापित की। मात्र लगभग 39 वर्ष की अवस्था में 4 जुलाई, 1902 को स्वामीजी ने महाप्रस्थान किया।

स्वामी विवेकानन्द की मुख्य शिक्षा

स्वामी विवेकानन्द युवाओं के लिए एक बड़ा आदर्श हैं। हालांकि उनका जीवन सिर्फ 39 वर्ष का रहा, इसके बावजूद उन्होंने अपने विचारों व कार्यो से पूरे विश्व को एक नई दिशा दी। स्वामी विवेकान्द के व्यक्तित्व के गुणों को अपनाकर कोई भी आगे बढ़ सकता है।

आत्म विश्वासी बनें - स्वामी विवेकानन्द के अनुसार आस्तिक वहीं है, जो खुद पर विश्वास करे। कोई व्यक्ति भगवान पर विश्वास करता है, पर वह खुद पर विश्वास नहीं करता तो वह नास्तिक है। यानी आत्म विश्वास सबसे महत्वपूर्ण है। खुद पर भरोसा रखने से ही व्यक्ति कोई भी कार्य कर सकता है।

तन-मन हो स्वस्थ - आत्मविश्वास को मजबूत करने के लिए स्वामी विवेकानन्द ने तन-मन को मजबूत बनाने की शिक्षा दी। उन्होंने कहा कि गीता वीरों के लिए है, कायरों के लिए नहीं। यानी ज्ञान प्राप्त करने के लिए पहले शरीर और मन को मजबूत बनायें।

दूर करें हीनता बोध - विवेकानन्द ने लोगों के हीनता बोध दूर करने के लिए ही सबको शिक्षा दी कि खुद को शरीर नहीं आत्मा समझें। वह आत्मा, जो शक्तिशाली परमात्मा है। इससे हीनता बोध खत्म होता है और आत्म विश्वास बढ़ता है। इसलिए कभी भी ऐसी सोच न रखें कि मैं कमजोर, पापी या दुःखी हूँ।

संयम-अनुशासन - खुद पर नियंत्रण करना संयम होता है। संयमी व्यक्ति सारी व्यवधानों के बीच भी अपने कार्य को सहजता से आगे बढ़ाता रहता है। सेवा की भावना, शान्ति, कर्मठता आदि गुण संयम से ही आते हैं। संयमी व्यक्ति तनाव से मुक्त होता है इसलिए वह हर काम गुणवत्ता से करता है। विवेकानन्द ने कहा है-किसी भी क्षेत्र में शासन वही कर सकता है, जो खुद अनुशासित है।

भय को तिलांजलि दें - स्वामी विवेकानन्द के अनुसार, हमेशा यह सोचें कि मेरा जन्म कोई बड़ा काम करने के लिए हुआ है। यह सोच कर बिना किसी से डरे, अपने काम को ईश्वर का आदेश समझ करें। भय तब दूर हो जायेगा, जब हम खुद को अनश्वर आत्मा मानेगे, नश्वर शरीर नहीं।

स्वावलंबी बनें - स्वामी विवेकानन्द ने कहा कि भाग्य पर भरोसा न करें, बल्कि अपने कर्मो से अपना भाग्य खुद गढ़ें। "उठो, साहसी और शक्तिमान बनों।" इसमें आत्मनिर्भर बनने का सूत्र दिया गया है। स्वामी जी कहते हैं कि सारी शक्ति तुम्हारे भीतर ही है। तुम्हीं अपने मददगार हो, कोई दूसरा तुम्हरा मदद नहीं कर सकता। भगवान भी उसी की मदद करता है, जो अपनी मदद खुद करता है। यानि स्वावलम्बी बनना आवश्यक है।

सेवा परमोधर्मः - स्वामी जी ने निःस्वार्थ भाव से सेवा को सबसे बड़ा कर्म माना है। सेवा भाव का उदय होने से व्यक्ति दूसरों के दुःखों को दूर करने की चेष्टा में अपने दुःखों या परेशानियों को भूल जाता है और उसके तन-मन की सामथ्य बढ़ जाती है।

आत्मशक्ति जगायें - विवेकानन्द के अनुसार, आत्मा परमशक्तिशाली है, वही ईश्वर है। इसलिए अपने आत्मतत्व को पहचानकर उसकी शक्ति को जगायें। तब आप स्वयं को ऊर्जावान महसूस करेंगे। असफलता से परेशान होकर अपने प्रयासों को छोड़े नहीं और किंचित सफलता पाकर संतुष्ट होकर बैठें नहीं। स्वामी जी ने कहा है, उठो, जागो और लक्ष्य पाने तक रूको नहीं।

रामकृष्ण मिशन

परिचय

रामकृष्ण या वेदान्त आन्दोलन के दो भाग- रामकृष्ण मिशन और रामकृष्ण मठ है जो दुनियाभर में आध्यात्मिक आन्दोलन के रूप में सफलता पूर्वक अपने स्थापना के समय से ही सक्रिय हैं। रामकृष्ण मिशन की स्थापना, रामकृष्ण परमहंस के मुख्य शिष्य स्वामी विवेकानन्द द्वारा 1 मई, 1897 को बेलूड़ जो कोलकाता के पास स्थित हैं मे की थी और वहीं उसका मुख्यालय भी है जिसे बेलूड़ मठ के नाम से जानते हैं। मिशन "शिव भाव से जीव सेवा" और "दरिद्र नारायण की सेवा ही भगवान की सेवा है" के मुख्य विचार और कर्मयोग के सिद्धान्त पर कार्य करता है। मिशन का मुख्य कार्य आध्यात्मिक ज्ञान का प्रचार, स्वास्थ्य देखभाल, आपदा राहत, ग्रामीण प्रबन्धन, आदिवासी कल्याण, प्राथमिक व उच्च शिक्षा और संस्कृति में अपने संन्यासीयों और गृहस्थ शिष्यों के माध्यम से व्यापक काम करता है।

मिशन का सिद्धान्त शुद्ध रूप से आध्यात्मिक और मानवीय है और राजनीति से कोई सम्बन्ध नहीं रखता। विवेकानन्द के उद्घोष आधुनिक भारत के निर्माण के लिए "त्याग और सेवा" का आदर्श ही रामकृष्ण मिशन का आदर्श होना चाहिए और इस आदर्श का प्रचार भी आवश्यक है। मठवासी जीवन के लिए सभी नये सदस्यों को प्रशिक्षण से गुजरना पड़ता है जिसमें चार वर्ष तक एक उम्मीदवार के रूप में रहना पड़ता है। इस अवधि में उन्हें ब्रह्मचर्य और प्रतिज्ञा, त्याग और सेवा के दौर से गुजरना पड़ता है और योग्य पाये जाने पर उन्हें संन्यास की दिक्षा देकर गेरूआ वस्त्र धारण कराया जाता है।

प्रतीक चिन्ह का अर्थ- चिन्ह में उर्मिल जल कर्म का, कमल भक्ति का ओर उदीयमान सूर्य ज्ञान का प्रतीक है। परिवेष्ठन करता हुआ सर्प योग और जाग्रत कुण्डलिनी शक्ति का संकेतक है। हंस परमात्मा का प्रतिनिधित्व करता है। इसलिए चिन्ह का भाव है कि कर्म, ज्ञान, भक्ति और योग के समन्वय द्वारा परमात्मा का दर्शन प्राप्त किया जाता है।

रामकृष्ण मन्दिर

बेलुड़ मठ भारत के पश्चिम बंगाल में हुगली नदी के पश्चिमी तट पर बेलूड़ में स्थित है। यह रामकृष्ण मिशन और रामकृष्ण मठ का मुख्यालय है। इस मठ के भवनों की वास्तु में हिन्दू, इसाई तथा इस्लामी तत्वों का सम्मिश्रण है जो धर्मों की एकता का प्रतीक है। इसकी स्थापना 1897 में स्वामी विवेकानन्द ने की थी।

40 एकड़ की भूमि पर अवस्थित इस मठ के मुख्य प्रांगण में स्वामी रामकृष्ण परमहंस, शारदा देवी, स्वामी विवेकानंद और स्वामी ब्रह्मानन्द की देहाग्निस्थल पर उनकी समाधियाँ व मन्दिर अवस्थित है तथा रामकृष्ण मिशन के प्रमुख कार्यालय अवस्थित हैं। रामकृष्ण मठ व मिशन के इतिहास और विचारधारा को आगंतुकों के समक्ष प्रदर्शित करने हेतु एक संग्रहालय भी यहाँ निर्मित किया गया है। इसके अलावा, बेलुड़ मठ के मुख्य परिसर के निकट, रामकृष्ण मिशन के कुछ शिक्षा संस्थानों के भी परिसर हैं, जिनमें विद्या मंदिर, शिल्प मन्दिर, वेद विद्यालय तथा स्वामी विवेकानंद विश्वविद्यालय के परिसर शामिल हैं। स्वामी विवेकानन्द की पूर्वपरिकल्पना के अनुसार मठ प्रांगण का अभिन्यास को उनके शिष्य, स्वामी विज्ञानानन्द ने तैयार किया था। वर्त्तमान समय में, यह मठ भारत के प्रमुख पर्यटन स्थलों में से एक है तथा स्वामी रामकृष्ण परमहंस, रामकृष्ण मिशन तथा स्वामी विवेकानंद के विश्वभर में विस्तृत श्रद्धालुओं हेतु एक पवित्र तीर्थस्थल के समान महत्व रखता है।

बेलुड़ मठ विभिन्न स्वास्थ्यसेवाएँ, शिक्षा, नारी कल्याण, श्रमिक व वंचित कल्याण हेतु ग्रामविकास, राहत, धार्मिक और सांस्कृतिक कार्यक्रमों का आयोजन करता है। यहाँ रामकृष्ण परमहंस, सारदा देवी तथा स्वामी विवेकानंद के जन्मोत्सव व पुण्यतिथि पर, विभिन्न धार्मिक समारोहों का आयोजन करता है, तथा क्रिसमस का जश्न भी यहाँ मनाया जाता है। दुर्गा पूजा, विशेष रूप से महाष्टमी कुमारी पूजन, को देखने हेतु प्रति वर्ष यहाँ बहुत बड़ी संख्या में लोग आते हैं।

श्री रामकृष्ण "परमहंस" - परिचय

गदाधर का जन्म कलकत्ते से सत्तर मील दूर पश्चिम में कामारपुकुर ग्राम में 18 फरवरी, 1836 ई0 बुधवार को हुआ था। बाद में ये ही श्रीरामकृष्ण के नाम से प्रसिद्ध हुए। धार्मिकता श्रद्धा एवं भक्तिपूर्ण सरल ग्रामीण वातावरण में लालित-पालित होने के कारण गदाधर के हृदय में बाल्यकाल से ही भगवान के दर्शन की तीव्र अभीप्सा थी। पढ़ने लिखने की ओर विशेष ध्यान न देकर वे साधु-संन्यासियों एवं तीर्थयात्रियों के बीच समय बिताते और अपने अन्य समवयस्क संगी-साथियों को लेकर धार्मिक नाटक खेला करते थे। उपयुक्त शिक्षा की ओर उनका मन लगे इसके लिए गदाधर को सत्रह वर्ष की आयु में कलकत्ते लाया गया। परंतु गदाधर ने देखा कि सभी प्रकार से जागतिक ज्ञान का लक्ष्य केवल भौतिक उन्नति ही है। अतः उन्होंने मन ही मन संकल्प किया कि वे अपना जीवन केवल आध्यात्मिक ज्ञान उपलब्धि में लगायेगे जिससे शाश्वत शान्ति की प्राप्ति निश्चित रूप से हो सके। अब परिस्थितियाँ कुछ इस प्रकार की होती गयी कि अल्प समय के भीतर ही वे दक्षिणेश्वर स्थित कालीमन्दिर के पुजारी

बन गये जिसे कलकत्ते की एक धनी एवं धार्मिक विधवा रानी रासमणि ने बनवाया था। भगवान की पूजा करना उनकी रूचि का काम था, अतः उन्होंने अपने इस नये कार्य के कर्तव्यों को बड़ी उमंग तथा उत्साहपूर्वक अपना लिया। धीरे-धीरे उनकी पूजा-अर्चना माँ जगदम्बा के साक्षात दर्शन के लिए एक उत्कट अभिलाषा के रूप मे बदल गयी। वे दिन-रात प्रार्थना करते, ध्यान करते और माँ जगदम्बा के दर्शन के लिए फुट-फुटकर रोते। दिन के बीत जाने पर वे रो-रोकर कहते "हे माँ, और एक दिन बीत गया और अभी भी मुझे तेरा साक्षात्कार नहीं हुआ।" वे बहुत कम भोजन करते और सोते प्रायः बिल्कुल नहीं थे। अन्ततः उन्हें भगवददर्शन प्राप्त हुआ। श्रीरामकृष्णदेव अब कठोर आध्यात्मिक साधनाओं में लगे गये और उन्होंने हिन्दू धर्म के विभिन्न पथो का अवलम्बन करते हुए तथा ईसाई धर्म एवं इस्लाम के नियमों का पालन करते हुए, सभी प्रकार से भगवान का साक्षात्कार किया। इस प्रकार विभिन्न रूपों में भगवान के साथ एकत्व का रसास्वादन श्रीरामकृष्ण ने किया- कभी तो अपने को अद्वैत में सम्पूर्ण रूप से लय करके और कभी माँ जगदम्बा के शिशु सन्तान बनकर के बाद द्वैत के ब्रम्हा के रूप को रखते हुए इन सब अनुभवो के बाद उन्होंने घोषणा की, "मैंने देखा है कि भगवान एक ही हैं जिनकी ओर सभी (धर्म) अग्रसर हो रहे हैं।" जिन दिनों श्रीरामकृष्ण इस आध्यात्मिक परमानन्द का अनुभव कर रहे थें तभी उनके गाँव कामारपुकुर में यह जनश्रुति पहुँच चुकी थी कि वे पागल हो गये है। उनके इस पागलपन को ठीक करने के लिए उनकी माता तथा बड़े भाई ने उनका विवाह सारदादेवी से करा दिया, जो अब श्रीमाँ सारदा के नाम से विख्यात हैं किन्तु यह विवाह कैसा विचित्र था। श्रीरामकृष्ण वास्तव में उनको माँ जगदम्बा मानकर उनकी पूजा करते थें। उन दोनों का मिलन केवल आध्यात्मिक स्तर पर ही रहा तथापि श्रीरामकृष्ण ने सारदादेवी को गृहस्थी के सब कार्यों से लेकर ब्रह्मज्ञान तक सभी प्रकार की शिक्षा दी आध्यात्मिक जीवन की सभी साधनाओं के विषय में उपदेश दिया। श्रीरामकृष्ण की ही तरह सारदादेवी भी पवित्रता से भी अधिक पवित्र थी। वे मूर्तिमन्त सतीत्व थी। श्रीरामकृष्ण कहा करते थे- "जब कमल खिलता है तब भ्रमर आप ही आप आ जाते है।" सभी प्रकार के सभी धर्मों के अनुयायी स्त्री-पुरूष उनके पास आध्यात्मिक शान्ति पाने के लिए आते थें। जो भी सच्ची स्पृहा लेकर आता वह उनके असीम प्रेम का अनुभव करता था और उनके सान्निध्य तथा उपदेशों के द्वारा आध्यात्मिक उन्नति प्राप्त करता था। उनका महाप्रयाण 16 अगस्त 1886 को हुआ किंतु इसके पूर्व ही उन्होंने नवयुवकों के एक दल का अपने आध्यात्मिक उद्देश्य को आगे बढ़ाने के लिए विशेष रूप से शिक्षित कर दिया था। श्रीरामकृष्णदेव के महाप्रयाण के बाद इन नवयुवको ने संसार त्याग दिया और उनके नाम पर एक साधु संघ का गठन किया जिसका उद्देश्य था- "अपनी व्यक्तिगत मुक्ति तथा समस्त जगत का हित।" इनमें सब से अधिक गतिशील तथा तेजस्वी थे - स्वामी विवेकानन्द, जिनके नेतृत्व में उन सब ने श्रीरामकृष्ण के सन्देश का भारत तथा अन्य देशों में प्रचार किया।

श्रीरामकृष्णदेव की वाणी

भगवान के असंख्य नाम और अनन्त रूप हैं जिनके माध्यम से उनके निकट पहुँचा जा सकता है। जिस किसी भी नाम और रूप में उनकी पूजा करोगे उसी माध्यम से उन्हें प्राप्त कर लोगे। सत्य एक ही है, अन्तर है नाम और रूप का। एक ही जलाशय के तीन या चार घाट है, पर हिन्दू पानी पीते है उसे "जल" कहते है दूसरे पर मुसलमान उसी को "पानी" कहते है और अंग्रेज तीसरे पर उसी को "वाटर" कहते है। तीनो का तात्पर्य एक ही वस्तु से है, भेद केवल नाम का है इसी प्रकार कुछ लोग सत्य को "अल्लाह" के नाम से पुकारते है, कुछ "गाड" कहकर कुछ लोग "ब्रह्म" कहकर, कुछ लोग "काली" कहकर तो कुछ लोग "राम", "ईसा", "दुर्गा" तथा "हरि" नाम लेकर पुकारते है। कोई भी निश्चित रूप से यह नहीं कह सकता कि भगवान केवल यह हैं और कुछ नहीं। वे निराकर हैं और फिर साकार भी। भक्तों के हित वे रूप धारण करते है। किन्तु ज्ञानी की दृष्टि में वे अरूप ही है। जानते हो यह किस प्रकार है? सच्चिदानन्द परब्रह्म एक अनन्त समुद्र के समान है। तेज ठण्डक के कारण समुद्र में यत्र बर्फ की चट्टाने तैयार हो जाती है। इसी प्रकार मानो अपने उपासको की भक्ति की शीतलता के प्रभाव में अनन्त अपने को शान्त में रूपान्तरित करता है। और उपासकों के सम्मुख साकार भगवान के रूप में प्रकट होता है। दूसरे जिस प्रकार सूर्योदय होने पर समुद्र के ऊपर की बर्फ पिघल जाती है। उसी प्रकार ज्ञान का उदय होने पर देहधारी

भगवान फिर अनन्त एवं निराकार ब्रह्म में लय हो जाते है तब साधक को ऐसा अनुभव नहीं होता है कि भगवान एक व्यक्ति है, और न तब भगवान के रूप ही दिखाई देते है। परन्तु यह ध्यान रखो कि साकार एवं निराकार दोनो एक ही सत्य के दो पक्ष है। भगवान निराकार हैं, और साकार भी, फिर वे इन दोनों अवस्थाओं के परे जो है, वह भी हैं केवल वे ही स्वयं जानते हैं कि वे क्या क्या हैं । जो लोग उनसे प्रेम करते हैं उनके हित वे नाना प्रकार से नाना रूपों में स्वयं को व्यक्त करते हैं । किन्तु निश्चय ही वे साकार अथवा निराकार की सीमा से आबद्ध नहीं है। निर्गुण और सगुण ब्रह्म और शक्ति इन दोनों में कोई भेद नहीं है। दोनो एक है। भगवान जब निष्क्रिय अवस्था में होते हैं अर्थात जब वे सृष्टि, स्थिति एवं संहार के कार्य में रत नहीं रहते तब हम उन्हें ब्रह्म कहते है किन्तु जब वे इन कार्यकलापों में लगे रहते है, तब हम उन्हें काली अथवा शक्ति कहते हैं। सत्य और असत्य का विवेक सदा करना चाहिए। केवल भगवान ही सत्य हैं, वे ही नित्य वस्तु हैं बाकी सभी कुछ असत्य है, अनित्य है। इस प्रकार के विवेक द्वारा अपने मन से अनित्य वस्तुओं को झाड़ फेंकना चाहिए। जब तक लज्जा, घृणा और भय ये तीनों विद्यमान है, तब तक भगवान के दर्शन नहीं हो सकते। जो भगवान के लिए व्याकुल होता है, वह खाने-पीने जैसे तुच्छ बातों पर बहुत ध्यान नहीं देता। मनुष्य को कर्म करना ही होगा तभी वह भगवान के दर्शन पा सकता है। कर्म किये बिना भक्ति नहीं हो सकती, न उनके दर्शन ही हो सकते हैं। कर्म का अर्थ है- ध्यान, जप इत्यादि। भगवान का नाम-गुण कीर्तन करना भी कर्म है। दान, यज्ञ ये सब भी कर्म ही है। जब मनुष्य नीचे लिखे तीन भावों में से किसी एक में प्रतिष्ठित हो जाता है। तभी वह भगवान को पाता है 1.यह सब कुछ मैं हूँ । 2. यह सब तू है। 3. तू प्रभू है और मै दास हूँ। तुम राधा और कृष्ण को मानो या न मानो किन्तु उनके एक दूसरे के प्रति आकर्षण को अवश्य स्वीकार करो। अपने हृदय में भगवान के लिए उसी प्रकार की व्याकुलता लाने का प्रयत्न करो। उन्हें प्राप्त करने के लिए केवल व्याकुलता की आवश्यकता है। मैं कौन हूँ? इसका भँली-भाँति विचार करने पर दिखाई देता है कि मैं नाम की कोई वस्तु है ही नहीं। एक प्याज लो और उसके छिलके को अलग करते जाओ पहले बाहरी छिलके फिर मोटे सफेद छिलके मिलेगें, इन्हें एक-एक करके निकालते जाओ, अन्त में तुम्हें कुछ भी नहीं मिलेगा। उस अवस्था में फिर मनुष्य को अपने अंह का अस्तित्व ही नहीं मिलता है। और तब उसे ढूढ़ने वाला ही कहाँ रह जाता है। उस अवस्था में उसे अपने शुद्ध बोध में ब्रह्म के यथार्थ स्वरूप का जो अनुभव होता है। उसका वर्णन कौन कर सकता है? जब तक भगवान बाहर तथा दूर प्रतीत होते हैं तब तक अज्ञान है परन्तु जब अपने अंतर में उनका अनुभव होता है, तब यथार्थ ज्ञान का उदय होता है। जो अपने हृदय मन्दिर में देखता है वह उन्हें जगत मन्दिर में भी देखता है। जब तक आदमी समझता है कि भगवान वहाँ है तब तक वह अज्ञानी है परन्तु जब वह अनुभव करता है कि भगवान यहाँ है तभी उसे ज्ञान प्राप्त होता है। ज्ञान एकत्व की ओर ले जाता है। अज्ञान नानत्व की ओर। निम्न श्रेणी का भक्त कहता है- भगवान है किन्तु वे बड़ी दूर स्वर्ग में हैं। मध्यम श्रेणी का भक्त कहता है कि- भगवान सभी जीवो में प्राण एवं चैतन्य के रूप में है। उत्तम श्रेणी का भक्त कहता है- भगवान स्वयं ही सब कुछ बने हुये हैं। मैं जो देखता हूँ वह भगवान का एक रूप मात्र है। एकमात्र वे ही माया, जगत एवं समस्त जीव बनें हैं। भगवान को छोड़ और कुछ है ही नहीं। प्रेम का अर्थ भगवान के प्रति प्यार है जिसमें मनुष्य सारे जगत को भूल जाता है। और साथ ही अपना शरीर जो इतना प्रिय है उसे भूल जाता है। चैतन्यदेव के अन्दर प्रेम उदित हुआ था। याद रखो भक्त का हृदय भगवान का निवास स्थान होता है यह ठीक है कि वे सभी प्राणियो मे वास करते है। किन्तु भक्त के हृदय में वे स्वयं को विशेष रूप से प्रकट करते है। भक्त का हृदय भगवान का बैठक खाना है। पेरम प्रीति तीन प्रकार की होती है। समर्था (स्वार्थहीन), समंजसा (पारस्परिक) और साधारणीय (स्वार्थयुक्त)। समर्था प्रीति ही सबसे उच्च कोटि की है इसमे प्रेमी केवल प्रेमास्पद का ही सुख चाहता है। इसके लिए चाहे स्वयं को कष्ट ही क्यों न सहन करना पड़े। समंजसा प्रीति मध्यम कोटि की है इसमे प्रेमी प्रेमास्पद के सुख के साथ स्वयं के सुख का भी ध्यान रखता है। साधारणी प्रीति सब से निम्न कोटि की है इसमे पेरमी केवल अपनी ही सुख चाहता है। प्रेमास्पद के सुख-दुःख की कोई परवाह नहीं करता है। यदि तुम्हें पागल ही होना है तो संसार की वस्तुओं के लिए पागल क्यों होते हो। पागल ही होना है तो केवल भगवान के लिए पागल बनो। शुद्ध ज्ञान और भक्ति एक ही वस्तु है दोनो साधक को एक ही लक्ष्य पर पहुँचाते है। भक्ति का मार्ग अधिक सरल है। ज्ञान मानो पुरूष है और भक्ति नारी है। ज्ञान की गति भगवान के बैठकखाने तक ही है।

किन्तु भक्ति उनके अन्तःपुर तक प्रवेश कर सकती है। तुम्हारे लिए कर्म का पूर्ण रूप से त्याग कर देना सम्भव नहीं। तुम्हारी इच्छा हो या न हो तुम्हारा स्वभाव ही तुमसे कर्म करवायेगा इसीलिए शास्त्र कहते हैं - अनासक्त होकर कर्म करो। अनासक्त होकर कर्म करना यानी कर्मफल की आंकाक्षा न रखना इस प्रकार मोहमुक्त भाव से कर्म करने का नाम कर्मयोग है। यह संसार कर्मक्षेत्र है। यहाँ कर्तव्य करने के लिए हमारा जन्म हुआ है। जैसे लोगो का निवास देहात में होता है किन्तु वे काम करने के लिए कलकत्ते आते है। परमहंस अवस्था को प्राप्त होने पर सभी कर्म छूट जाते है तब मनुष्य सदा भगवान का स्मरण मनन और ध्यान करता रहता है उसका मन सदा भगवान से युक्त रहता है। यदि वह कभी कुछ कर्म करता है तो वह केवल लोक शिक्षा के लिए होता है। चाहे जो व्यक्ति गुरू नहीं हो सकता जब एक बड़ा भारी शहतीर पानी पर तैरता है तो उस पर पशु भी बैठकर आगे निकल जाते है। किन्तु एक सड़ियल लकड़ी के टुकड़े पर यदि कौआ भी बैठ जाय तो वह उसको लेकर डूब जाती है। इसीलिए प्रत्येक युग में मनावजाति को शिक्षा देने के लिए भगवान गुरू रूप में अवतीर्ण होते है। एकमात्र सच्चिदानन्द ही गुरू हैं। किसी नये देश में जाना हो तो ऐसे भक्ति के निर्देशानुसार ही चलना चाहिए जो वहाँ का रास्ता जानता है। बहुत सारे लोगो से पूछते रहने पर गोलमाल हो जाता है। इसी प्रकार भगवान के निकट जाना हो तो उसे एक ही गुरू का आदेश मानकर चलना चाहिए जो उस पथ को भँलि- भाँति जानता है। सभी गुरू बनना चाहते है किन्तु शिष्य भला कौन बनना चाहता है। भगवान मनुष्य के सामने प्रकट होते है और बात करते है तभी मनुष्य को उनका आदेश प्राप्त होता है। ऐसे आदेश प्राप्त गुरू के वाक्यों में अद्‌भूत शक्ति होती है। वे पहाड़ों को भी हिला देने वाले होते है। कोरे भाषणों से क्या होता है। लोग दो चार दिन उन्हें सुनते है और फिर भूल जाते है। लोग कोरे शब्दों को ग्रहण नहीं करते। अपनी श्रद्धा में सदैव दृढ़ एवं अचल रहो सारे ढ़ोग तथा असहिष्णुता का परित्याग करो। संसार में बदलचन स्त्री की भाँति रहो। बदचलन स्त्री अपनी घर गृहस्थी के काम काज ठीक तरह से करती है। किन्तु उसका मन दिन रात अपने यार की ओर ही लगा रहता है। इसी प्रकार तुम भी संसार से सब काम काज करते रहो, किन्तु अपने मन को सदा भगवान की ओर लगाये रहो। साधु अथवा देवता के समीप कभी रिक्त हस्त नहीं जाना चाहिए। जब किसी महापुरूष के पास जाओ तो कुछ न कुछ भेंट एक छोटा सा फल ही सही अवश्य ले जाओ। रूपये से केवल दाल रोटी आदि ही प्राप्त हो सकती है। उसे आना सर्वस्व अथवा एकमात्र ध्येय या साध्य मत समझो। जब किसी को भगवान के दिव्य प्रेम का नशा चढ़ जाता है, तब उसके कौन पिता, कौन माता या कौन पत्नी? तब उसके लिए कोई कर्तव्य शेष नहीं रह जाता है। वह सब ऋणो से मुक्त हो जाता है। इस अवस्था में मनुष्य जगत को भूल जाता है। अपनी देह जो सब को इतनी प्रिय होती है। उस देह तक को भूल जाता है। पण्डित और साधु पुरूष में एक बड़ा अंतर है। कोरे पण्डित का मन कामिनी और कांचन पर ही लगा रहता है। किन्तु साधु का मन हरि के चरण कमलों में लगा रहता है। कहा जाता है कि इस कलियुग में यदि कोई एक दिन और एक रात भगवान के लिए रोये तो वह उनके दर्शन पा जाता है। जिसके पास विश्वास है, उसके पास सब कुछ है, जिसके पास विश्वास नहीं उसके पास कुछ भी नहीं। भगवान के नाम पर विश्वास हो तो असम्भव सम्भव हो सकता है। विश्वास ही जीवन है और अविश्वास ही मृत्यु। भगवान के लिए बड़ो की आज्ञा का उल्लंघन करना पाप नहीं है। भरत ने राम के लिए कैकेयी की आज्ञा का उल्लंघन किया, गोपियों ने कृष्ण के दर्शन के लिए अपने पति के आदेश का उल्लंघन किया। और प्रहलाद ने भगवान के लिए अपने पिता की आज्ञा का उल्लंघन किया था। यदि तुम स्वयं को भगवान के चर णों में समर्पित कर दो तो भगवान भी तुम्हारे भविष्य के बारे में चिन्ता करेगें भगवान हमारे बिल्कुल अपने हैं। तुम उन पर जोर जबरजस्ती भी कर सकते हो।

समन्वयाचार्य श्रीरामकृष्ण

01. स्वामी विवेकानन्द ने जिस समय कहा था-एक विश्व, एक मानव, एक धर्म, एक ईश्वर, तब लोगों ने इस बात का उपहास किया था, लोगों ने इस प्रकार की संभावना पर संदेह प्रकट किया था, लोग स्वीकार नहीं कर पाये थे। किन्तु आज सभी लोग संयुक्त राष्ट्र संघ (UNO) की ओर दौड़े चले जा रहे हैं। जाओ, जाओ की अवस्था ने मानो उनको दबोच लिया है। (समन्वयाचार्य श्रीरामकृष्ण, पृष्ठ-22)

02. श्रीरामकृष्ण के जीवन में जो धर्म साकार हुआ है उसका नयापन यही है कि इसमें जो है वह सभी के लिए, सभी देशों के लिए अपने सभी काल के लिए आवश्यक है। इसी कारण इसे "सार्वभौमिक" या यूनिवर्सल कहा जा सकता है। (समन्वयाचार्य श्रीरामकृष्ण, पृष्ठ-25)

03. यह मतवाद जो द्वैत, अद्वैत एवम् अन्यान्य मतों के बीच समन्वय स्थापित करता है, समन्वयवादी वेदान्त है। यह वेदान्त जिस प्रकार ब्रह्म को सगुण और निर्गुण दोनों ही रूपों में स्वीकार करता है, वैसे ही (ब्रह्म को) साकार और निराकार रूप में भी स्वीकार करता है। इस दृष्टि से यह शंकर के परम्परागत अद्वैत से भिन्न है। (पृष्ठ-26)

04. निष्काम कर्म के साथ ज्ञान, भक्ति आदि सब मिलकर एक योग बनेगा। इस योग को यदि "रामकृष्णयोग" कहा जाय तो भी कोई अतिशयोक्ति नहीं होगी। (समन्वयाचार्य श्रीरामकृष्ण, पृष्ठ-32)

05. ब्रह्म को छोड़कर शक्ति का और शक्ति को छोड़कर ब्रह्म का चिन्तन भी नहीं किया जा सकता। नित्य को छोड़कर लीला के बारे में और लीला को छोड़कर नित्य के बारे में सोचा भी नहीं जा सकता। इसीलिये उनके लिए काली ही ब्रह्म है और ब्रह्म ही काली है। वस्तु एक ही है; ब्रह्म जब निष्क्रिय है-सृष्टि स्थिति-प्रलय की क्रिया में भाग नहीं लेते तो वे ब्रह्म कहलाते हैं और जब वे ये कार्य करते हैं तब वे काली, शक्ति कहलाते हैं। (समन्वयाचार्य श्रीरामकृष्ण, पृष्ठ-51)

06. जिस समय जो अवतारी पुरुष आये, उनमें से प्रत्येक ने एक आदर्श प्रस्तुत किया। निश्चिय ही उनमें अन्य कोई आदर्श नहीं था ऐसा नहीं; उनमें भी सभी आदर्श थे; परन्तु उनके जीवन में एक भाव विशेषरूप से प्रकाशित हुआ था। यह इस प्रकार है कि श्रीकृष्ण ने सभी धर्मों, सभी दर्शनों, सभी प्रथाओं और मतवादों का समन्वय कर दिया है; उन्होंने दिखला दिया है कि कर्म, योग, ज्ञान और भक्ति एक ही महायोग के एक एक अंग है। यही सिद्ध करने के लिए उनका स्वयं का जीवन निष्काम कर्म द्वारा निर्मित था। निष्काम कर्म से चित्तशुद्धि होती है और चित्तशुद्धि होने पर वैराग्य उत्पन्न होता है वैराग्य के उपरान्त त्याग। त्याग का आदर्श लेकर आये बुद्धदेव। स्वयं के लिए कुछ भी नहीं, मुक्ति भी नहीं, सब कुछ जीवों के लिए। जीवों की मुक्ति का पथ नहीं खोज सका ऐसा कहकर रोने लगे थे। त्याग के पश्चात् ज्ञान जिसे लेकर आये शंकर।. . . इसी ज्ञान के बाद प्ेरम। इसी प्रेमामृत का पान करने के लिए आगमन हुआ प्ेरमावतार महाप्रभु श्री चैतन्य का। किन्तु भारत ने सोचा कि ये सभी एक दूसरे के परस्पर विरोधी हैं। यह विरोध दूर हुआ है सर्व-धर्म-समन्वय के मूर्तरूप श्रीरामकृष्ण देव के आगमन से। इस अविराम साधना प्रवाह की परि-समाप्ति हुई है श्रीरामकृष्ण रूपी समन्वय सागर में। (समन्वयाचार्य श्रीरामकृष्ण, पृष्ठ-42)

07. घृणित वेश्या में भी वे माँ जगदम्बा को देखते थे। इसीलिये श्रीरामकृष्ण के जीवन में जिस प्रकार नरेन्द्र, राखाल, शशि, शरत आदि शुद्ध सत्व बालक, गिरीश, राम, सुरेन, कालिपद आदि गृहस्थ भक्त, साधक, आचार्य, और पण्डित आते थे; उसी प्रकार शिक्षक, अध्यापक, पत्रकार, चित्रकार, गायक, वादक, डाक्टर, वैद्य, वकील, मुंशी, जमींदार, पिछड़े लोग, उपेक्षित वर्ग के लोग (जैसे रसिक मेंहतर, भर्तृहरि माली, शम्भु कुम्हार, मधु युगी) रसोइया, दरबान, पहलवान, मन्मथ गुण्डा, डकैत, वागदी पाठक, शराबी, पागल, गाड़ीवाला, हलवाई, किसान, मारवाड़ी, व्यवसायी, वैश्या, लुहारिन, धाप, नौकरानी, पगली रंगशाला के अभिनेता-अभिनेत्रियां (जैसे अमृत सेन, नीलमाधव, महेन्द्र, विनोदिनी, वनहारिनी, गंगामणि, किरनबाला आदि) आदि भी उनके जीवन में स्थान पाते हैं। श्रीरामकृष्ण, विभिन्न स्तरों के विभिन्न व्यवसायों के, विभिन्न जाति के, विभिन्न विचारों के, विभिन्न अवस्थाओं के मनुष्यों को एक सूत्र में बांधकर जगत को एक अत्यन्त सुसज्जित मनोरम, मानवत्व का हार दे गये हैं। इस प्रकार का अतुलनीय समन्वय पहले कभी नहीं देखा गया है। (समन्वयाचार्य श्रीरामकृष्ण, पृष्ठ-60)

स्वामी विवेकानन्द के व्याख्यान

01.धर्म महासभा स्वागत भाषण का उत्तर-दिनांक 11 सितम्बर, 1893

अमेरिकावासी बहनों तथा भाइयों,

आपने जिस सौहार्द और स्नेह के साथ हम लोगों का स्वागत किया है, उसके प्रति आभार प्रकट करने के निमित्त खड़े होते समय मेरा हृदय अवर्णनीय हर्ष से पूर्ण हो रहा है। संसार में संन्यासियों की सब से प्राचीन परम्परा की ओर से मैं आपको धन्यवाद देता हूँ। धर्मों की माता की ओर से धन्यवाद देता हूँ और सभी सम्प्रदायों एवं मतों के कोटि-कोटि हिन्दुओं की ओर से भी धन्यवाद देता हूँ।

मैं इस मंच पर से बोलने वाले उन कतिपय वक्ताओं के प्रति भी धन्यवाद ज्ञापित करता हूँ, जिन्होंने प्राच्य के प्रतिनिधियों का उल्लेख करते समय आपको यह बतलाया है कि सुदूर देश के ये लोग सहिष्णुता का भाव विविध देशों में प्रचारित करने के गौरव का दावा कर सकते हैं। मैं एक ऐसे धर्म का अनुयायी होने में गर्व का अनुभव करता हूँ जिसने संसार को सहिष्णुता तथा सार्वभौम स्वीकृति, दोनों की ही शिक्षा दी है। हम लोग सब धर्मों के प्रति केवल सहिष्णुता में ही विश्वास नहीं करते, वरन् समस्त धर्मों को सच्चा मान कर स्वीकार करते हैं। मुझे ऐसे देश का व्यक्ति होने का अभिमान है जिसने इस पृथ्वी के समस्त धर्मों और देशों के उत्पीड़ितों और शरणार्थीयों को आश्रय दिया है। मुझे आपको यह बतलाते हुए गर्व होता है कि हमने अपने वक्ष में यहूदियों के विशुद्धतम शेष अंश को स्थान दिया था जिन्होंने दक्षिण भारत आकर उसी वर्ष शरण ली थी जिस वर्ष उनका पवित्र मन्दिर रोमन जाति के अत्याचार से धूल में मिला दिया गया था। ऐसे धर्म का अनुयायी होने में मैं गर्व का अनुभव करता हूँ जिसने महान जरथुष्ट्र जाति के शेष अंश को शरण दी और जिसका पालन वह अब तक कर रहा है। भाईयों, मैं आप लोगों को एक स्त्रोत की कुछ पंक्तियाँ सुनाता हूँ जिसकी आवृत्ति मैं बचपन से कर रहा हूँ और जिसकी आवृत्ति प्रतिदिन लाखों मनुष्य किया करते हैं-

रूचिनां वैचित्रयादृजुकुटिलनानापथजुषाम्।
नृणामेको गम्यस्त्वमसि पयसामर्णव इवं।।

अर्थात्-जैसे विभिन्न नदियाँ भिन्न-भिन्न स्रोतों से निकलकर समुद्र में मिल जाती हैं उसी प्रकार हे प्रभो! भिन्न-भिन्न रूचि के अनुसार विभिन्न टेढ़े-मेढ़े अथवा सीधे रास्ते से जाने वाले लोग अंत में मुझमें ही आकर मिल जाते हैं।

यह सभा, जो अभी तक आयोजित सर्वश्रेष्ठ पवित्र सम्मेलनों में से एक है, स्वतः-ही गीता के इस अद्‌भुत उपदेश का प्रतिपादन एवं जगत के प्रति उसकी घोषणा है।

ये यथा मां प्रपद्यन्ते तांस्तथैव भजाम्यहम्।
मम वत्र्मानुवर्तन्ते मनुष्या-पार्थ सर्वशः।।

अर्थात्-जो कोई मेरी ओर आता है, चाहे किसी प्रकार से हो, मैं उसको प्राप्त होता हूँ। लोग भिन्न-भिन्न मार्ग द्वारा प्रयत्न करते हुए अंत में मेरी ओर ही आते हैं।

साम्प्रदायिकता, हठधर्मिता और उनकी बीभत्स वंशधर धर्मान्धता इस सुन्दर पृथ्वी पर बहुत समय तक राज्य कर चुकी हैं। वे पृथ्वी को हिंसा से भरती रही हैं, उसको बारम्बार मानवता के रक्त से नहलाती रही हैं, सभ्यताओं को विध्वंस करती और पूरे-पूरे देश को निराशा के गर्त में डालती रही है। यदि ये वीभत्स दानवी न होती, तो मानव समाज आज की अवस्था से कहीं अधिक उन्नत हो गया होता, पर अब उनका समय आ गया है, और मैं आन्तरिक रूप से आशा करता हूँ कि आज सुबह इस सभा के सम्मान में घंटाध्वनि हुई है, वह समस्त धर्मान्धता का, तलवार या लेखनी के द्वारा होने वाले सभी उत्पीड़नों का, तथा एक ही लक्ष्य की ओर अग्रसर होने वाले मानवों की पारस्परिक कटुता का मृत्युनिनाद सिद्ध हो।

स्वामी विवेकानन्द के व्याख्यान

02.हमारे मतभेद का कारण-15 सितम्बर, 1893

मैं आप लोगों को एक छोटी सी कहानी सुनाता हूँ। अभी जिन वाग्मी वक्ता महोदय ने व्याख्यान समाप्त किया है, उनके इस वचन को आप ने सुना है कि-आओ, हम लोग एक दूसरे को बुरा कहना बंद कर दें, और उन्हें इस बात का बड़ा खेद है कि लोगों में सदा इतना मतभेद क्यों रहता है। परन्तु मैं समझता हूँ कि जो कहानी मैं सुनाने वाला हूँ, उससे आप लोगों को इस मतभेद का कारण स्पष्ट हो जायेगा। एक कुएँ में बहुत समय से एक मेढ़क रहता था। वह वहीं पैदा हुआ था और वहीं उसका पालन-पोषण हुआ, पर फिर भी वह मेढ़क छोटा ही था। धीरे-धीरे यह मेढ़क उसी कुएँ में रहते-रहते मोटा और चिकना हो गया। अब एक दिन एक दूसरा मेढ़क, जो समुद्र में रहता था, वहाँ आया और कुएँ में गिर पड़ा। "तुम कहाँ से आये हो?", मैं समुद्र से आया हूँ। "समुद्र!" भला कितना बड़ा है वह? क्या वह इतना ही बड़ा है जितना मेरा यह कुआँ? और यह कहते हुए उसने कुएँ में एक किनारे से दूसरे किनारे तक छलाँग मारी। समुद्र वाले मेढ़क ने कहा-"मेरे मित्र! भला, समुद्र की तुलना इस छोटे से कुँए से किस प्रकार कर सकते हो?" तब उस कुँए वाले मेढ़क ने दूसरी छलाँग मारी और पूछा, "तो क्या तुम्हारा समुद्र इतना बड़ा है?" समुद्र वाले मेढ़क ने कहा, "तुम कैसी बेवकूफी की बात कर रहे हो! क्या समुद्र की तुलना तुम्हारे कुँए से हो सकती है?" अब तो कुएँ वाले मेढ़क ने कहा, "जा जा! मेरे कुँए से बढ़कर और कुछ हो ही नहीं सकता। संसार में इससे बड़ा और कुछ नहीं हैं! झूठा कहीं का? अरे, इसे बाहर निकाल दो।"

यही कठिनाई सदैव रही है। मैं हिन्दू हूँ। मैं अपने कुँए में बैठा यही समझता हूँ कि मेरा कुआँ ही सम्पूर्ण संसार है। ईसाई भी अपने क्षुद्र कुएँ में बैठे हुए यही समझता है कि सारा संसार उसी के कुएँ में है। और मुसलमान भी अपने क्षुद्र कुँए में बैठा हुए उसी को सारा ब्रह्माण्ड मानता है। मैं आप अमेरिका वालों को धन्य कहता हूँ क्योंकि आप हम लोगों के इन छोटे छोटे संसारों की क्षुद्र सीमाओं को तोड़ने का महान प्रयत्न कर रहे हैं और मैं आशा करता हूँ कि भविष्य में परमात्मा आपके इस उद्योग में सहायता देकर आपका मनोरथ पूर्ण करेंगे।

स्वामी विवेकानन्द के व्याख्यान

03.हिन्दू धर्म-19 सितम्बर, 1893

प्रागैतिहासिक युग से चले आने वाले केवल तीन ही धर्म आज संसार में विद्यमान हैं-हिन्दू धर्म, पारसी धर्म और यहूदी धर्म। उनको अनेकानेक प्रचण्ड आघात सहने पड़े हैं किन्तु फिर भी जीवित बने रहकर वे अपनी आन्तरिक शक्ति का प्रमाण प्रस्तुत करते हैं। पर जहाँ हम यह देखते हैं कि यहूदी धर्म, ईसाई धर्म को आत्मसात् नहीं कर सका, वरन् अपनी सर्वविजयिनी दुहिता-ईसाई धर्म द्वारा अपने जन्म स्थान से निर्वासित कर दिया गया, और केवल मुट्ठीभर पारसी ही अपने महान धर्म की गाथा गाने के लिए अब अवशिष्ट हैं। वहाँ भारत में एक के बाद एक, न जाने कितने सम्प्रदायों का उदय हुआ और उन्होंने वैदिक धर्म को जड़ से हिला दिया, किन्तु भयंकर भूकम्प के समय समुद्रतट के जल के समान वह कुछ समय पश्चात् हजारगुना बलशाली होकर सर्वग्रासी आप्लावन के रूप में पुन-लौटने के लिए पीछे हट गया, और जब यह सारा कोलाहल शान्त हो गया, तब इन समस्त धर्म-सम्प्रदायों को उनकी धर्ममाता (हिन्दू धर्म) की विराट काया ने चूस लिया, आत्मसात् कर लिया और अपने में पचा डाला।

वेदान्त दर्शन की अत्युच्च आध्यात्मिक उड़ानों को लेकर, आधुनिक विज्ञान के नवीनतम आविष्कार जिसकी केवल प्रतिध्वनि मात्र प्रतीत होते हैं, मूर्तिपूजा के निम्नस्तरीय विचारों एवं तदानुषंगिक अनेकानेक पौराणिक दन्तकथाओं तक, और बौद्धों के अज्ञेयवाद तथा जैनों के निरीश्वरवाद, इनमें से प्रत्येक के लिए हिन्दू धर्म में स्थान है। तब यह प्रश्न उठता है कि वह कौन सा सामान्य बिन्दु है, जहाँ पर इतनी विभिन्न दिशाओं में जानेवाली त्रिज्यायें केन्द्रस्थ होती हैं? वह कौन सा एक सामान्य आधार है जिस पर ये प्रचण्ड विरोधाभास आश्रित है? इसी प्रश्न का उत्तर देने का अब मैं प्रयत्न करूँगा।

हिन्दू जाति ने अपना धर्म श्रुति वेदों से प्राप्त किया है। उसकी धारणा है कि वेद अनादि और अनन्त है। श्रोताओं को सम्भव है, यह बात हास्यास्पद लगे कि कोई पुस्तक अनादि और अनन्त कैसे हो सकती है। किन्तु वेदों का अर्थ कोई पुस्तक है ही नहीं। वेदों का अर्थ है-भिन्न-भिन्न कालों में भिन्न-भिन्न व्यक्तियों द्वारा आविष्कृत आध्यात्मिक सत्यों का संचित कोष। जिस प्रकार गुरूत्वाकर्षण का सिद्धान्त मनुष्यों के पता लगने के पूर्व भी अपना काम करता चला आया था और आज यदि मनुष्यजाति उसे भूल जाए, तो भी वह नियम अपना काम करता रहेगा, ठीक यही बात आध्यात्मिक जगत का पालन करने पाले नियमों के सम्बन्ध में भी है। एक आत्मा का दूसरी आत्मा के साथ और जीवात्मा का आत्माओं के परमपिता के साथ जो नैतिक सम्बन्ध हैं, वे उनके आविष्कार के पूर्व भी थे और हम यदि उन्हें भूल भी जाएँ, तो बने रहेंगे। इन नियमों या सत्यों का आविष्कार करने वाले ऋषि कहलाते हैं और हम उनको पूर्णत्व तक पहुँची हुई आत्मा मानकर सम्मान देते हैं। श्रोताओं को यह बतलाते हुए मुझे हर्ष होता है कि इन महानतम ऋषियों में कुछ स्त्रियाँ भी थीं।

यहाँ यह कहा जा सकता है कि ये नियम, नियम के रूप में अनन्त भले ही हैं, पर इनका आदि तो अवश्य ही होना चाहिए। वेद हमें यह सिखाते हैं कि सृष्टि का न आदि है न अन्त। विज्ञान ने हमें सिद्ध कर दिखाया हैं कि समग्र विश्व की सारी ऊर्जा-समष्टि का परिमाण सदा एक सा रहता है। तो फिर, यदि कोई ऐसा समय था, जब किसी वस्तु का अस्तित्व ही नहीं था, उस समय यह सम्पूर्ण ऊर्जा कहाँ थी? कोई-कोई कहता है कि ईश्वर में ही वह सब अव्यक्त रूप में निहीत थी। तब तो ईश्वर कभी अव्यक्त और कभी व्यक्त हैं, इससे तो वह विकारशील हो जायेगा। प्रत्येक विकारशील पदार्थ यौगिक होता है और हर यौगिक पदार्थ में वह परिवर्तन अवश्य सम्भावी है, जिसे हम विनाश कहते हैं। इस तरह तो ईश्वर की मृत्यु हो जायेगी, जो अनर्गल है। अत:-ऐसा समय कभी नहीं था, जब यह सृष्टि नहीं थी।

मैं एक उपमा दूँ, स्रष्टा और सृष्टि मानो दो रेखाएँ है जिनका न आदि है, न अन्त, और जो समानान्तर चलती हैं। ईश्वर नित्य क्रियाशील विधाता है जिसकी शक्ति से प्रलयपयोधि में से नित्यश:-एक के बाद एक ब्रह्माण्ड का सृजन होता है, वे कुछ काल तक गतिमान रहते हैं, और तत्पश्चात् वे पुन-विनष्ट कर दिये जाते हैं। "सूर्याचन्द्रमसौ

धाता यथापूर्वकल्पयत्" अर्थात् इस समय और इस चन्द्रमा को विधाता ने पूर्व कल्पों के सूर्य और चन्द्रमा के समान निर्मित किया है। इस वाक्य का पाठ हिन्दू बालक प्रतिदिन करता है।

यहाँ पर मैं खड़ा हूँ और अपनी आँखें बन्द करके यदि अपने अस्तित्व "मैं", "मैं", "मैं" को समझने का प्रयत्न करूँ, तो मुझमें किस भाव का उदय होता है? इस भाव का कि मैं शरीर हूँ, तो क्या मैं भौतिक पदार्थों के संघात के सिवा और कुछ नहीं हूँ? वेदों की घोषणा है-"नहीं मैं शरीर में रहने वाली आत्मा हूँ, मैं शरीर नहीं हूँ। शरीर मर जायेगा, पर मैं नहीं मरूँगा। मैं इस शरीर में विद्यमान हूँ और इस शरीर का पतन होगा, तब भी मैं विद्यमान रहूँगा ही। मेरा एक अतीत भी है।" आत्मा की सृष्टि नहीं हुई है, क्योंकि सृष्टि का अर्थ है-भिन्न-भिन्न द्रव्यों का संघात और इस संघात का भविष्य में विघटन अवश्यम्भावी है। अतएव यदि आत्मा का सृजन हुआ, तो उसकी मृत्यु भी होना चाहिए। कुछ लोग जन्म से ही सुखी होते हैं और पूर्ण स्वास्थ्य का आनन्द भोगते हैं, उन्हें सुन्दर शरीर, उत्साहपूर्ण मन और सभी आवश्यक सामग्रीयाँ प्राप्त रहती है। दूसरे कुछ लोग जन्म से ही दुःखी होते हैं, किसी के हाथ या पाँव नहीं होते, तो कोई मूर्ख होते हैं, और येन-केन प्रकारेण अपने दुःखमय जीवन के दिन काटते हैं। ऐसा क्यों? यदि सभी को एक ही न्यायी और दयालु ईश्वर ने उत्पन्न किया है, तो फिर उसने एक को सुखी और दुसरे को दुःखी क्यों बनाया? ईश्वर ऐसा पक्षपाती क्यों? फिर ऐसा मानने से बात नहीं सुधर सकती कि जो वर्तमान जीवन में दुःखी है, भावी जीवन में पूर्ण सुखी रहेंगे। न्यायी और दयालु ईश्वर के राज्य में मनुष्य इस जीवन में भी दुःखी क्यों रहे?

दूसरी बात यह है कि सृष्टि उत्पादक ईश्वर को मान्यता देने वाला सिद्धान्त वैषम्य की कोई व्याख्या नहीं करता, बल्कि वह तो केवल एक सर्वशक्तिमान पुरूष का निष्ठुर आदेश ही प्रकट करता है। अतएव इस जन्म के पूर्व ऐसे कारण होने ही चाहिए, जिनके फलस्वरूप मनुष्य इस जन्म में सुखी या दुःखी हुआ करते हैं, और ये कारण है, उसके ही पूर्वनुष्ठित कर्म।

क्या मनुष्य के शरीर और मन की सारी प्रवृत्तियों की व्याख्या उत्तराधिकारी से प्राप्त क्षमता द्वारा नहीं हो सकती? यहाँ जड़ और चैतन्य (मन), सत्ता की दो समानान्तर रेखाएँ हैं। यदि जड़ और जड़ के समस्त रूपान्तर ही, जो कुछ यहाँ उसके कारण सिद्ध हो सकते हैं, तो फिर आत्मा के अस्तित्व को मानने की कोई आवश्यकता ही न रह जाती। पर यह सिद्ध नहीं किया जा सकता कि चैतन्य (विचार) का विकास जड़ से हुआ है, और यदि कोई दार्शनिक अद्वैतवाद अनिवार्य है, तो आध्यात्मिक अद्वैतवाद निश्चय ही तर्कसंगत हैं और भौतिक अद्वैतवाद से किसी भी प्रकार कम वाँछनीय नहीं, परन्तु यहाँ इन दोनों की आवश्यकता नहीं है।

हम यह अस्वीकार नहीं कर सकते कि शरीर कुछ प्रवृत्तियों को आनुवंशिकता से प्राप्त करता है, किन्तु ऐसी प्रवृत्तियों का अर्थ केवल शारीरिक रूपाकृति से है जिसके माध्यम से केवल एक विशेष मन, एक विशेष प्रकार से काम कर सकता है। आत्मा को कुछ ऐसी विशेष प्रकृत्तियाँ होती हैं, जिसकी उत्पत्ति अतीत से होती है। एक विशेष प्रवृत्तिवाला जीवात्मा "योग्य योग्येन युज्यते" इस नियमानुसार उसी शरीर में जन्म ग्रहण करती है, जो उस प्रवृत्ति के प्रकट करने के लिए सब से उपयुक्त आधार हो। यह विज्ञानसंगत है, क्योंकि विज्ञान हर प्रवृत्ति की व्याख्या आदत से करना चाहता है, और आदत आवृत्तियों से बनती है। अतएव नवजात जीवात्मा की नैसर्गिक आदतों की व्याख्या के लिए आवृत्तियाँ अनिवार्य हो जाती है। और चूँकि वे प्रस्तुत जीवन में प्राप्त नहीं होती, अत-वे पिछले जीवन से ही आयी होंगी।

एक और दृष्टिकोण है। ये सभी बातें यदि स्वयंसिद्ध भी मान लें, तो मैं अपने पूर्व जन्म की कोई बात स्मरण क्यों नहीं रख पाता? इसका समाधान सरल है। मैं अभी अंग्रेजी बोल रहा हूँ। वह मेरी मातृ भाषा नहीं हैं। वस्तुत-इस समय मेरी मातृभाषा का कोई भी शब्द मेरे चित्त में उपस्थित नहीं है, पर उन शब्दों को सामने लाने का थोड़ा प्रयत्न करते ही वे मन में उमड़ आते हैं। इससे यही सिद्ध होता है कि चेतना मनसागर की सतह मात्र है और भीतर, उसकी गहराई में, हमारी समस्त अनुभवराशि संचित है। केवल प्रयत्न और उद्यम किजिए, वे सब ऊपर उठ आएँगे, और आप अपने पूर्व जन्मों का भी ज्ञान प्राप्त कर सकेंगे। यह प्रत्यक्ष एवं प्रतिपाद्य प्रमाण है। सत्यसाध नहीं किसी परिकल्पना का पूर्ण प्रमाण होता है और ऋषिगण यहाँ समस्त संसार को एक चुनौति दे रहे हैं। हमने उस

रहस्य का पता लगा लिया है, जिससे स्मृतिसागर की गम्भीरतम गहराई तक मन्थन किया जा सकता है। उसका प्रयोग किजिए और आप अपने पूर्व जन्मों का सम्पूर्ण संस्मृति प्राप्त कर लेंगे।

अतएव हिन्दू का यह विश्वास है कि वह आत्मा है। "उसको शस्त्र काट नहीं सकते, अग्नि जला नहीं सकती, जल भीगो नहीं सकता और वायु सुखा नहीं सकती (गीता, 2.23)।" हिन्दुओं की यह धारणा है कि आत्मा एक ऐसा वृत्त है जिसकी कोई परिधि नहीं है, किन्तु जिसका केन्द्र शरीर में अवस्थित है और मृत्यु का अर्थ है, इस केन्द्र का एक शरीर से दूसरे शरीर में स्थानान्तरित हो जाना। यह आत्मा जड़ की उपाधियों से बद्ध नहीं है। वह स्वरूपत-नित्य-शुद्ध-बुद्ध-मुक्त स्वभाव है। परन्तु किसी कारण से वह अपने को जड़ से बँधी हुई पाती है और अपने को जड़ ही समझती है।

अब दूसरा प्रश्न है कि यह विशुद्ध, पूर्ण और विमुक्त आत्मा इस प्रकार जड़ का दासत्व क्यों करती है? स्वयं पूर्ण होते हुए भी इस आत्मा को अपूरण होने का भ्रम कैसे हो जाता है? हमें यह बताया जाता है कि हिन्दू लोग इस प्रश्न से कतरा जाते हैं और यह कह देते हैं कि ऐसा प्रश्न हो ही नहीं सकता। कुछ विचारक पूर्णप्राय सत्ताओं की कल्पना कर लेते हैं और इस रिक्त को भरने के लिए बड़े-बड़े वैज्ञानिक नामों का प्रयोग करते हैं। परन्तु नाम दे देना व्याख्या नहीं है। प्रश्न ज्यों का त्यों ही बना रहता है। पूर्ण ब्रह्म पूर्णप्राय अथवा अपूर्ण कैसे हो सकता है, शुद्ध, निरपेक्ष ब्रह्म अपने स्वभाव को सूक्ष्मातिसूक्ष्म कण भर भी परिवर्तित कैसे कर सकता है? पर हिन्दू ईमानदार हैं। वह मिथ्या तर्क का सहारा नहीं लेना चाहता। पुरूषोचित रूप में इस प्रश्न का सामना करने का साहस वह रखता है और इस प्रश्न का उत्तर देता है। "मैं नहीं जानता। मैं नहीं जानता कि पूर्ण आत्मा अपने को अपूर्ण कैसे समझने लगी, जड़ पदार्थों के संयोग से अपने को जड़नियमाधीन कैसे मानने लगी।" पर इस सब के बावजूद तथ्य जो है, वही रहेगा। यह सभी की चेतना का एक तथ्य है कि प्रत्येक व्यक्ति अपने को शरीर मानता है। हिन्दू इस बात की व्याख्या करने का प्रयत्न नहीं करता कि मनुष्य अपने को शरीर क्यों समझता है। यह ईश्वर की इच्छा है। यह उत्तर का कोई समाधान नहीं है। यह उत्तर हिन्दू के "मैं नहीं जानता" के सिवा और कुछ नहीं है।

अतएव मनुष्य की आत्मा अनादि और अमर है, पूर्ण और अनन्त है और मृत्यु का अर्थ है-एक शरीर से दूसरे शरीर में केवल केन्द्र परिवर्तन। वर्तमान अवस्था हमारे पूर्वानुष्ठित कर्मों द्वारा निश्चित होती है और भविष्य, वर्तमान कर्मों द्वारा। आत्मा जन्म और मृत्यु के चक्र में लगातार घूमती हुई कभी ऊपर विकास करती है, कभी प्रत्यागमन करती है। पर यहाँ एक दूसरा प्रश्न उठता है-क्या मनुष्य प्रचण्ड तुफान में ग्रस्त वह छोटी सी नौका है, जो एक क्षण किसी वेगवान तरंग के फेनिल शिखर पर चढ़ जाती है, और दूसरे क्षण भयानक गर्त में नीचे धकेल दी जाती है। अपने शुभ और अशुभ कर्मों की दया पर केवल इधर-उधर भटकती फिरती है। क्या वह कार्य-कारण की सतत प्रवाही, निर्मम, भीषण तथा गर्जनशील धारा में पड़ा हुआ अशक्त, असहाय भग्न पोत है, क्या वह उस कारणता के चक्र के नीचे पड़ा हुआ एक क्षुद्र शलभ है, जो विधवा के आँसुओं तथा अनाथ बालक की आहों की तनिक भी चिन्ता न करते हुए, अपने मार्ग में आने वाली सभी वस्तुओं को कुचल डालता है? इस प्रकार के विचार से अन्तःकरण काँप उठता है, पर यही प्रकृति का नियम है। तो फिर क्या कोई आशा ही नहीं है? क्या इससे बचने का कोई मार्ग नहीं हैं? यही करूण पुकार निराशाविह्वल हृदय के अन्तःस्थल से ऊपर उठी और उस करूणामय के सिंहासन तक जा पहुँची। वहाँ से आशा तथा सन्तावना की वाणी निकली और उसने एक वैदिक ऋषि को अन्तःस्फूर्ति प्रदान की, और उसने संसार के सामने खड़े होकर तूर्यस्वर में इस आनन्द सन्देश की घोषणा की-"हे अमृत के पुत्रों! सुनो! हे दिव्यधामवासी देवगण!! तुम भी सुनो! मैंने उस अनादि, पुरातन पुरूष को प्राप्त कर लिया है, जो समस्त अज्ञान-अन्धकार और माया से परे है। केवल उस पुरूष को जानकर ही तुम मृत्यु के चक्र से छूट सकते हो। दूसरा कोई पथ नहीं (श्वेताश्वतरोपनिषद्, 2.5,3-8)" अमृत के पुत्रों, कैसा मधुर और आशाजनक सम्बोधन है यह! बन्धुओं! इसी मधुर नाम-अमृत के अधिकारी से, आपकों सम्बोधित करूँ, आप इसकी आज्ञा मुझे दें। निश्चय ही हिन्दू आपको पापी कहना अस्वीकार करता है। आप ईश्वर की सन्तान है, अमर आनन्द के भागी हैं, पवित्र और पूर्ण आत्मा हैं। आप इस मत्र्यभूमि पर देवता हैं। आप भला पापी? मनुष्य को पापी कहना ही पाप है। वह मनुष्य स्वरूप पर घोर लांछन है। आप उठें! हे सिंहो! आएँ, और इस मिथ्या भ्रम को झटक कर दूर फेक दें की आप भेड़

हैं। आप हैं आत्मा अमर, आत्मा मुक्त, आनन्दमय और नित्य! आप जड़ नहीं हैं, आप शरीर नहीं हैं, जड़ तो आपका दास है, न कि आप जड़ के दास। अत-वेद ऐसी घोषणा नहीं करते कि यह सृष्टि-व्यापार कतिपय निर्मम विधानों का सघात है, और न यह कि वह कार्य-कारण की अनन्त कारा है, वरन् वे यह घोषित करते हैं कि इन सब प्राकृतिक नियमों के मूल में, जड़तत्व और शक्ति के प्रत्येक अणु-परमाणु में ओतप्रोत वही एक विराजमान है, जिसके आदेश से वायु चलती है, अग्नि दहकती है, बादल बरसते है और मृत्यु पृथ्वी पर नाचती है। (कठोपनिषद्, 2.3.3) और उस पुरूष का स्वरूप क्या है? वह सर्वत्र है, शुद्ध, निराकार, सर्वशक्तिमान है सब पर उसकी पूर्ण दया है। तू हमारा पिता है, तू हमारी माता है, तू हमारा परम प्रेमास्पद सखा है, तू ही सभी शक्तियों का मूल है, हमें शक्ति दे। तू ही इन अखिल भुवनों का भार वहन करने वाला है। तू मुझे इस जीवन के क्षुद्र भार को वहन करने में सहायता दे। वैदिक ऋषियों ने यही गाया है। हम उसकी पूजा किस प्रकार करें? प्रेम के द्वारा। ऐहिक तथा पारत्रिक समस्त प्रिय वस्तुओं से भी अधिक प्रिय जानकर उस परम प्रेमास्पद की पूजा करनी चाहिए।

वेद हमें प्रेम के सम्बन्ध में इसी प्रकार की शिक्षा देते हैं। अब देखें कि श्रीकृष्ण ने, जिन्हें हिन्दू लोग पृथ्वी पर ईश्वर का पूर्णावतार मानते हैं, इस प्रेम के सिद्धान्त का पूर्ण विकास किस प्रकार किया है और हमें क्या उपदेश दिया है। उन्होंने कहा है कि मनुष्य को इस संसार में पद्मपत्र की तरह रहना चाहिए। पद्मपत्र जैसे पानी में रहकर उससे नहीं भींगता, उसी प्रकार मनुष्य को भी संसार में रहना चाहिए-उसका हृदय ईश्वर में लगा रहे और हाथ कर्म में लगे रहे।

इहलोक या परलोक में पुरस्कार की प्रत्याशा से ईश्वर से प्रेम करना बुरी बात नहीं, पर केवल प्रेम के लिए ही ईश्वर से प्रेम करना सब से अच्छा है, और उसके निकट यही प्रार्थना करनी उचित है-हे भगवन, मुझे न तो सम्पत्ति चाहिए, न सन्तति, न विद्या। यदि दो तो सहस्रों बार जन्म-मृत्यु के चक्र में पड़ूँगा, पर हे प्रभो, केवल इतना ही दो कि मैं फल की आशा छोड़कर तेरी भक्ति करूँ, केवल प्रेम के लिए ही तुझ पर मेरा निःस्वार्थ प्रेम हो (शिक्षाष्टक, 4)। श्रीकृष्ण के एक शिष्य युधिष्ठिर उस समय सम्राट थे। उनके शत्रुओं ने उन्हें राजसिहांसन से च्युत कर दिया और उन्हें अपनी सम्राज्ञी के साथ हिमालय के जंगलों में आश्रय लेना पड़ा था। वहाँ एक दिन सम्राज्ञी ने उनसे प्रश्न किया-मनुष्यों में सर्वोपरि पुण्यवान होते हुए भी आपको इतना दुःख क्यों सहना पड़ता है? युधिष्ठिर ने उत्तर दिया-महारानी देखो, यह हिमालय कैसा भव्य और सुन्दर है। मैं इससे प्रेम करता हूँ। यह मुझे कुछ नहीं देता, पर मेरा स्वभाव ही ऐसा है कि मैं भव्य और सुन्दर वस्तु से प्रेम करता हूँ और इसी कारण मैं उससे प्रेम करता हूँ। उसी प्रकार मैं ईश्वर से प्रेम करता हूँ। उस अखिल सौन्दर्य, समस्त सुषमा का मूल है। वही एक ऐसा पात्र है, जिससे प्रेम करना चाहिए। उससे प्रेम करना मेरा स्वभाव है और इसीलिए मैं उससे प्रेम करता हूँ। मैं किसी बात के लिए उससे प्रार्थना नहीं करता, मैं उससे कोई वस्तु नहीं माँगता। उसकी जहाँ इच्छा हो, मुझे रखें। मैं तो सब अवस्थाओं में केवल प्रेम से ही उस पर प्रेम करना चाहता हूँ, मैं प्रेम में सौदा नहीं कर सकता (महाभारत, वनपर्व, 31.2.5)।

वेद कहते हैं कि आत्मा दिव्यस्वरूप है, वह केवल पंचभूतों के बन्धन में बँध गयी है और उन बन्धनों के टूटने पर वह अपने पूर्णत्व को प्राप्त कर लेंगी। इस अवस्था का नाम मुक्ति है जिसका अर्थ है-स्वाधीनता। अपूर्णता के बन्धन से छुटकारा, जन्म-मृत्यु से छुटकारा। और यह बन्धन केवल ईश्वर के दया से ही छूट सकता है और वह दया पवित्र लोगों को ही प्राप्त होती है। अतएव पवित्रता ही उसके अनुग्रह की प्राप्ति का उपाय है। उसकी दया किस प्रकार काम करती है? वह पवित्र हृदय में अपने को प्रकाशित करता है। पवित्र और निर्मल मनुष्य इसी जीवन में ईश्वर दर्शन प्राप्त कर कृतार्थ हो जाता है। "तब उसकी समस्त कुटिलता नष्ट हो जाती है, सारे सन्देह दूर हो जाते हैं (मुण्डकोपनिषद्, 2.2.8)।" तब वह कार्य-कारण के भयावह नियम के हाथ खिलौना नहीं रह जाता। यही हिन्दू धर्म का मूलभूत सिद्धान्त है-यही उसका अत्यन्त मार्मिक भाव है। हिन्दू शब्दों और सिद्धान्तों के जाल में जीना नहीं चाहता। यदि इन साधारण इन्द्रिय-संवेद्य विषय के परे और भी कोई सत्ताएँ हैं, तो वह उनका प्रत्यक्ष अनुभव करना चाहता है। यदि उसमें कोई आत्मा है, जो जड़ वस्तु नहीं है, यदि कोई दयामय सर्वव्यापी विश्वात्मा है तो वह उसका साक्षात्कार करेगा। वह उसे अवश्य देखेगा और मात्र उसी से समस्त शंकाएँ दूर होंगी। अत-हिन्दू ऋषि आत्मा के विषय में, ईश्वर के विषय में यही सर्वोत्तम प्रमाण देता है। "मैंने आत्मा का दर्शन किया है, मैंने ईश्वर का दर्शन किया

है।" और यही पूर्णत्व की एक मात्र शर्त है। हिन्दू धर्म भिन्न-भिन्न मत-मतान्तरों या सिद्धान्तों पर विश्वास करने के लिए संघर्ष और प्रयत्न में निहित नहीं हैं, वरन् वह साक्षात्कार है, वह केवल विश्वास कर लेना नहीं, वह होना और बनना है।

इस प्रकार हिन्दूओं की सारी साधना प्रणाली का लक्ष्य है-सतत अध्यवसाय द्वारा पूर्ण बन जाना, दिव्य बन जाना, ईश्वर को प्राप्त करना और उसके दर्शन कर लेना। उस स्वर्गस्थ पिता के समान पूर्ण हो जाना, हिन्दूओं का धर्म है। और जब मनुष्य पूर्णत्व को प्राप्त कर लेता है, तब क्या होता है? तब वह असीम परमानन्द का जीवन व्यतीत करता है। जिस प्रकार एकमात्र वस्तु में मनुष्य को सुख पाना चाहिए, उसे अर्थात् ईश्वर को पाकर वह परम तथा असीम आनन्द का उपभोग करता है और ईश्वर के साथ भी परमानन्द का आस्वादन करता है। यहाँ तक सभी हिन्दू एकमत हैं। भारत के विविध सम्प्रदायों का यह सामान्य धर्म है। परन्तु पूर्ण निरपेक्ष है, और निरपेक्ष दो या तीन नहीं हो सकता। उसमें कोई गुण नहीं हो सकता, वह व्यक्ति नहीं हो सकता। अत-जब आत्मा पूर्ण और निरपेक्ष हो जाती है, और ईश्वर के केवल अपने स्वरूप की पूर्णता, सत्यता और सत्ता के रूप में, परमसत्, परमचित्त, परम आनन्द के रूप में प्रत्यक्ष करती है। इसी साक्षात्कार के विषय में हम बारम्बार पढ़ा करते हैं कि उसमें मनुष्य अपने व्यक्तित्व को खोकर जड़ता प्राप्त करता है या पत्थर के समान बन जाता है। जिन्हें चोट कभी नहीं लगी है, वे चोट के दाग की ओर हँसी की दृष्टि से देखते हैं। मैं आपको बताता हूँ कि ऐसी कोई बात नहीं होती। यदि इस एक क्षुद्र शरीर की चेतना से इतना आनन्द होता है, तो दो शरीरों की चेतना का आनन्द अधिक होना चाहिए, और उसी प्रकार क्रमश-अनेका शरीरों की चेतना के साथ आनन्द की मात्रा भी अधिकाधिक बढ़नी चाहिए, और विश्वचेतना का बोध होने पर आनन्द की परम अवस्था प्राप्त हो जायेगी।

अत: उस असीम विश्वव्यक्तित्व की प्राप्ति के लिए इस कारास्वरूप दुःखमय क्षुद्र व्यक्तित्व का अन्त होना ही चाहिए। जब मैं प्राण स्वरूप से एक हो जाऊँगा, तभी मृत्यु के हाथ से मेरा छुटकारा हो सकता है। जब मैं आनन्दस्वरूप हो जाऊँगा, तभी दुःख का अन्त हो सकता है। जब मैं ज्ञानस्वरूप हो जाऊँगा, तभी सब अज्ञान का अन्त हो सकता है, और यह अनिवार्य वैज्ञानिक निष्कर्ष भी है। विज्ञान ने मेरे निकट यह सिद्ध कर दिया है कि हमारा यह भौतिक व्यक्तित्व भ्रम मात्र है, वास्तव में मेरा यह शरीर एक अविच्छिन्न जड़सागर में एक क्षुद्र सदा परिवर्तित होता रहने वाला पिण्ड है, और मेरे दूसरे पक्ष-आत्मा के सम्बन्ध में अद्वैत ही अनिवार्य निष्कर्ष है।

विज्ञान एकत्व की खोज के सिवा और कुछ नहीं है। ज्योंही कोई विज्ञान शास्त्र पूर्ण एकता तक पहुँच जायेगा, त्योंहीं उसका आगे बढ़ना रुक जायेगा क्योंकि तब तो वह अपने लक्ष्य को प्राप्त कर चुकेगा। उदाहरणार्थ रसायनशास्त्र यदि एक बार उस एक मूल द्रव्य का पता लगा ले, जिससे वह सब द्रव्य बन सकते हैं तो फिर वह और आगे नहीं बढ़ सकेगा। पदार्थ विज्ञान शास्त्र जब उस एक मूल शक्ति का पता लगा लेगा जिससे अन्य शक्तियां बाहर निकली हैं तब वह पूर्णता पर पहुँच जायेगा। वैसे ही धर्म शास्त्र भी उस समय पूर्णता को प्राप्त हो जायेगा जब वह उस मूल कारण को जान लेगा। जो इस मत्र्यलोक में एक मात्र अमृत स्वरुप है जो इस नित्य परिवर्तनशील जगत का एक मात्र अटल अचल आधार है जो एक मात्र परमात्मा है और अन्य सब आत्माएं जिसके प्रतिबिम्ब स्वरुप हैं। इस प्रकार अनेकेश्वरवाद, द्वैतवाद आदि में से होते हुए इस अद्वैतवाद की प्राप्ति होती है। धर्मशास्त्र इससे आगे नहीं जा सकता। यहीं सारे विज्ञानों का चरम लक्ष्य है। समग्र विज्ञान अन्तत-इसी निष्कर्ष पर अनिवार्यत: पहुँचेंगे। आज विज्ञान का शब्द अभिव्यक्ति हैं, सृष्टि नहीं, और हिन्दू को यह देखकर बड़ी प्रसन्न है कि जिसको वह अपने अन्तःस्थल में इतने युगों से महत्व देता रहा है, अब उसी की शिक्षा अधिक सशक्त भाषा में विज्ञान के नूतनतम निष्कर्षों के अतिरिक्त प्रकाश में दी जा रही है।

अब हम दर्शन की अभीप्साओं से उतरकर ज्ञानरहित लोगों के धर्म की ओर आते हैं। यह मैं प्रारम्भ में ही आप को बता देना चाहता हूँ कि भारतवर्ष में अनेकेश्वरवाद नहीं है। प्रत्येक मन्दिर में यदि कोई खड़ा होकर सुने, तो यही पायेगा कि भक्तगण सर्वव्यापित्व आदि ईश्वर के सभी गुणों का आरोप उन मूर्तियों में करते हैं। यह अनेकेश्वरवाद नहीं है, और न एकदेववाद से ही इस स्थिति की व्याख्या हो सकती है। गुलाब को चाहे दूसरा कोई भी नाम क्यों न दे दिया जाए, पर वह सुगन्ध तो वैसी ही मधुर देता रहेगा। नाम ही व्याख्या नहीं होती। बचपन की एक

बात मुझे यहाँ याद आती है। एक ईसाई पादरी कुछ मनुष्यों की भीड़ जमा करके धर्मोंपदेश का रहा था। बहुतेरी मजेदार बातों के साथ वह पादरी यह भी कह गया कि-अगर मैं तुम्हारी देवमूर्ति को एक डंडा लगाऊँ, तो वह मेरा क्या कर सकती है? एक श्रोता ने चट चुभता सा जबाब दे डाला कि-अगर मैं तुम्हारे ईश्वर को गाली दे दूँ, तो वह मेरा क्या कर सकता है? पादरी बोला, मरने के बाद वह तुम्हें सजा देगा। हिन्दू भी तनकर बोल उठा-तुम मरोगे, तब ठीक उसी तरह हमारी देवमूर्ति भी तुम्हें दण्ड देगी। वृक्ष अपने फलों से जाना जाता है। जब मूर्तिपूजक कहे जानेवाले लोगों में ऐसे मनुष्य को पाता हूँ जिनकी नैतिकता, आध्यात्मिकता और प्रेम अपना सानी नहीं रखते, जब मैं रूक जाता हूँ और अपने से यही पूछता हूँ कि क्या पाप से भी पवित्रता की उत्पत्ति हो सकती है?

अन्धविश्वास मनुष्य का महान शत्रु है, पर धर्मान्धता तो उससे भी बढ़कर है। ईसाई गिरजारघर क्यों जाता है? क्रूस क्यों पवित्र है? प्रार्थना के समय आकाश की ओर मुँह क्यों किया जाता है? कैथोलिक ईसाईयों के गिरजाघरों में इतनी मूर्तियाँ क्यों रहा करती है? प्रोटेस्टेन्ट ईसाईयों के मन में प्रार्थना के समय इतनी मूर्तियाँ क्यों रहा करती है? मेरे भाईयों! मन में किसी मूर्ति के आए बिना कुछ सोच सकना उतना ही असम्भव है जितना श्वास लिये बिना जीवित रहना। साहचर्य के नियमानुसार भौतिक मूर्ति से मानसिक भावविशेष का उद्दीपन हो जाता है अथवा मन में भावविशेष का उद्दीपन हाने से तदनुरूप मूर्तिविशेष का भी आविर्भाव होता है। इसीलिए तो हिन्दू आराधना के समय बाह्य प्रतीक का उपयोग करता है। वह आपको बतलाएगा कि बाह्य प्रतीक उसके मन को ध्यान के विषय परमेश्वर में एकाग्रता से स्थिर रखने में सहायता देता है। वह भी यह बात उतनी ही अच्छी तरह से जानता है, जितना आप जानते हैं कि वह मूर्ति न तो ईश्वर ही है और न सर्वव्यापी ही। और सच पूछिए तो दुनिया के लोग "सर्वव्यापित्व" का अर्थ क्या समझते हैं? वह तो केवल एक शब्द या प्रतीक मात्र है। क्या परमेश्वर का भी कोई क्षेत्रफल है? यदि नहीं, तो जिस समय हम सर्वव्यापी शब्द का उच्चारण करते हैं, उस समय विस्तृत आकाश या देश की ही कल्पना करने के सिवा हम और क्या करते हैं? अपनी मानसिक संरचना के नियमानुसार, हमें किसी प्रकार अपनी अनन्तता की भावना को नीले आकाश या अपार समुद्र की कल्पना से सम्बद्ध करना पड़ता है। उसी तरह हम पवित्रता के भाव को अपने स्वभावानुसार गिरजाघर या मस्जिद या क्रूस से जोड़ लेते हैं। हिन्दू लोग पवित्रता, नियत्व, सर्वव्यापित्व आदि आदि भावों का सम्बन्ध विभिन्न मूर्तियों और रूपों से जोड़ते हैं। अन्तर यह है कि जहाँ अन्य लोग सारा जीवन किसी गिरजाघर की मूर्ति की भक्ति में ही बिता देते हैं और उससे आगे नहीं बढ़ते, क्योंकि उनके लिए तो धर्म का अर्थ ही यही है कि कुछ विशिष्ट सिद्धान्तों को वे अपनी बुद्धि द्वारा स्वीकृत करे लें और अपने मानवबन्धुओं की भलाई करते रहें। वहाँ एक हिन्दू की सारी धर्मभावना प्रत्यक्ष अनुभूति या आत्म साक्षात्कार में केन्द्रीभूत होती है। मनुष्य को ईश्वर का साक्षात्कार करके दिव्य बनाना है। मूर्तियाँ, मन्दिर, गिरजाघर या ग्रन्थ तो धर्म जीवन में केवल आधार या सहायक मात्र हैं, पर उससे उत्तरोत्तर उन्नति ही करनी चाहिए।

मनुष्य को कहीं पर रूकना नहीं चाहिए। शास्त्र का वाक्य है कि "बाह्य पूजा या मूर्तिपूजा सबसे नीचे की अवस्था है। आगे बढ़ने का प्रयास करते समय मानसिक प्रार्थना साधना की दूसरी अवस्था है और सबसे उच्च अवस्था तो वह है, जब परमेश्वर का साक्षात्कार हो जाए (महानिर्वाणतन्त्र, 4.12)।" देखिए, वही अनुरागी साधक, जो पहले मूर्ति के सामने प्रणत रहता था, अब क्या कह रहा है- "सूर्य उस परमात्मा को प्रकाशित नहीं कर सकता, न चन्द्रमा या तारागण ही, तब विद्युत प्रभा भी परमेश्वर को उद्भासित नहीं कर सकती, तब इस समान्य अग्नि की बात क्या! ये सभी इसी परमेश्वर के कारण प्रकाशित होते हैं (कठोपनिषद्, 2.2.15)।" पर वह किसी की मूर्ति को गाली नहीं देता और न उसकी पूजा को पाप ही बताता है। वह तो उसे जीवन की एक आवश्यक अवस्था जानकर उसको स्वीकार करता है। बालक ही मनुष्य का जनक है। तो क्या किसी वृद्ध पुरूष का बचपन या युवावस्था को पाप या बुरा कहना उचित होगा?

यदि कोई मनुष्य अपने दिव्य स्वरूप को मूर्ति की सहायता से अनुभव कर सकता है, तो क्या उसे पाप कहना ठीक होगा? और जब वह उस अवस्था से परे पहुँच गया, तब भी उसके लिए मूर्ति पूजा को भ्रमात्मक कहना उचित नहीं हैं। हिन्दू की दृष्टि में मनुष्य भ्रम से सत्य की ओर नहीं जा रहा है, वह तो सत्य से सत्य की ओर, निम्न श्रेणी के सत्य से उच्च श्रेणी के सत्य की ओर अग्रसर हो रहा है। हिन्दू के मतानुसार निम्न जड़-पूजावाद से लेकर सर्वोच्च

अद्वैतवाद तक जितने धर्म हैं, वे सभी अपने जन्म तथा साहचर्य की अवस्था द्वारा निर्धारित होकर उस असीम के ज्ञान तथा उपलब्धि के निमित्त मानवात्मा के विविध प्रयत्न हैं। और यह प्रत्येक उन्नति की एक अवस्था को सूचित करता है। प्रत्येक जीव उस गरूड़ पक्षी के समान है जो धीरे-धीरे ऊँचा उड़ता हुआ तथा अधिकाधिक शक्तिसंपादन करता हुआ अन्त में उस भास्कर सूर्य तक पहुँच जाता है।

अनेकता में एकता प्रकृति का विधान है और हिन्दुओं ने इसे स्वीकार किया है। अन्य प्रत्येक धर्म में कुछ निर्दिष्ट मतवाद विधिबद्ध कर दिये गये हैं और सारे समाज को उन्हें मानना अनिवार्य कर दिया जाता है। वह समाज के सामने केवल एक कोट रख देता है जो जैक, जान और हेनरी, सभी को ठीक होना चाहिए। यदि जान या हेनरी के शरीर में ठीक नहीं आता, तो उसे अपना तन ढँकने के लिए बिना कोट के ही रहना होगा। हिन्दूओं ने यह जान लिया है कि निरपेक्ष ब्रह्मतत्व का साक्षात्कार, चिन्तन या वर्णन सापेक्ष के सहारे ही हो सकता है, और मूर्तियाँ, क्रूस या नवोदित चन्द्र केवल विभिन्न प्रतीक हैं, वे मानो बहुत सी खूँटियाँ हैं जिनमें धार्मिक भावनाएँ लटकायीं जाती हैं। ऐसा नहीं है कि इन प्रतीकों की आवश्यकता हर एक के लिए हो, किन्तु जिनको अपने लिए इन प्रतीकों की सहायता की आवश्यकता नहीं है, उन्हें यह कहने का अधिकार नहीं है कि वे गलत हैं। हिन्दू धर्म में वे अनिवार्य नहीं हैं।

एक बात आपको अवश्य बतला दूँ। भारतवर्ष में मूर्तिपूजा कोई जघन्य बात नहीं है। वह व्यभिचार की जननी नहीं है। वरन् वह अविकसित मन के लिए उच्च आध्यात्मिक भाव को ग्रहण करने का उपाय है। अवश्य, हिन्दूओं के बहुतेरे दोष हैं, उनके कुछ अपने अपवाद हैं, पर यह ध्यान रखिए कि उनके दोष अपने शरीर को उत्पीड़ित करने तक सीमित हैं, वे कभी अपने पड़ोसियों का गला नहीं काटने जाते। एक हिन्दू धर्मान्ध भले ही चिता पर अपने आप को जला डाले, पर वह विधर्मियों को जलाने के लिए "इन्क्विजिशन" की अग्नि कभी प्रज्वलित नहीं करेगा। और इस बात के लिए उसे उससे अधिक दोषी नहीं ठहराया जा सकता, जितना डाइनों को जलाने का दोष ईसाई धर्म पर मढ़ा जा सकता है।

अत-हिन्दुओं की दृष्टि में समस्त धर्मजगत भिन्न-भिन्न रूचिवाले स्त्री-पुरूष की, विभिन्न अवस्थाओं एवं परिस्थितियों में से होते हुए एक ही लक्ष्य की ओर यात्रा है, प्रगति है। प्रत्येक धर्म जड़भावापन्न मानव से एक ईश्वर का उद्धव कर रहा है, और ईश्वर उन सब का प्रेरक है। तो फिर इतने परस्पर विरोध क्यों हैं? हिन्दुओं का कहना है कि ये विरोध केवल आभासी हैं। उनकी उत्पत्ति सत्य के द्वारा भिन्न अवस्थाओं और प्रकृति के अनुरूप अपना समायोजन करते समय होती है। वही एक ज्योति भिन्न-भिन्न रंग के काँच में से भिन्न-भिन्न रूप से प्रकट होती हैं। समायोजन के लिए इस प्रकार की अल्प विविधता आवश्यक हैं। परन्तु प्रत्येक के अन्तःस्थल में उसी सत्य का राज है। ईश्वर ने अपने कृष्णावतार में हिन्दुओं को यह उपदेश दिया है-"प्रत्येक धर्म में मैं, मोती की माला में सूत्र की तरह पिरोया हुआ हूँ (गीता, 7.7)। जहाँ भी तुम्हें मानवसृष्टि को उन्नत बनाने वाली और पावन करने वाली अतिशय पवित्रता और असाधारण शक्ति दिखाई दे, तो जान लो कि वह मेरे तेज के अंश से ही उत्पन्न हुआ है (गीता, 10.41)" और इस शिक्षा का परिणाम क्या हुआ? सारे संसार को मेरी चुनौति है कि वह समग्र संस्कृत दर्शनशास्त्र में मुझे एक ऐसी उक्ति दिखा दे जिसमें यह बताया गया हो कि केवल हिन्दुओं का ही उद्धार होगा ओर दूसरों का नहीं। व्यास कहते हैं-"हमारी जाति और सम्प्रदाय की सीमा के बाहर भी पूर्णत्व तक पहुँचे हुए मनुष्य हैं (वेदान्त सूत्र, 3.4.36)।" एक बात और है। ईश्वर में ही अपने सभी भावों को केन्द्रित करनेवाला हिन्दू अज्ञेयवादी बौद्ध और निरीश्वरवादी जैन धर्म पर कैसे श्रद्धा रख सकता है? यद्यपि बौद्ध और जैन ईश्वर पर निर्भर नहीं रहते, तथापि उनके धर्म की पूरी शक्ति प्रत्येक धर्म के महान केन्द्रित सत्य-मनुष्य में ईश्वर, के विकास की ओर उन्मुख हैं। उन्होंने पिता को भले न देखा हो, पर पुत्र को अवश्य देखा है, और जिसने पुत्र को देख लिया, उसने पिता को भी देख लिया।

भाईयों! हिन्दुओं के धार्मिक विचारों की यहीं संक्षिप्त रूपरेखा है। हो सकता है कि हिन्दू अपनी सभी योजनाओं को कार्यान्वित करने में असफल रहा हो, पर यदि कभी कोई सार्वभौमिक धर्म हो सकता है, तो वह ऐसा ही होगा, जो देश या काल से मर्यादित न हो, जो उस अनन्त भगवान के समान ही अनन्त हो, जिस भगवान के सम्बन्ध में वह उपदेश देता है, जिसकी ज्योति श्रीकृष्ण के भक्तों पर और ईसा के प्रेमियों पर, सन्तों पर और पापियों

पर समान रूप से प्रकाशित होती हो, जो न तो ब्राह्मणों का हो, न बौद्धों का, न ईसाइयों का और न मुसलमानों का, वरन् इन सभी धर्मों का समष्टिस्वरूप होते हुए भी जिसमें उन्नति का अनन्त पथ खुला रहे, जो इतना व्यापक हो कि अपनी असंख्य प्रसारित बाहुओं द्वारा सृष्टि के प्रत्येक मनुष्य का प्रेमपूर्वक आलिंगन करें।...वह विश्वधर्म ऐसा होगा कि उसमें किसी के प्रति विद्वेष अथवा अत्याचार के लिए स्थान न रहेगा, वह प्रत्येक स्त्री और पुरूष के ईश्वरीय स्वरूप को स्वीकार करेगा और सम्पूर्ण बल मनुष्यमात्र को अपनी सच्ची, ईश्वरीय प्रकृति का साक्षात्कार करने के लिए सहायता देने में ही केन्द्रित रहेगा।

आप ऐसा धर्म सामने रखिए, और सारे राष्ट्र आपके अनुयायी बन जाएँगे। सम्राट अशोक की परिषद् बौद्ध परिषद् थी। अकबर की परिषद् अधिक उपयुक्त होती हुई भी केवल बैठक की ही गोष्ठी थी। किन्तु पृथ्वी के कोने-कोने में यह घोषणा करने का गौरव अमेरिका के लिए सुरक्षित था कि-प्रत्येक धर्म में ईश्वर है।

वह, जो हिन्दुओं का ब्रह्म, पारसियों का अहुर्मज्द, बौद्धों का बुद्ध, यहूदियों का जिहोवा और ईसाईयों का स्वर्गस्थ पिता है, आपको अपने उदार उद्देश्य को कार्यान्वित करने की शक्ति प्रदान करें! नक्षत्र पूर्व गगन में उदित हुआ और कभी धुँधला और कभी दैदीप्यमान होते हुए धीरे-धीरे पश्चिम की ओर यात्रा करते-करते उसने समस्त जगत की परिक्रमा कर डाली और अब फिर प्राच्य के क्षितिज में सहस्रगुणा अधिक ज्योति के साथ उदित हो रहा है।

ऐ स्वाधीनता की मातृभूमि कोलम्बिया, तू धन्य है! यह तेरा सौभाग्य है कि तूने अपने पड़ोसियों के रक्त से अपने हाथ कभी नहीं भिगोये, तूने अपने पड़ोसियों का सर्वस्व हरण कर सहज में ही धनी और सम्पन्न होने की चेष्टा नहीं की, अतएव समन्वय की ध्वजा फहराते हुए सभ्यता का अग्रणी होकर चलने का सौभाग्य तेरा ही था।

स्वामी विवेकानन्द के व्याख्यान

04.धर्म भारत की प्रधान आवश्यकता नहीं-20 सितम्बर, 1893

ईसाइयों को सत् आलोचना सुनने के लिए सदैव तैयार रहना चाहिए, और मुझे विश्वास है कि यदि मैं आप लोगों की कुछ आलोचना करूँ, तो आप बुरा न मानेंगे। आप ईसाई लोग मूर्तिपूजकों की आत्मा का उद्धार करने की निमित्त अपने धर्मप्रचारकों को भेजने के लिए उत्सुक रहते हैं। उनके शरीरों को भूख से मर जाने से बचाने के लिए कुछ क्यों नहीं करते? भारतवर्ष में जब भयानक अकाल पड़ा था, तो सहस्रों और लाखों हिन्दू क्षुधा से पीड़ित होकर मर गये, पर आप ईसाईयों ने उनके लिए कुछ नहीं किया। आप लोग सारे हिन्दुस्तान में गिरजे बनाते हैं, पर पूर्व का प्रधान अभाव धर्म नहीं हैं, उसके पास धर्म पर्याप्त है। जलते हुए हिन्दुस्तान के लाखों दुःखार्त भूखे लोग सूखे गले से रोटी के लिए चिल्ला रहे हैं। वे हमसे रोटी माँगते हैं और हम उन्हें देते हैं पत्थर! क्षुधातुरों को धर्म का उपदेश देना उनका अपमान करना है। भूखों को दर्शन सिखाना उनका अपमान करना है। भारतवर्ष में यदि कोई पुरोहित द्रव्यप्राप्ति के लिए धर्म का उपदेश करे, तो वह जाति से च्युत कर दिया जायेगा और लोग उस पर थूकेंगे। मैं यहाँ पर अपने दरिद्र भाईयों के निमित्त सहायता माँगने आया था, पर मैं यह पूरी तरह समझ गया हूँ कि मूर्तिपूजकों के लिए ईसाई धर्मालम्बियों से, और विशेषकर उन्हीं के देश में, सहायता प्राप्त करना कितना कठिन है।

स्वामी विवेकानन्द के व्याख्यान

05.बौद्ध धर्म-26 सितम्बर, 1893

मैं बौद्ध धर्मावलम्बी नहीं हूँ, जैसा कि आप लोगों ने सुना है, पर फिर भी मैं बौद्ध हूँ। यदि चीन, जापान अथवा सीलोन (श्रीलंका), उस महान तथागत के उपदेशों का अनुसरण करते हैं तो भारत वर्ष उन्हें पृथ्वी पर ईश्वर का अवतार मानकर उनकी पूजा करता है। आपने अभी-अभी सुना कि मैं बौद्ध धर्म की आलोचना करने वाला हूँ,

परन्तु उससे आपको केवल इतना ही समझना चाहिए। जिनको मैं इस पृथ्वी पर ईश्वर का अवतार मानता हूँ, उनकी आलोचना! मुझसे यह सम्भव नहीं। परन्तु बुद्ध के विषय में हमारी धारणा यह है कि उनके शिष्यों ने उनकी शिक्षाओं को ठीक-ठीक नहीं समझा। हिन्दू धर्म (हिन्दू धर्म से मेरा तात्पर्य वैदिक धर्म है) और जो आजकल बौद्ध धर्म कहलाता है, उनमें आपस में वैसा ही सम्बन्ध है, जैसा यहूदी तथा ईसाई धर्मों में। ईसा मसीह यहूदी थे और शाक्य मुनि हिन्दू। यहूदियों ने ईसा को केवल अस्वीकार ही नहीं किया, उन्हें सूली पर भी चढ़ा दिया। हिन्दूओं ने शाक्य मुनि को ईश्वर के रूप में ग्रहण किया है और उनकी पूजा करते हैं। किन्तु प्रचलित बौद्ध धर्म नें तथा बुद्धदेव की शिक्षाओं में वास्तविक भेद हम हिन्दू लोग दिखलाना चाहते हैं, वह विशेषत: यह है कि शाक्य मुनि कोई नयी शिक्षा देने के लिए अवतीर्ण नहीं हुए थे। वे भी ईसा के समान धर्म की सम्पूर्ति के लिए आए थे, उसका विनाश करने नहीं। अन्तर इतना है कि ईसा को प्राचीन यहूदी नहीं समझ पाये। जिस प्रकार यहूदी प्राचीन व्यवस्थान की निष्पत्ति नहीं समझ सके, उसी प्रकार बौद्ध भी हिन्दू के सत्यों की निष्पत्ति को नहीं समझ पाये। मैं यह बात फिर दुहराना चाहता हूँ कि शाक्य मुनि ध्वंस करने नहीं आये थे वरन् वे हिन्दू धर्म की निष्पत्ति थे। उसकी तार्किक परिणति और उसके सुक्तिसंगत विकास थे।

हिन्दू धर्म के दो भाग है-कर्मकाण्ड और ज्ञानकाण्ड। ज्ञानकाण्ड का विशेष अध्ययन संन्यासी लोग करते हैं। ज्ञानकाण्ड में जातिभेद नहीं हैं। भारतवर्ष में उच्च अथवा नीच जाति के लोग संन्यासी हो सकते हैं और तब दोनों जातियाँ समान हो जाती हैं। धर्म में जाति भेद नहीं है। जाति तो एक सामाजिक संस्था मात्र है। शाक्य मुनि स्वयं संन्यासी थे, और यह उनकी गरिमा है कि उनका हृदय इतना विशाल था कि उन्होंने अप्राप्य वेदों से सत्यों को निकालकर उनको समस्त संसार में विकीर्ण कर दिया। इस जगत में सब से पहले वे ही ऐसे हुए, जिन्होंने धर्म प्रचार की प्रथा चलायी, इतना ही नहीं, वरन् मनुष्य को दूसरे धर्म से अपने धर्म में दीक्षित करने का विचार भी सब से पहले उन्हीं के मन में उदित हुआ।

सर्वभूतों के प्रति, और विशेषकर अज्ञानी तथा दीन जनों के प्रति अद्भुत सहानुभूति में ही तथागत का महान गौरव सन्निहित है। उनके कुछ शिष्य ब्राह्मण थे। बुद्ध के धर्मोपदेश के समय संस्कृत भारत की जनभाषा नहीं रह गयी थी। वह उस समय केवल पण्डितों के ग्रन्थों की ही भाषा थी। बुद्धदेव के कुछ ब्राह्मण शिष्यों ने उनके उपदेशों का अनुवाद संस्कृत में करना चाहा था, पर बुद्धदेव उनसे सदा यही कहते-मैं दरिद्र और साधारण जनों के लिए आया हूँ, अत: जनभाषा में ही मुझे बोलने दो, और इसी कारण उनके अधिकांश उपदेश अब तक भारत की तात्कालीन लोकभाषा में पाये जाते हैं।

दर्शनशास्त्र का स्थान चाहे जो भी हो, तत्वज्ञान का स्थान चाहे जो भी हो, पर जब तक इस लोक में मृत्यु मान की वस्तु है, तब तक मानव हृदय में दुर्बलता जैसी वस्तु है। जब तक मनुष्य के अन्तःकरण से उसका दुर्बलताजनित करूण क्रन्दन बाहर निकलता है तब तक इस संसार में ईश्वर में विश्वास कायम रहेगा। जहाँ तक दर्शन की बात है, तथागत के शिष्यों ने वेदों की सनातन चट्टानों पर बहुत हाथ-पैर पटके, पर वे उसे तोड़ न सके और दूसरी ओर उन्होंने जनता के बीच से उस सनातन परमेश्वर को उठा लिया, जिसमें हर नर-नारी इतने अनुराग से आश्रय लेता है। फल यह हुआ कि बौद्ध धर्म को भारतवर्ष में स्वाभाविक मृत्यु प्राप्त करनी पड़ी और आज इस धर्म की जन्मभूमि भारत में अपने को बौद्ध कहने वाला एक भी स्त्री-पुरूष नहीं है।

किन्तु इसके साथ ही ब्राह्मण धर्म ने भी कुछ खोया, समाजसुधार का वह उत्साह, प्राणिमात्र के प्रति वह आश्चर्यजनक सहानुभूति और करूणा, तथा वह अद्भुत रसायन, जिसे बौद्ध धर्म ने जन-जन को प्रदान किया था एवं जिसके फलस्वरूप भारतीय समाज इतना महान हो गया कि तत्कालीन भारत के सम्बन्ध में लिखने वाले एक यूनानी इतिहासकार को यह लिखना पड़ा कि एक भी ऐसा हिन्दू नहीं दिखाई देता, जो मिथ्याभाषण करता हो, एक भी ऐसी हिन्दू नारी नहीं है जो पतिव्रता न हो। हिन्दू धर्म, बौद्ध धर्म के बिना नहीं रह सकता और न बौद्ध धर्म, हिन्दू धर्म के बिना ही। तब यह देखिए कि हमारे पारस्परिक पार्थक्य ने यह स्पष्ट रूप से प्रकट कर दिया कि बौद्ध, ब्राह्मणों के दर्शन और मस्तिष्क के बिना नहीं ठहर सकते, और न ब्राह्मण बौद्धों के विशाल हृदय के बिना। बौद्ध और ब्राह्मण के बीच यह पार्थक्य भारतवर्ष के पतन का कारण है। यही कारण है कि आज भारत में तीस करोड़ भिखमंगे निवास

करते है और वह एक सहस्र वर्षों से विजेताओं का दास बना हुआ है। अत-आइए, हम ब्राह्मणों की इस अपूर्व मेधा के साथ तथागत के हृदय, महानभावता और अद्‌भुत लोकहितकारी शक्ति को मिला दें।

स्वामी विवेकानन्द के व्याख्यान

06.धन्यवाद भाषण-27 सितम्बर, 1893

विश्वधर्म महासभा एक मूर्तिमान तथ्य सिद्ध हो गई है और दयामय प्रभु ने उन लोगों की सहायता की है, तथा उनके परम निःस्वार्थ श्रम को सफलता से विभूषित किया है, जिन्होंने इसका आयोजन किया।

उन महानुभावों को मेरा धन्यवाद हैं, जिनके विशाल हृदय तथा सत्य के प्रति अनुराग ने पहले इस अद्‌भुत स्वप्न को देखा और फिर उसे कार्यरूप में परिणत किया। उन उदार भावों को मेरा धन्यवाद, जिनसे यह सभामंच आप्लावित होता रहा है। इस प्रबुद्ध श्रोतमण्डली को मेरा धन्यवाद, जिसने मुझ पर अविकल कृपा रखी है और जिसने मत-मतान्तरों के मनोमालिन्य को हल्का करने का प्रयत्न करने वाले हर विचार का सत्कार किया। इस समसुरता में कुछ बेसुरे स्वर भी बीच-बीच में सुने गये हैं। उन्हें मेरा विशेष धन्यवाद, क्योंकि उन्होंने अपने स्वरवैचित्र्य से इस समरसता को और भी मधुर बना दिया है।

धार्मिक एकता की सर्वमान्य भित्ति के विषय में बहुत कुछ कहा जा चुका है। इस समय मैं इस सम्बन्ध में अपना मत आपके समक्ष नहीं रखूँगा। किन्तु यदि यहाँ कोई यह आशा कर रहा है कि यह एकता किसी एक धर्म की विजय और बाकी धर्मों के विनाश से सिद्ध होगी, तो उनसे मेरा कहना है कि भाई तुम्हारी यह आशा असम्भव है। क्या मैं यह चाहता हूँ कि ईसाई लोग हिन्दू हो जायँ? कदापि नहीं, ईश्वर भी ऐसा न करें! क्या मेरी यह इच्छा है कि हिन्दू या बौद्ध लोग ईसाई हो जाएँ ईश्वर इस इच्छा से बचाएँ।

बीज भूमि में बो दिया गया और मिट्टी, वायु तथा जल, उसके चारों ओर रख दिये गये। तो क्या वह बीज, मिट्टी हो जाता है, अथवा वायु या जल बन जाता है? नहीं, वह तो वृक्ष ही होता है, वह अपनी वृद्धि के नियम से ही बढ़ता है। वायु, जल और मिट्टी को पचाकर, उनको उद्भित पदार्थ में परिवर्तित करके एक वृक्ष हो जाता है।

ऐसा ही धर्म के सम्बन्ध में भी है। ईसाई को हिन्दू या बौद्ध नहीं होना चाहिए, और न ही हिन्दू अथवा बौद्ध को ईसाई ही। पर हाँ, प्रत्येक को चाहिए कि वह दूसरों के सारभाग को आत्मसात् करके पुष्टिलाभ करे और अपने वैशिष्ट्य की रक्षा करते हुए अपनी निजि बुद्धि के नियम के अनुसार वृद्धि को प्राप्त हो।

इस धर्म महासभा ने जगत् के समक्ष यदि कुछ प्रदर्शित किया है तो वह यह है-उसने सिद्ध कर दिया है कि शुद्धता, पवित्रता और दयाशीलता किसी सम्प्रदाय विशेष की ऐकान्तिक सम्पत्ति नहीं है एवं प्रत्येक धर्म में श्रेष्ठ एवं अतिशय उन्नतचरित्र स्त्री-पुरूषों को जन्म दिया है। अब इन प्रत्यक्ष प्रमाणों के बावजूद भी कोई ऐसा स्वप्न देखे कि अन्यान्य सारे धर्म नष्ट हो जायेंगे और केवल उसका धर्म ही जीवित रहेगा, तो उस पर मैं अपने हृदय के अंतराल से दया करता हूँ और उससे स्पष्ट बतलाए देता हूँ कि शीघ्र ही सारे प्रतिरोधों के बावाजूद प्रत्येक धर्म की पताका पर यह लिखा रहेगा-"सहायता करों, लड़ो मत", "परभाव ग्रहण, न कि परभाव विनाश", "समन्वय और शान्ति, न कि मतभेद और कलह"।

लव कुश सिंह “विश्वमानव”

आविष्कारकर्ता-मन (मानव संसाधन) का विश्व मानक एवं पूर्ण मानव निर्माण की तकनीकी
अगला दावेदार-भारत सरकार का सर्वोच्च नागरिक सम्मान-“भारत रत्न”

परिचय

अपने विशेष कला के साथ जन्म लेने वाले व्यक्तियों के जन्म माह अक्टुबर के सोमवार, 16 अक्टुबर 1967 (आश्विन, शुक्ल पक्ष-त्रयोदशी, रेवती नक्षत्र) समय 02.15 ए.एम. बजे को रिफाइनरी टाउनशिप अस्पताल (सरकारी अस्पताल), बेगूसराय (बिहार) में श्री लव कुश सिंह का जन्म हुआ और टाउनशिप के E1-53, E2-53, D2F-76, D2F-45 और साइट कालोनी के D-58, C-45 में रहें। इनकी माता का नाम श्रीमती चमेली देवी तथा पिता का नाम श्री धीरज नारायण सिंह जो इण्डियन आयल कारपोरेशन लि0 (आई.ओ.सी.लि.) के बरौनी रिफाइनरी में कार्यरत थे और उत्पादन अभियंता के पद से सन् 1995 में स्वैच्छिक सेवानिवृत हो चुके हैं। जो कि ग्राम-नियामतपुर कलाँ, पुरूषोत्तमपुर, मीरजापुर (उ0प्र0) पिन-231305 के निवासी हैं। दादा का नाम स्व.राजाराम व दादी का नाम श्रीमती दौलती देवी था। जन्म के समय दादा स्वर्गवासी हो चुके थे जो कभी कश्मीर के राजघराने में कुछ समय के लिए सेवारत भी थे। मार्च सन् 1991 में इनका विवाह चुनार क्षेत्र के धनैता (मझरा) ग्राम में शिव कुमारी देवी से हुआ और जनवरी सन् 1994 में पुत्र का जन्म हुआ। मई सन् 1994 में शिव कुमारी देवी की मृत्यु होने के उपरान्त वे लगभग घर की जिम्मेदारीयों से मुक्त रह कर भारत देश में भ्रमण करते हुये चिंतन व विश्वशास्त्र के संकलन कार्य में लग गये। किसी भी व्यक्ति का नाम उसके अबोध अवस्था में ही रखा जाता है अर्थात् व्यक्ति का प्रथम नाम प्रकृति प्रदत्त ही होता है। लव कुश सिंह नाम उनकी दादी स्व0 श्रीमती दौलती देवी के द्वारा उन्हें प्राप्त हुआ।

भारत देश के ग्रामीण क्षेत्र से एक सामान्य नागरिक के रूप में सामान्य से दिखने वाले श्री लव कुश सिंह एक अद्भुत नाम-रूप-गुण-कर्म के महासंगम हैं जिसकी पुनरावृत्ति असम्भव है। इनकी शिक्षा न्यू प्राइमरी स्कूल (प्राथमिक), रिफाइनरी टाउनशिप, बेगूसराय (बिहार), माधव विद्या मन्दिर इण्टरमीडिएट कालेज, पुरूषोत्तमपुर, मीरजापुर, उ0प्र0 (दसवीं-1981, 13 वर्ष 6 माह में), प्रभु नारायण राजकीय इण्टर कालेज, रामनगर, वाराणसी, उ0प्र0 (बारहवीं-1983, 15 वर्ष 6 माह में) और बी.एससी.(जीव विज्ञान) में 17 वर्ष 6 माह के उम्र में सन् 1985 ई0 में तत्कालिन गोरखपुर विश्वविद्यालय से सम्बद्ध श्री हरिश्चन्द्र स्नातकोत्तर महाविद्यालय, वाराणसी से पूर्ण हुई। तकनीकी शिक्षा में कम्प्यूटर प्रोग्रामिंग एण्ड सिस्टम एनालिसिस में स्नातकोत्तर डिप्लोमा इण्डिया एजुकेशन सेन्टर, एम-92, कनाट प्लेस, नई दिल्ली से सन् 1988 में पूर्ण हुई। परन्तु जिसका कोई प्रमाण पत्र नहीं है वह ज्ञान अद्भुत है। अपने तीन भाई-बहनों व एक पुत्र में वे सबसे बड़े व सबसे कम प्रमाणित शिक्षा प्राप्त हैं। एक अजीब पारिवारिक स्थिति यह है कि प्रारम्भ निरक्षर माँ से होकर अन्त “विश्वशास्त्र” को व्यक्त करने वाले श्री लव कुश सिंह तक एक ही परिवार में हैं।

सभी धर्मशास्त्रों और भविष्यवक्ताओं के अनुसार और सभी को सत्य रूप में वर्तमान करने के लिए "विश्वशास्त्र" को व्यक्त करने वाले श्री लव कुश सिंह समय रूप से संसार के सर्वप्रथम वर्तमान में रहने वाले व्यक्ति हैं क्यूँकि वर्तमान की परिभाषा है-पूर्ण ज्ञान से युक्त होना और कार्यशैली की परिभाषा है-भूतकाल का अनुभव, भविष्य की आवश्यकतानुसार पूर्णज्ञान और परिणाम ज्ञान से युक्त होकर वर्तमान समय में कार्य करना। स्वयं को आत्म ज्ञान होने पर प्रकृति प्रदत्त नाम के अलावा व्यक्ति अपने मन स्तर का निर्धारण कर एक नाम स्वयं रख लेता है। जिस प्रकार "कृष्ण" नाम है "योगेश्वर" मन की अवस्था है, "गदाधर" नाम है "रामकृष्ण परमहंस" मन की अवस्था है, "सिद्धार्थ" नाम है "बुद्ध" मन की अवस्था है, "नरेन्द्र नाथ दत्त" नाम है "स्वामी विवेकानन्द" मन की अवस्था है, "रजनीश" नाम है "ओशो" मन की अवस्था है। उसी प्रकार लव कुश सिंह ने अपने नाम के साथ "विश्वमानव" लागाकर मन की अवस्था को व्यक्त किया है और उसे सिद्ध भी किया है। व्यक्तियों के नाम, नाम है "भोगेश्वर विश्वमानव" उसकी चरम विकसित, सर्वोच्च और अन्तिम अवस्था है जहाँ समय की धारा में चलते-चलते मनुष्य वहाँ विवशतावश पहुँचेगा ऐसा उनका मानना है। जिस प्रकार श्रीकृष्ण के जन्म से पहले ही ईश्वरत्व उन पर झोंक दिया गया था अर्थात् जन्म लेने वाला देवकी का आठवाँ पुत्र ईश्वर ही होगा, यह श्रीकृष्ण को ज्ञात होने पर जीवनभर वे जनभावना को उस ईश्वरत्व के प्रति विश्वास बनाये रखने के लिए संघर्ष करते रहे, उसी प्रकार इस "लव-कुश" का नाम उन्हें ज्ञात होने पर वे भी इसे सिद्ध करने के लिए जीवनभर संघर्ष करते रहे जिसका परिणाम आपके समक्ष है।

श्री लव कुश सिंह "विश्वमानव"ने कभी किसी पद पर सरकारी नौकरी नहीं की इस सम्बन्ध में उनका कहना था कि-"नौकरी करता तो यह नहीं कर पाता। पद पर रहता तो केवल पद से सम्बन्धित ही विशेषज्ञता आ पाती। वैसे भी पत्र-व्यवहार या पुस्तक का सम्बन्ध ज्ञान और विचार से होता हैं उसमें व्यक्ति के शरीर से क्या मतलब? क्या कोई लंगड़ा या अंधा होगा तो उसका ज्ञान-विचार भी लंगड़ा या अंधा होगा? क्या कोई किसी पद पर न हो तो उसकी सत्य बात गलत मानी जायेगी? विचारणीय विषय है। परन्तु इतना तो जानता हूँ कि यह आविष्कार यदि सीधे-सीधे प्रस्तुत कर दिया जाता तो सभी लोग यही कहते कि इसकी प्रमाणिकता क्या है? फिर मेरे लिए मुश्किल हो जाता क्योंकि मैं न तो बहुत ही अधिक शिक्षा ग्रहण किया था, न ही किसी विश्वविद्यालय का उच्चस्तर का शोधकत्र्ता था। परिणामस्वरूप मैंने ऐसे पद "कल्कि अवतार" को चुना जो समाज ने पहले से ही निर्धारित कर रखा था और पद तथा आविष्कार के लिए व्यापक आधार दिया जिसे समाज और राज्य पहले से मानता और जानता है।"

भारत अपने शारीरिक स्वतन्त्रता व संविधान के लागू होने के उपरान्त वर्तमान समय में जिस कर्तव्य और दायित्व का बोध कर रहा है। भारतीय संसद अर्थात् विश्वमन संसद जिस सार्वभौम सत्य या सार्वजनिक सत्य की खोज करने के लिए लोकतन्त्र के रूप में व्यक्त हुआ है। जिससे स्वस्थ लोकतंत्र, समाज स्वस्थ, उद्योग और पूर्ण मानव की प्राप्ति हो सकती है, उस ज्ञान से युक्त विश्वात्मा श्री लव कुश सिंह "विश्वमानव" वैश्विक व राष्ट्रीय बौद्धिक क्षमता के सर्वोच्च और अन्तिम प्रतीक के रूप में व्यक्त हैं।

निःशब्द, आश्चर्य, चमत्कार, अविश्वसनीय, प्रकाशमय इत्यादि ऐसे ही शब्द उनके और उनके शास्त्र के लिए व्यक्त हो सकते हैं। विश्व के हजारों विश्वविद्यालय जिस पूर्ण सकारात्मक एवं एकीकरण के विश्वस्तरीय शोध को न कर पाये, वह एक ही व्यक्ति ने पूर्ण कर दिखाया हो उसे कैसे-कैसे शब्दों से व्यक्त किया जाये, यह सोच पाना और उसे व्यक्त कर पाना निःशब्द होने के सिवाय कुछ नहीं है।

"विश्वशास्त्र" के शास्त्राकार श्री लव कुश सिंह "विश्वमानव" अपने परिचितों से केवल सदैव इतना ही कहते रहे कि-"कुछ अच्छा किया जा रहा है" के अलावा बहुत अधिक व्याख्या उन्होंने कभी नहीं की। और अन्त में कभी भी बिना इस शास्त्र की एक भी झलक दिखाये एकाएक यह शास्त्र प्रस्तुत कर दिया जाये तो इससे बड़ा आश्चर्य क्या हो सकता है। जो इस स्तर पर है कि-"विश्व बुद्धि बनाम एकल बुद्धि। और उसका परिणाम ये है कि भारत को वर्तमान काल में विश्वगुरू और संयुक्त राष्ट्र संघ तक के लिए सार्वभौम सत्य-सैद्धान्तिक स्थापना योग्य मार्गदर्शन अभी ही उपलब्ध हो चुका है जिससे भारत जब चाहे तब उसका उपयोग कर सके।

जो व्यक्ति कभी किसी वर्तमान गुरू के शरणागत होने की आवश्यकता न समझा, जिसका कोई शरीरधारी प्रेरणा स्रोत न हो, किसी धार्मिक व राजनीतिक समूह का सदस्य न हो, इस कार्य से सम्बन्धित कभी

सार्वजनिक रूप से समाज में व्यक्त न हुआ हो, जिस विषय का आविष्कार किया गया, वह उसके जीवन का शैक्षणिक विषय न रहा हो, 50 वर्ष के अपने वर्तमान अवस्था तक एक साथ कभी भी 50 लोगों से भी न मिला हो, यहाँ तक कि उनको इस रूप में 50 आदमी भी न जानते हों, यदि जानते भी हो तो पहचानते न हों और जो पहचानते हों वे इस रूप को जानते न हों, वह अचानक इस शास्त्र को प्रस्तुत कर दें तो इससे बडा चमत्कार क्या हो सकता है।

जिस व्यक्ति का जीवन, शैक्षणिक योग्यता और कर्मरूप शास्त्र तीनों का कोई सम्बन्ध न हो अर्थात् तीनों तीन व्यक्तित्व का प्रतिनिधित्व करते हों, इससे बड़ी अविश्वसनीय स्थिति क्या हो सकती है।

मूल पाशुपत शैव दर्शन सहित अनेक मतों का सफल एकीकरण के स्वरूप श्री लव कुश सिह "विश्वमानव" के जीवन, कर्म और ज्ञान के अनेक दिशाओं से देखने पर अनेक दार्शनिक, संस्थापक, संत, ऋषि, अवतार, मनु, व्यास, व्यापारी, रचनाकर्ता, नेता, समाज निर्माता, शिक्षाविद्, दूरदर्शिता इत्यादि अनेक रूप दिखते हैं।

कार्य योजना(ACTION PLAN) की पुस्तकें

"आध्यात्मिक सत्य एवं दार्शनिक विरासत" के आधार पर "काल, मनु ,युग, व्यास, शास्त्र परिवर्तन", "मन में अन्तर (मनवन्तर) को समाप्त करने और मन के नवीनीकरण" के लिए "सार्वभौम सत्य-सिद्धान्त" पर आधारित "विश्वशास्त्र - द नालेज आफ फाइनल नालेज" शास्त्र को The Knowledge Equalizer के रूप में निम्नलिखित शीर्षक में 64 भागों में प्रकाशित किया कर दिया गया जिसमें परिचय, ज्ञान, कर्मज्ञान कार्यवाही योजना इत्यादि सभी कुछ हैं-

भाग के अनुसार

01. विश्वशास्त्र - विषय-प्रवेश
02. विश्वशास्त्र - अध्याय-एक: ईश्वर
03. विश्वशास्त्र - अध्याय-दो: जीवन परिचय
04. विश्वशास्त्र - अध्याय-तीन: ज्ञान परिचय
05. विश्वशास्त्र - अध्याय-चार: कर्म परिचय (सार्वजनिक प्रमाणित दृश्य महायज्ञ)
06. विश्वशास्त्र - अध्याय-पाँच (भाग - 01): सार्वजनिक प्रमाणित विश्वरूप
07. विश्वशास्त्र - अध्याय-पाँच (भाग - 02): सार्वजनिक प्रमाणित विश्वरूप
08. विश्वशास्त्र - परिशिष्ट

मुख्य शास्त्र

01. विश्वशास्त्र - द नालेज आफ फाइनल नालेज

सारांश के अनुसार

02. मैं सत्यकाशी से कल्कि महावतार बोल रहा हूँ (समष्टि गीता - यथार्थ प्रकाश)

शीर्षक के अनुसार

03. विश्वस्तरीय फिल्म लेखन कला
04. प्रारम्भिक सत्य - अन्तिम दृष्टि
05. सत्य धर्म - युग परिवर्तक दृष्टि
06. सत्य दार्शनिक-दर्शन और कर्म वेदान्त-विकास दर्शन

07. सत्य शास्त्र एवं पुराण रहस्य-महर्षि व्यास कला
08. संत एवं गुरू और विश्व संत एवं गुरू
09. समाज और ईश्वरीय समाज
10. सत्य शास्त्र और विश्वशास्त्र
11. कृति और विश्व कृति
12. भारत माता मन्दिर और विश्वधर्म मन्दिर
13. महाभारत और विश्वभारत
14. संविधान और विश्व संविधान
15. शिक्षा और पूर्ण शिक्षा
16. देवता और सार्वभौम देवता कल्कि
17. देवीयाँ और सार्वभौम देवी माँ क्लिक
18. द्वादश ज्योतिर्लिंग और 13वां अन्तिम ज्योतिर्लिंग
19. काशी - मोक्षदायिनी और जीवनदायिनी
20. सत्यकाशी - स्वर्णयुग का तीर्थ
21. काशी - रहस्योद्घाटन
22. 2020 - मन का नवीनीकरण
23. ईश्वर का संक्षिप्त इतिहास
24. अवतार - अन्तिम सत्य दृष्टि
25. भविष्यवाणियाँ और कल्कि अवतार
26. स्वामी विवेकानन्द और कल्कि अवतार
27. मनु, मनवन्तर और कल्कि महावतार
28. व्यास, शास्त्र और कल्कि महावतार
29. ऋषि, ऋषि परम्परा और कल्कि महावतार
30. दूसरा आगमन या अन्तिम आगमन
31. परिवर्तन-काल, मनु, युग, व्यास और शास्त्र
32. राम, रावण और सार्वभौम एकात्म
33. मैं, व्यक्तिगत या सार्वभौम
34. लव कुश (त्रेतायुग) और लवकुश (कलियुग)
35. कल्कि महावतार आ चुके हैं (ACTION PLAN)
36. लव कुश सिंह (कल्कि महाअवतार)-जीवन, ज्ञान, कर्म और विश्वरूप
37. वैश्विक बुद्ध - बुद्ध का भाग दो और अन्तिम
38. बुड्ढा कृष्ण - कृष्ण का भाग दो और अन्तिम
39. सम्पूर्ण क्रान्ति-अन्तिम कार्य योजना
40. पुनर्निर्माण (RENEW)-समस्या, समाधान और राष्ट्र निर्माण की योजना
41. पुनर्निमाण (RENEW)- ग्राम एवं नगर वार्ड प्रेरक
42. विश्वशास्त्र द नालेज आफ फाइनल नालेज-परिचय
43. एन्टायर पालिटिक्स - पूर्ण पाठ्यक्रम
44. वसुधैव-कुटुम्बकम्
45. कर्मवेद: प्रथम, अन्तिम तथा पंचम वेद
46. आठवें अवतार श्रीकृष्ण के अनकहे संदेश

47. अयोध्या नहीं, मुंगेर है राम जन्मभूमि
48. विश्वमानव-भूतपूर्व नेतृत्वकर्ताओं का स्पष्टिकरण
49. विश्वमानव-वर्तमान नेतृत्वकर्ताओं का स्पष्टिकरण
50. विश्वमानव-वार्ता, वक्तव्य एवं वाणियाँ
51. विश्वमानव-पत्रावली, प्रसारण और अन्तिम पत्र
52. सत्य जनहित आह्वान
53. विश्व शान्ति-अन्तिम सत्य दृष्टि
54. नई विश्व व्यवस्था का रहस्य
55. समाजवाद - ब्रह्माण्डीय विकास का अवतारी मार्ग
56. भारतवाद - राष्ट्रवाद की मुख्यधारा
57. 100 वर्षीय संयुक्त राष्ट्र को अग्रिम सन्देश
58. सार्वभौम एकात्म-नव विश्व निर्माण
59. गणराज्य, संघ, मानकीकरण संगठन और सम्पूर्ण मानक
60. व्यापार केन्द्र (TRADE CENTRE)-दृश्य सत्य
61. मन का विश्वमानक और पूर्ण मानव निर्माण की तकनीकी-WCM-TLM-SHYAM.C
62. मानक विपणन प्रणाली (3F-Fire-Fuel-Fire)
63. स्वर्णयुग का मानक आदर्श नागरिक-दिशा निर्देश
64. विश्वधर्म: परिचय (स्वर्णयुग का धर्म)

व्यक्ति और विभागीय स्तर पर सफाई-सुधार का पहला प्रारूप की पुस्तक - डा0 रमेश कुमार द्वारा लिखित "विशाल ज्ञान विज्ञान सबका समाधान" है

विश्वधर्म मन्दिर-धर्म के व्यावहारिक अनुभव का मन्दिर

धर्म के व्यावहारिक अनुभव का मन्दिर-विश्वधर्म मन्दिर, की स्थापना जीवनदायिनी सत्यकाशी क्षेत्र में उचित स्थान देखकर की जायेगी क्योंकि इसकी स्थापना के पीछे स्थान का कोई विशेष कारण और स्थान के लिए शास्त्रीय आधार नहीं है, इसके लिए पूरा सत्यकाशी क्षेत्र ही शास्त्रीय आधार के अन्तर्गत है।

यह एक विशाल कैम्पस होगा जिसमें एक प्रवेश द्वार (जन्म का प्रतीक) और एक ही निकास द्वार (मृत्यु का प्रतीक) होगा। प्रवेश द्वार से प्रवेश करते ही विश्व के प्रमुख धर्मों के अलग-अलग द्वार (जीवन संस्कृति का प्रतीक) होंगे। जिन्हें जिस धर्म का अनुभव प्राप्त करना हो वे उस द्वार से प्रवेश करेंगे और उस धर्म के अनुसार वस्त्र, पूजा पद्धति, धर्म शास्त्र, खान-पान इत्यादि का पूरा अनुभव पूरे दिन प्राप्त करेंगे और अन्त में निकास द्वार से अपने पुराने वस्त्र को धारण कर बाहर आयेंगे। इसका तात्पर्य यह है कि जन्म (प्रवेश द्वार) की एक ही विधि है और मृत्यु (निकास द्वार) की भी एक ही विधि है जो किसी धर्म से सम्बन्धित नहीं है। बीच का जीवन ही उस धर्म का अनुभव है। धर्म में प्रवेश के उपरान्त धर्म (जीवन संस्कृति) परिवर्तन का कोई मार्ग नहीं है। उसके लिए आपको निकास द्वार (मृत्यु) से बाहर आकर फिर जन्म (पुर्नजन्म) लेना पड़ेगा फिर किसी दूसरे धर्म का अनुभव आप प्राप्त कर सकते हैं। यह धर्म के व्यावहारिक अनुभव का मन्दिर-विश्वधर्म मन्दिर, पूर्णतः व्यापारिक ढंग से संचालित होगा।

जिस प्रकार "भारत माता मन्दिर", भारत के स्वरूप को एक निर्माण क्षेत्र में प्रतिनिधित्व देता है उसी प्रकार "विश्व धर्म मन्दिर", विश्व के स्वरूप को एक निर्माण क्षेत्र में प्रतिनिधित्व देता है। उद्देश्य केवल समग्रता/सम्पूर्णता से दृष्टि में लाने के उपरान्त ईश्वर (सार्वभौम सत्य-सिद्धान्त) से योग कराना मात्र है।

भाग-4
परिवर्तन

सीधी समझ

नये भारत में, नये मनुष्य के उदय के लिए

व्यवस्था के परिवर्तन या सत्यीकरण का पहला प्रारूप और उसकी कार्य विधि

वे शब्द जिसके बिना युग परिवर्तन सम्भव नहीं

उपाधियाँ मिलती है- पीएच0 डी0, डी0 लिट0 और डी0 फिल0 और उनका बड़ा सम्मान होता है। उनका काम क्या है? उनका काम यह है कि वे तय करते हैं कि गोरखनाथ कब पैदा हुए थे। कोई कहता है दसवीं सदी के अंत में, कोई कहता है ग्यारहवीं सदी के प्रारम्भ में। इस पर बड़ा विवाद चलता है। बड़े-बड़े विश्वविद्यालयों के ज्ञानी सिर खपा कर खोज में लगे रहते हैं। शास्त्रों की, प्रमाणों की, इसकी, उसकी। उनकी पूरी जिन्दगी इसी में जाती है। इससे बड़ा अज्ञान और क्या होगा? गोरख कब पैदा हुए, इसे जानकर करोगे क्या? इसे जान भी लिया तो पाओगे क्या? गोरख न भी पैदा हुए, यह भी सिद्ध हो जाये, तो भी क्या फायदा? हुए हों या न हुए हों, अर्थहीन है। गोरख ने क्या जिया उसका स्वाद लो। इसलिए तुम्हारे विश्वविद्यालय ऐसी व्यर्थता के कामों में संलग्न हैं कि बड़ा आश्चर्य होता है कि इन्हें विश्वविद्यालय कहो या न कहो। इनका काम ही........तुम्हारे विश्वविद्यालय में चलने वाली जितनी शोध है, सब कूड़ा-करकट है।

-आचार्य रजनीश "ओशो"

(अक्टुबर व नवम्बर 1978 में दिये गये प्रवचन का अंश)

FINAL KNOWLEDGE BOMB BLAST

AFTER FIRST NOBEL DISCOVERY OF ZERO BY INDIA AGAIN ZERO BASED FINAL DISCOVERY

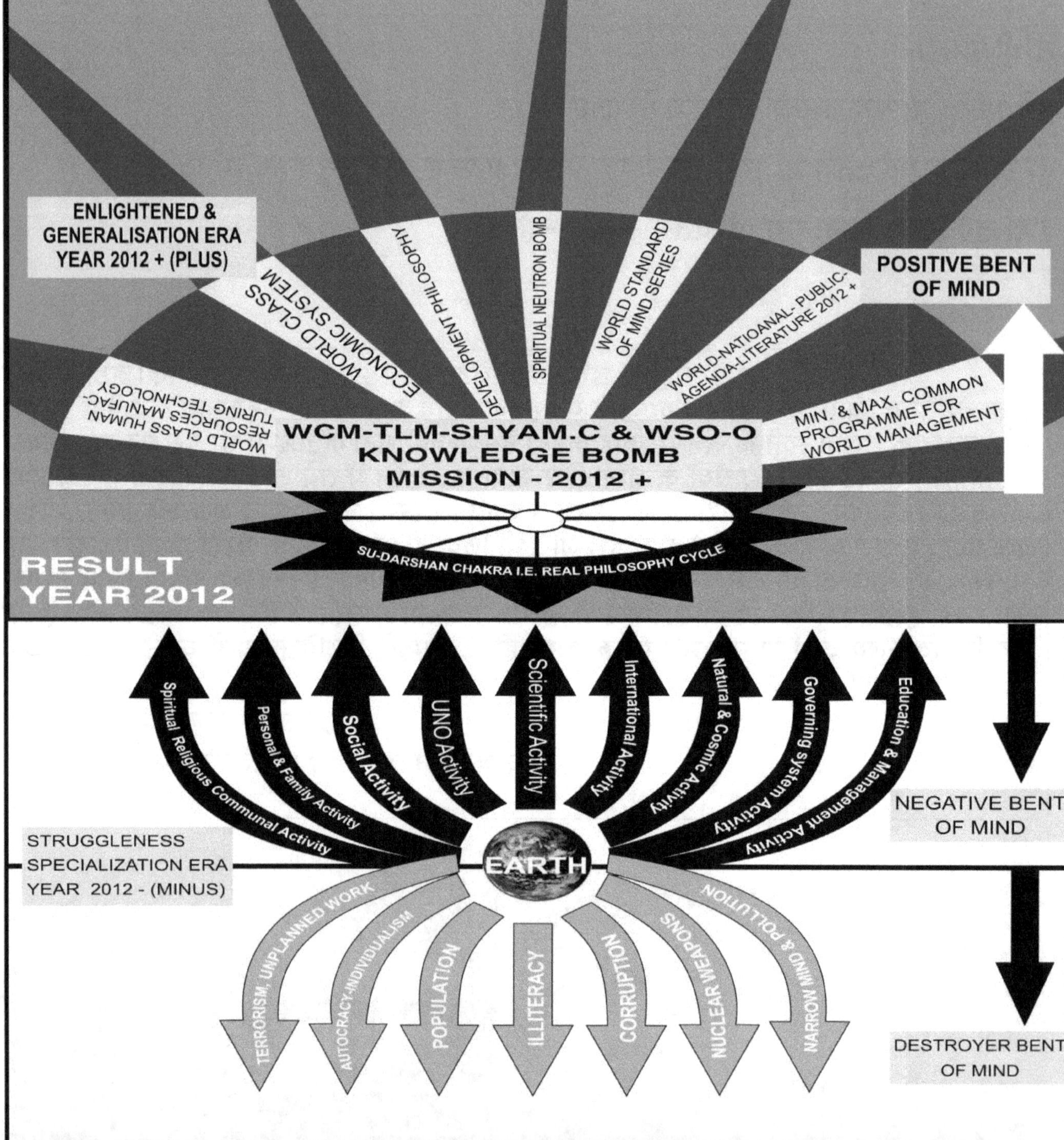

मैकाले शिक्षा पद्धति हम बदल नहीं सकते लेकिन अलग से "सत्य मानक शिक्षा" ग्रहण तो कर सकते हैं।

सरकारी पाठ्यक्रम बनाम नीजी पाठ्यक्रम / सार्वभौम आत्मीय पाठ्यक्रम / ईश्वरीय पाठ्यक्रम

ज्ञान के इस युग में ज्ञान की ओर चलें

FINAL KNOWLEDGE BOMB BLAST

यह चित्र **“FINAL KNOWLEDGE BOMB BLAST”** एक गहन वैचारिक मानचित्र है, जो मानव चेतना, ज्ञान, दर्शन और वैश्विक व्यवस्था के परिवर्तन को प्रतीकात्मक रूप में प्रस्तुत करता है।

इसमें यह दिखाया गया है कि वर्ष 2012 को एक *युग-संधि* के रूप में देखा गया है- जहाँ संघर्ष, विशेषज्ञता और विखंडन (2012–minus) से निकलकर मानवता को प्रबोधन, सामान्यीकरण और समन्वय (2012–plus) की ओर बढ़ना है।

चित्र के केंद्र में **WCM–TLM–SHYAM.C & WSO-O Knowledge Bomb Mission** और **सु-दर्शन चक्र (Real Philosophy Cycle)** को रखा गया है, जो यह संकेत देता है कि वास्तविक परिवर्तन शस्त्रों से नहीं, बल्कि दर्शन, विवेक और समग्र ज्ञान से आता है। ऊपर की ओर उठती संरचना *Positive Bent of Mind* को दर्शाती है, जहाँ विश्व-स्तरीय सोच, आध्यात्मिक दर्शन, मानवीय मूल्य, वैश्विक एजेंडा और कॉमन प्रोग्राम के माध्यम से मानव चेतना का विस्तार होता है।

चित्र के निचले भाग में पृथ्वी को केंद्र बनाकर मानव गतिविधियों-आध्यात्मिक, सामाजिक, वैज्ञानिक, अंतरराष्ट्रीय, शैक्षिक और प्रशासनिक-को दर्शाया गया है, जो यदि संतुलित हों तो उन्नति का मार्ग बनती हैं, और यदि असंतुलित हों तो *Negative* तथा *Destroyer Bent of Mind* की ओर ले जाती हैं।

वहीं नीचे की ओर गिरते तीर आतंकवाद, तानाशाही, जनसंख्या विस्फोट, अशिक्षा, भ्रष्टाचार, परमाणु खतरे और संकीर्ण सोच जैसे विनाशकारी तत्वों का प्रतिनिधित्व करते हैं। समग्र रूप से यह चित्र यह संदेश देता है कि वर्तमान युग में मानवता के सामने विकल्प स्पष्ट है-या तो संकीर्ण, नकारात्मक और विनाशकारी सोच, या फिर **“ज्ञान आधारित सार्वभौमिक दर्शन”** के माध्यम से पृथ्वी और मानव सभ्यता का संतुलित, शांतिपूर्ण और प्रबुद्ध भविष्य।

सीधी समझ

बड़ा वट वृक्ष (Big Banyan Tree), सैकड़ों वर्ष पुराना एक विशाल क्षेत्र में फैला वट वृक्ष है। जिसका मूल वृक्ष अब अस्तित्व में नहीं है उसके तनों से निकले सैंकड़ों जड़ वर्तमान में स्वयं एक वृक्ष, फिर उनके तनों से निकले सैंकड़ों जड़ भी वर्तमान में एक-एक वृक्ष के रूप में स्थापित हैं और सभी एक-दूसरे से जुड़े हुये हैं, बस जो नहीं है, वह है मूल वृक्ष। इस प्रकार सम्पूर्ण वृक्ष परिवार एक बड़े क्षेत्र में फैल चुका है और निरन्तर जारी भी है। प्रत्येक स्वयं स्वतन्त्र वृक्ष के रूप में स्थापित वृक्ष का अपने परिवार के रूप में तना, पत्ता, फूल और फल सब निकलते रहते हैं और जिसे जहाँ अर्थात् नजदीकी स्रोत से सुविधा अर्थात् खुराक मिल सकता हैं वहाँ से प्राप्त करते हुये विकास कर रहे हैं। इस कार्य में आपस में कोई विवाद नहीं है। कोई किसी पर अधिपत्य जमाना नहीं चाहता, ना ही अन्य के विकास में कोई बाधा पहुँचाता है। जिसको जिस ओर उचित वातावरण मिलता जाता है, उस ओर वह विकास कर रहा है। कुल मिलाकर स्व प्रेरित सुशासन की भाँति संचालित है। इस वट वृक्ष के सबसे बाद अर्थात् वर्तमान के तनों-पत्तों के लिए उसका जन्मदाता व पालनकर्ता के रूप में उसका नजदीकी जड़ ही है इसलिए उसकी कथा-कहानी वहीं से शुरू होती है और वहीं तक उसका ज्ञान है जो एक संकुचित और सीमित ज्ञान है। वह पूर्ण को नहीं जान रहा, उसका पूर्णत्व, सार्वभौम पूर्णत्व नहीं बल्कि सीमित पूर्णत्व है। सीमित पूर्णत्व में भी वह आनन्द में हैं और विकासशील है। उसका विकास होना सार्वभौम का ही विकास होना है परन्तु उसे उसका ज्ञान नहीं है और वह उस सार्वभौम के विकास में अपने योगदान को करते हुये भी स्वयं को गौरवान्वित नहीं अनुभव कर रहा है। सार्वभौम से युक्त होने के बाद भी उसे अपने परिवार से ही जुड़ा रहना उसकी विवशता भी है और इसके अलावा कोई अन्य मार्ग भी नहीं हैं। उसके सार्वभौम का मार्ग भी उसके अपने परिवार के ही मार्ग से होकर जाता है। वृक्ष के साथ यह मजबूरी भी है कि क्योंकि वह स्थिर है इसलिए उसका छोटा परिवार केवल पड़ोस तक के ही दायरे के सम्पर्क में है। दूसरे छोर के परिवार का क्या हाल है उसे कुछ नहीं पता।

हे मानवों, ये संसार भी उपरोक्त वट वृक्ष के सामन ही फैला हुआ है। परन्तु उस भाँति विकास नहीं कर रहा है। मनुष्य के अन्दर बीमारी की भाँति अधिकतम "शक्ति और लाभ (पावर और प्राफिट)" की दौड़ ने उसे अधिपत्य, अत्याचार, दूसरे को दबाना इत्यादि से युक्त कर दिया है। और जो इस दौड़ में नहीं हैं वे सीमित पूर्णत्व में आनन्द के साथ विकासशील हैं। उन्हें और भी तेज विकास की इच्छा है परन्तु उनके बुद्धि का दायरा ही सीमित है इसलिए उन्हें मार्ग नहीं मिल रहा है। यदि उनको मार्ग भी मिल रहा हो तो वट वृक्ष की भाँति उसके नजदीकी जन्मदाता ने उसे यह बता रखा है कि जब उस सार्वभौम का मार्ग मेरे ही रास्ते से जाता है तो जो मैं कह रहा हूँ उसे करो। और इसके लिए वे अपने परिवार के लिए अनेक प्रकार की प्रणाली दे रखे हैं। जबकि ये प्रणाली देने वाले उनके नजदीकी जन्मदाता स्वयं कहाँ से आये हैं स्वयं उन्हे भी नहीं पता। क्योंकि वे स्वयं भी उस वट वृक्ष के खो गये मूल जड़ की तरह अपने मूल जड़ को नहीं जानते। वे भी अपने नजदीकी जन्मदाता का ही अनुसरण कर रहे होते हैं। ये प्रणालीयाँ अनेक प्रकार की हैं उदाहरणस्वरूप कुछ मुख्य निम्नवत् हैं-

1 उनके द्वारा प्रस्तुत कुछ पुस्तकें होती हैं जिन्हें नियमानुसार प्रतिदिन पढ़ना होता है। पढ़ने के पूर्व शुद्धता की भी प्रक्रिया अनिवार्य होती है अन्यथा पुस्तकें परिणाम नहीं दे पायेंगी, ये भी शर्त होती हैं।
2 उनके द्वारा भोजन से सम्बन्धित कुछ नियम बना दिये जाते हैं कि क्या खाना है और क्या नहीं खाना है।
3 उनके द्वारा कोई मन्त्र दे कर उसे नियमानुसार जपने के लिए दे दिया जाता है।
4 उनके द्वारा किसी यन्त्र-तन्त्र द्वारा समस्या मुक्ति का उपाय बता दिया जाता है।
5 उनके द्वारा किसी विशेष प्रकार के रंग और ढ़ग के वस्त्र निर्धारित कर दी जाती है जिससे उनकी पहचान एक अलग रूप में हो। अर्थात् समाज का एक और विभाजन कर उसे प्रस्तुत कर देते हैं।

सामान्य रूप से सभी द्वारा अनिवार्य रूप से ये भी निर्धारित कर दी जाती है कि किसी दूसरे के नियमों को न तो जानना है, न सुनना है, न पढ़ना है और न ही उसमें शामिल होना है। अर्थात् एक गतिशील प्राणी मनुष्य को जिसे सदैव श्रेष्ठ से, श्रेष्ठतम और सर्वोच्च तक उठने-विकास करने के लिए निर्मित किया गया था, उसे एक सीमित

दायरे में बुद्धिबद्ध कर दिया गया। मनुष्य जिसका निर्माण अपनी मस्तिष्क को असीम क्षमता को विकसित कर ईश्वर रूप में व्यक्त होना था, उसे जड़ (स्थिर) बना दिया गया।

हे मानवों, मनुष्यों की सबसे बड़ी कमजोरी "स्वयं में गुणों का विकास कर स्वयं बन जाने या हो जाने" में नहीं बल्कि "पाने" की इच्छा है। इस पाने की इच्छा की कमजोरी का परिणाम ही है उपरोक्त अनेक प्रकार के बुद्धिबद्ध करने की विधियाँ।

हे मानवों, उपरोक्त के पृष्ठभूमि में उनका उद्देश्य केवल अपने स्वार्थ की पूर्ति के सिवाय कुछ नहीं होता। क्योंकि मार्गदर्शक या प्रेरक या शिक्षक का उद्देश्य स्वयं से श्रेष्ठ मानव का निर्माण होता है न कि सदैव जीवन भर एक ही प्रणाली या प्रक्रिया या कक्षा में पढ़ते-दुहराते रहने के लिए विवश करना। उपरोक्त के पृष्ठभूमि में शारीरिक-आर्थिक-मानसिक शोषण का ही कार्य विभिन्न प्रकार से चल रहा है। कोई अपने कृषि कार्य को मुफ्त में हल करवा रहा है, तो कोई अपने नाम के उत्पादों को सिर्फ उन्हें ही खरीदने के लिए बुद्धिबद्ध कर दिया है।

हे मानवों, इन सबको आस्था का व्यापार कहते हैं। जबकि मैं देख रहा हूँ कि प्रत्येक संस्कारित करने की क्रिया जो उस काल के लिए आस्था का विषय था। उसके अगले काल के लिए संस्कारित करने की नयी क्रिया उपलब्ध हो जाने के बावजूद, मानव शरीर पिछले काल के संस्कारित करने वाली क्रिया के प्रति आस्था रखते हुये मूर्खता का स्पष्ट प्रदर्शन कर रहा है। सभी कालों में, सभी संस्कारित करने की क्रियाओं में मैं (सार्वभौम आत्मा) ही आस्था का विषय था परन्तु क्रिया के प्रति आस्था रखना मूर्खता का स्पष्ट प्रमाण ही तो है। चाहे वह व्यक्तिगत इच्छा से हो या सामाजिक प्रदर्शन की इच्छा से। इन समस्त संस्कारित करने के क्रिया के पीछे जो रहस्य आज तक गोपनीय था उसे मैंने तुम्हारें समक्ष सार्वजनिक प्रकाशित कर दिया है। अब कुछ भी गोपनीय नहीं। बावजूद इसके प्रत्येक मनुष्य अपनी मूर्खता रूपी आस्था को प्रदर्शित करने के लिए स्वतन्त्र है। परन्तु वह मुझ (सार्वभौम आत्मा) को प्राप्त नहीं कर सकता। हे मानवों, ईश्वर बहुमत से नहीं निर्धारित किया जाता इसलिए ही उसे अनिवर्चनीय कहा गया है। किसी भी वस्तु के प्रति आस्था के विकास से और समस्त मानवों को उसके प्रति आस्थावान् बना देने से वह वस्तु गुण प्रकट कर वैसा नहीं बन सकती जैसा आप उम्मीद करते हो।

हे मानवों, एक तरह से देखा जाये तो उपरोक्त व्यवस्था से कोई समस्या है ही नहीं क्योंकि जिसकी इच्छा जहाँ से पूर्ति हो रही है और विकास का मार्ग मिल रहा है, वह वहाँ से जुडा हुआ है। इसलिए मानव सभ्यता पर आया यह दसवाँ और अन्तिम संकट, संकट होते हुये भी संकट जैसा नहीं दिखता। इस व्यवस्था से हमें कोई समस्या भी नहीं है। समस्या ये है कि धर्म को जिस उद्देश्य के लिए निर्मित किया गया था वही धर्म, संकट में है। यह धर्म ही उस वट वृक्ष का मूल है, सार्वभौम है, समष्टि है। इसके ज्ञान से युक्त दोनों को अर्थात् विशाल संसार रूपी वट वृक्ष के छोटे-छोटे परिवार के नेतृत्वकर्ता मुखिया सहित उसके सदस्यों को होना आवश्यक है। तभी परिवार के नेतृत्वकर्ता मुखिया द्वारा बनाये गये उपरोक्त प्रणाली-नियम परिणाम-फल दे पायेंगे जिसकी इच्छा परिवार के सदस्य करते हैं।

हमारी उत्पत्ति ज्ञान से हुई है। जिन्हें ज्ञान है वही अपने आप को संघर्ष में पाते हैं और सर्वश्रेष्ठता के लिए कर्मशील हैं। शेष सभी तो प्रकृति के अनुसार आते-जाते रहते हैं। इस ज्ञान को ही ब्रह्म (सार्वभौम एकात्म ज्ञान) कहते हैं। देवता रूप में इस ज्ञान को ब्रह्मा के रूप में प्रक्षेपित किया गया है। यह ज्ञान जिस-जिस अंगो द्वारा प्राथमिकता से अनुभव में आता है उतने प्रकार के मानव अपने-आप को उत्पन्न समझते हैं।

पुराण रचनाकार महर्षि व्यास ने ब्रह्मा अर्थात ज्ञान के पुत्रों का प्रक्षेपण किये हैं। ब्रह्मा के 10 मानस पुत्रों

01.मन (विचार) से ज्ञान प्राप्त करने वाले मरीचि

02.नेत्रों (देखकर) ज्ञान प्राप्त करने वाले अत्रि

03.मुख (वाणी) से ज्ञान प्राप्त करने वाले अंगिरा

04.कान (सुन) कर ज्ञान प्राप्त करने वाले पुलस्त्य

05.नाभि (केन्द्र) से ज्ञान प्राप्त करने वाले पुलह

06.हाथ (कर्म) से ज्ञान प्राप्त करने वाले कृतु

07.त्वचा (स्पर्श) से ज्ञान प्राप्त करने वाले भृगु

08.प्राण (श्वास) से ज्ञान प्राप्त करने वाले वशिष्ठ

09.अँगूठे (आत्मा) से ज्ञान प्राप्त करने वाले दक्ष

10.गोद (प्रेम) से ज्ञान प्राप्त करने वाले नारद

ये दस प्रकार ज्ञान से उत्पन्न है और इतने प्रकार के मानव निर्मित होकर संसार में विचरण कर रहे हैं। इसे ये न समझना चाहिए कि मन या नेत्र इत्यादि से कैसे ब्रह्मा ने अपने पुत्रों को उत्पन्न किया? चूंकि शरीर का अस्तित्व अस्थायी है इसलिए विचार के आधार पर ये मनुष्य के वर्ग या श्रेणी का निर्धारण है। इसे मानकीकरण (Standardization) या वर्गीकरण (Classification) भी कहा जा सकता है। जिस प्रकार आजकल मानकीकरण के शब्द ISOऔर ISI मार्का दिये जाते हैं।

नये भारत में, नये मनुष्य के उदय के लिए

आप लंगोट से जौकी पर आ गये...पायजामे से पतलून पर आ गये...नाड़े से बेल्ट पर आ गये...खड़ाऊँ से बूट पर आ गये...कलम से कीबोर्ड पर आ गये। पगडंडियों से एक्सप्रेस वे पर आ गये...चूल्हे से इंडक्शन कुकर पर आ गये...जंगलो से अपार्टमेंट तक आ गये। हल से ट्रैक्टर पर आ गये...पैदल से लक्ज़री जहाज़ों पर आ गये...दीये-मशाल से एलईडी पर आ गये...आप लैंडलाइन से ओरियो एंड्रॉयड तक आ गये...तीर-कमान और गदा से ऑटोमैटिक बंदूकों और मिसाइलों पर आ गये। दुनियां चाँद पे चली गई...मंगल की छाती पर नासा ने रोबोट उतार दिया....शनि मंगल सूर्यग्रहण-चन्द्रग्रहण के हर रहस्य से पर्दा उठ गया!

आप पाँच हज़ार ईसापूर्व और पाँचवी-छठवीं शताब्दी से इक्कीसवी शताब्दी में आ गये...आप लगातार अपडेट होते रहे हैं!!! मगर फिर भी तुम ग्रह-नक्षत्रों को...शनि-मंगल को जन्मकुंडली में देख-देख कर काँप रहे हो। अपना भविष्य सुधारने के लिए बाबा-बाबियों का रास्ता नाप रहे हो। क्या इसी दिन के लिए तुमने बी.एससी, एम.एससी पीएच.डी की थी?? कि तुम पढ़े-लिखे जाहिलों की फौज में शामिल हो जाना! क्या इसी दिन के लिए तुम डॉक्टर, इंजीनियर, वकील, मजिस्ट्रेट या प्रोफेसर बने थे? कि बंगले पर काली हांडी टांगना! निम्बू मिर्ची टांगना! नजर न लगने से एक पैर में काला धागा बांधना?? और अपने उज्ज्वल भविष्य की भीख किसी बाबा-बाबी के दर पर नाक रगड़ के मांगना?

देश आजाद हो गया! दुनिया आजाद हो गई! आखिर कब मिलेगी तुम्हें आजादी?? इस अंधी मानसिक गुलामी से? दुनिया रोज नए-नए आविष्कार कर रही है! तुम हजारों साल पुरानी भाषा, संस्कृति, रीति, रिवाजो की वैज्ञानिक व्याख्या करने में लगे हो! क्या भारत पुनः विश्वगुरु तुम्हारे जैसे मनोरोगियों की वजह से कभी बन पाएगा? बंद कमरे में तुम्हारी चोटी कट जाती! अँधेरे में अकेले में तुम्हें भूत-पलीत सताते हैं! तुम्हें ही सारी दुनिया की नजर लगती है! डायन तो तुम्हारे हर घर में मौजूद है!! तुम्हारे तंत्र-मंत्र-यंत्र काम क्यों नहीं करते हैं? एक पैर में काले धागे वाला रक्षा सूत्र तुम्हारी चोंटी क्यों नहीं बचाता है? आखिर कब तक तुम मानसिक गुलाम रहोगे?

तुम्हारी समस्याएं लौकिक है। मगर तुम्हें हर समस्या का हल परलोक में नजर आता है! संसार तुम्हारे लिए स्वप्नवत् है माया है! भगवान की लीला है! नाटक है! भ्रम है! आखिर तुम्हें इस सपने से कौन जगाए? कब तक शब्दों के साथ बलात्कार करोगे? कब तक धोखे में रहोगे? कब तक हर सिद्धान्त हर आविष्कार को शास्त्रों ऋषि-मुनियों के माथे मड़ोगे??

तुम लोग को जो जगाए वही धर्मद्रोही, देशद्रोही, जातिवादी या नास्तिक है? चारुवाक, बुद्ध, महावीर, कपिल, कणाद गौतम, नागसेन, अश्वघोष, कबीर, नानक, रविदास, ओशो, फुले, शाहू, पेरियार, भीम, भगतसिंह, कोवूर, राहुल संस्कृत्यायन, दयानन्द, विवेकानंद, सबने विवेक लगाया! मगर फिर भी तुम्हारा विवेक नहीं जागा!

तुम्हारा धर्म कब अपडेट (Update) होगा?
तुम्हारी आस्था कब अपडेट (Update) होगी?
तुम्हारा ईश्वर कब अपडेट (Update) होगा?
तुम्हारी सोच कब अपडेट (Update) होगी?
तुम्हारे धर्म की किताबें कब अपडेट (Update) होंगी?

कम्प्यूटर और मोबाइल का साफ्टवेयर तो तुरन्त करते हो, तुम्हारे मस्तिष्क का साफ्टवेयर कब अपडेट (Update) होगा?

क्योंकि तुम विश्वगुरु के अहंकार की दारू पीकर गरीबी, अनपढ़ता, लिंगभेद, जातिभेद, भाषाभेद, क्षेत्रभेद, साम्प्रदायिकता की नाली में पड़े हो! आखिर तुम्हें कब मिलेगी आजादी? इस उम्दा मानसिक गुलामी से?

सोच के बता देना!!
आओ एक कदम शब्दों के उँचाइयों की ओर..........

IDEAS + ACTION = CHANGE

व्यवस्था के परिवर्तन या सत्यीकरण का पहला प्रारूप और उसकी कार्य विधि

उदाहरण के रूप में, यदि किसी शिक्षित व्यक्ति जिसे अंकगणित का ज्ञान हो, उसके समक्ष संख्या 5 लिख दिया जाये और उससे कहा जाये कि इस संख्या के आगे और पीछे की संख्या लिखें तो वह आसानी से उसे लिख देगा परन्तु अंकगणित का अज्ञानी ऐसा नहीं कर पायेगा। उसका सारा ध्यान केवल संख्या 5 पर ही टिका रह जायेगा क्योंकि वह संख्या पद्धति से अपरिचित है। अगर वह कुछ लिख भी देगा तो वह आवश्यक नहीं कि सत्य हो और उसमें सुधार की पूरी सम्भावना बनी रहेगी। समाज सुधार के क्षेत्र में भी यही बात है। हम एक समस्या देखते हैं फिर उसमें कुछ सुधार कर देते हैं। फल यह होता है कि कुछ समय बाद पुनः उसमें सुधार की आवश्यकता आ जाती है।

जितने अधिक आकड़ों को विश्लेषित कर हम परिणाम को खोजेंगे उतने ही सत्य परिणाम हमारे सामने आयेंगे। प्रस्तुत शास्त्र व्यक्त अधिकतम आकड़ों के व्यवस्थित प्रस्तुतीकरण का शास्त्र है। दूसरे रूप में इसे धर्म ज्ञान का बैलेन्ससीट भी कह सकते है। इन सम्पूर्ण आकड़ों पर आधारित होकर व्यक्ति, समाज और विश्व राष्ट्र के लिए लिया गया निर्णय ही एक सत्य निर्णय हो सकता है। समाज सुधार के सम्बन्ध में स्वामी विवेकानन्द का कहना है कि-"तथाकथित समाज-सुधार के विषय में हस्तक्षेप न करना क्योंकि पहले आध्यात्मिक सुधार हुये बिना अन्य किसी भी प्रकार का सुधार हो नहीं सकता (राम पृष्ठ मिशन, पत्रावली भाग-1, पृष्ठ-29), भारत के शिक्षित समाज से मैं इस बात पर सहमत हूँ कि समाज का आमूल परिवर्तन करना आवश्यक है। पर यह किया किस तरह जाये? सुधारकों की सब कुछ नष्ट कर डालने की रीति व्यर्थ सिद्ध हो चुकी है। मेरी योजना यह है, हमने अतीत में कुछ बुरा नहीं किया। निश्चय ही नहीं किया। हमारा समाज खराब नहीं, बल्कि अच्छा है। मैं केवल चाहता हूँ कि वह और भी अच्छा हो। हमें असत्य से सत्य तक अथवा बुरे से अच्छे तक पहुँचना नहीं है। वरन् सत्य से उच्चतर सत्य तक, श्रेष्ठ से श्रेष्ठतर और श्रेष्ठतम तक पहुँचना है। मैं अपने देशवासियों से कहता हूँ कि अब तक जो तुमने किया, सो अच्छा ही किया है, अब इस समय और भी अच्छा करने का मौका आ गया है।"-(राम पृष्ठ मिशन, जितने मत उतने पथ, पृष्ठ-46)

व्यक्ति हो या ज्ञानी, समाज हो या राज्य, देश हो या विश्व, समाज नेता हों या राजनेता सभी को अब यह जान लेना चाहिए कि विश्व एक परिवार है और उस परिवार का शास्त्र-"विश्वशास्त्र" है। जब तक यह शास्त्र उपलब्ध नहीं था तब तक इस विश्व परिवार के एकीकरण का मार्ग नहीं खुला था, अब वह मार्ग मिल चुका है। कोई भी समाज निर्माण या युग परिवर्तन का कार्य एक क्षण का कार्य नहीं है। यह एक लम्बी अवधि की प्रक्रिया का कार्य है। इसे हम उन समाज सुधारकों के संस्थाओं के कार्य को देख कर अनुभव कर सकते हैं।

व्यवस्था परिवर्तन, एक राजनीतिक लुभावना वाला शब्द है। वह कैसे होगा, इसके लिए एक प्रारूप की आवश्यकता होती है अगर वह नहीं है तो व्यवस्था परिवर्तन चिल्लाने से नहीं होता। फिर व्यवस्था परिवर्तन किस बात का? मानव समाज को संचालित करने के लिए तो सिर्फ दो ही मूल व्यवस्था है-एक राजतन्त्र, जिसका युग जा चुका है। दूसरा-लोकतन्त्र, जिसका युग चल रहा है और यही अन्तिम व्यवस्था भी बनी रहेगी क्योंकि ब्रह्माण्डीय व्यवस्था भी लोकतन्त्र से ही चल रहा है और मनुष्य के मस्तिष्क से अन्ततः वही व्यक्त हो रहा है। लोकतन्त्र से हम राजतन्त्र में नहीं जा सकते इसलिए व्यवस्था परिवर्तन का अर्थ ही निरर्थक है।

आवश्यकता है वर्तमान लोकतन्त्र व्यवस्था को ही सत्य आधारित करने की जिसे व्यवस्था सत्यीकरण कहा जा सकता है। इस कार्य में हमें मानकशास्त्र की आवश्यकता है जिससे तोल कर यह देख सके कि इस लोकतन्त्र व्यवस्था में कहाँ सुधार करने से सत्यीकरण हो जायेगा। यह मानकशास्त्र ही "विश्वशास्त्र" है। सिर्फ मतदाता बनने व वोट डालने से ही लोकतन्त्र स्वस्थ नहीं हो सकता। उसके लिए देश व विश्व के पूर्ण ज्ञान की आवश्यकता होगी। इसलिए आवश्यक है कि प्रत्येक मतदाता "विश्वशास्त्र" के ज्ञान से युक्त हो।

अच्छा होता कि हमारे राजनेतागण कुछ दिनों के लिए सन्यास लेकर थोड़ा कुछ अध्ययन-चिंतन करते रहते ताकि उन्हें बार-बार लक्ष्य के लिए शब्दों का परिवर्तन न करना पड़ता। एक ही स्थिति में बहुत समय तक रहने पर बुद्धि, बद्ध हो जाती है। एक-एक सीढ़ी चढ़कर, पहुँच गये-पहुँच गये चिल्लाने से अच्छा है कि अन्तिम सीढ़ी पर पर बैठकर चिल्लाना कि पहुँच गये।

चाहे कुछ हो यदि प्रारूप नहीं, तो न तो व्यवस्था परिवर्तन हो सकता है, न ही व्यवस्था सत्यीकरण हो सकता है, न ही सम्पूर्ण क्रान्ति। भीड़ से क्रान्ति नहीं सिर्फ हंगामा होता है। भीड़ में जोश होता है, होश नहीं।

इस मानक शास्त्र के प्रस्तुत हो जाने से व्यवस्था परिवर्तन की नहीं बल्कि व्यवस्था के सत्यीकरण का मार्ग खुल चुका है। जिसका व्यक्ति, समाज और विश्व राष्ट्र को आवश्यकता भी है। किसी एक विषय पर बहुत अधिक पुस्तक मस्तिष्क को भ्रमित ही करती है। यह शास्त्र प्रारम्भ से अन्त तक के विकास को क्रमबद्ध प्रस्तुत करता है जिससे हम सभी एक सत्य निर्णय करने में सक्षम हों और पूर्ण ज्ञान से युक्त हो जायें और हमारा कोई भी सुधार एक स्थायी, अच्छा और दूरगामी परिणाम देने वाला हो।

प्रश्न यह भी उठता है कि परिवार का मुखिया जिसके द्वारा परिवार का संचालन होता है, यदि वह परिवार के हित व विकास के विषय में कर्म न करता हो तो क्या परिवार का सदस्य उसमें हस्तक्षेप करने का अधिकारी है या नहीं? यही बात देश को चलाने वाले संसद के विषय में भी है। यदि संसद स्वयं देशहित व जनहित के प्रति उदासीन हो जाये तो क्या जनता संसद को मार्गदर्शन देने का अधिकार नहीं रखती? यदि नहीं तो संविधान की धारा-51(ए) के अन्तर्गत नागरिक का मौलिक कर्तव्य की उपयोगिता क्या है? ध्यान रखने योग्य विषय यह है कि कोई भी चुना हुआ प्रतिनिधि सिर्फ उतने ही बड़े क्षेत्र का प्रतिनिधि होता है जिस क्षेत्र से वह चुना जाता है। भारत में ऐसा कोई प्रतिनिधि जनता से नहीं चुना जाता जो भारत का प्रतिनिधित्व करता हो और जब तक भारत का प्रतिनिधित्व करने वाला चुनाव नहीं होता या भारत की जनता का राष्ट्रीय मुद्दों पर विचार कर संसद के कर्तव्य का बोध कराने वाली स्वतन्त्र संस्था नहीं बन जाती, तब तक जनता को संसद को संविधान की धारा-51(ए) के अन्तर्गत नागरिक का मौलिक कर्तव्य के अनुसार न्यायालय व संसद के माध्यम से सरकार को मार्गदर्शन देने का कर्तव्य करना चाहिए जो उसका अधिकार भी है।

वे शब्द जिसके बिना युग परिवर्तन सम्भव नहीं

सन् 1893 से सन् 1993 के 100 वर्षों के समय में विश्व के बौद्धिक शक्ति को जिन्होंने सबसे अधिक हलचल दी वे हैं-धर्म की ओर से स्वामी विवेकानन्द और धार्मिकता की ओर से आचार्य रजनीश"ओशो"। मनुष्य जिस प्रकार भौतिक विज्ञान के नवीन आविष्कारों को आसानी से ग्रहण करता है उसी प्रकार धर्म-आध्यात्म-दर्शन के नवीन आविष्कारों को भी मनुष्य को ग्रहण करना चाहिए, तभी मानसिक-आध्यात्मिक स्वतन्त्रता का अनुभव हो सकेगा। अन्यथा पूर्ण शारीरिक गुलामी का समय बीत चुका, आर्थिक गुलामी का काल चल रहा है और मानसिक गुलामी के काल चक्र में मनुष्य फँस जायेगा।

स्वामी विवेकानन्द जी का कहना था-

- "उसी मूल सत्य की फिर से शिक्षा ग्रहण करनी होगी, जो केवल यहीं से, हमारी इसी मातृभूमि से प्रचारित हुआ था। फिर एक बार भारत को संसार में इसी मूल तत्व का-इसी सत्य का प्रचार करना होगा। ऐसा क्यों है? इसलिए नहीं कि यह सत्य हमारे शास्त्रों में लिखा है वरन् हमारे राष्ट्रीय साहित्य का प्रत्येक विभाग और हमारा राष्ट्रीय जीवन उससे पूर्णतः ओत-प्रोत है। इस धार्मिक सहिष्णुता की तथा इस सहानुभूति की, मातृभाव की महान शिक्षा प्रत्येक बालक, स्त्री, पुरुष, शिक्षित, अशिक्षित सब जाति और वर्ण वाले सीख सकते हैं। तुमको अनेक नामों से पुकारा जाता है, पर तुम एक हो।" (जितने मत उतने पथ, राम कृष्ण मिशन, पृष्ठ-39)।
- "अत: यदि भारत को महान बनाना है, तो इसके लिए आवश्यकता है संगठन की, शक्ति संग्रह की और बिखरी हुई इच्छाशक्ति को एकत्र कर उसमें समन्वय लाने की। अथर्ववेद संहिता की एक विलक्षण ऋचा याद आ गयी जिसमें कहा गया है, "तुम सब लोग एक मन हो जाओ, सब लोग एक ही विचार के बन जाओ। एक मन हो जाना ही समाज गठन का रहस्य है बस इच्छाशक्ति का संचय और उनका समन्वय कर उन्हें एकमुखी करना ही सारा रहस्य है।" (देखें "नया भारत गढ़ो" पृष्ठ संख्या-55)
- "यह भी न भूलना चाहिए कि हमारे बाद जो लोग आएंगे, वे उसी तरह हमारे धर्म और ईश्वर सम्बन्धी धारणा पर हँसेंगे, जिस तरह हम प्राचीन लोगों के धर्म और ईश्वर की धारणा पर हँसते हैं। यह सब होने पर भी, इन सब ईश्वर सम्बन्धित धारणाओं का संयोग करने वाला एक स्वर्ण सूत्र है और वेदान्त का उद्देश्य है-इस सूत्र की खोज करना। भागवान कृष्ण ने कहा है-""भिन्न भिन्न मणियाँ जिस प्रकार एक सूत्र में पिरोयी जा सकती हैं, उसी प्रकार इन सब विभिन्न भावों के भीतर भी एक सूत्र विद्यमान है।" (देखें "ज्ञानयोग", पृष्ठ संख्या-65) ,
- "एक शब्द में वेदान्त का आदर्श है-मनुष्य के सच्चे स्वरूप को जानना।" (देखें "विवेकानन्द राष्ट्र को आह्वान", पृष्ठ सं0-48)।
- यदि हम अपने व्यक्तिगत एवं सामूहिक जीवन में वैज्ञानिक चेतना सम्पन्न एवं आध्यात्मिक एक साथ न हो पाए, तो मानवजाति का अर्थपूर्ण अस्तित्व ही संशय का विषय हो जाएगा। (विज्ञान और आध्यात्मिकता, पृष्ठ-9)
- हमेशा यूरोप से सामाजिक तथा एशिया से आध्यात्मिक शक्तियों का उद्भव होता रहा है एवं इन दोनों शक्तियों के विभिन्न प्रकार के सम्मिश्रण से ही जगत का इतिहास बना है। वर्तमान मानवेतिहास का एक और नवीन पृष्ठ धीरे-धीरे विकसित हो रहा है एवं चारो ओर उसी का चिन्ह दिखाई दे रहा है। कितनी ही नवीन योजनाओं का उद्भव तथा नाश होगा, किन्तु योग्यतम वस्तु की प्रतिष्ठा सुनिश्चित है, सत्य और शिव की अपेक्षा योग्यतम वस्तु और हो ही क्या सकती है? (पत्रावली भाग-1, पृष्ठ-310)

स्वामी विवेकानन्द के अनुसार शब्द से सृष्टि का रहस्य

01. बृहत् ब्रह्माण्ड में भी ब्रह्मा, हिरण्यगर्भ या समष्टि महत् ने पहले अपने आप को नाम के, और फिर बाद में रुप के आकार में अर्थात् इस परिदृश्यमान जगत के आकार में अभिव्यक्त किया। (भक्ति योग, पृष्ठ-44)
02. यह सारा व्यक्त इन्द्रियग्राह्य जगत रुप है, और इसके पीछे है अनन्त अव्यक्त स्फोट। स्फोट का अर्थ-समस्त जगत की अभिव्यक्ति का कारण शब्द-ब्रह्म है। समस्त नामों अर्थात् भावों की नित्य समवायी उपादान स्वरुप यह नित्य स्फोट ही वह शक्ति है, जिससे भगवान इस विश्व की सृष्टि करते हैं। यही नहीं बल्कि भगवान पहले स्फोट रुप में परिणत हो जाते हैं और तत्पश्चात् अपने को उससे भी स्थूल इस इन्द्रियग्राह्य जगत के रुप में परिणत कर लेते हैं। (भक्ति योग, पृष्ठ-45)
03. इस स्फोट का एक मात्र वाचक शब्द है-"ऊँ"। और चूँकि हम किसी भी उपाय से शब्द को भाव से अलग नहीं कर सकते, इसलिए यह "ऊँ" भी इस नित्य स्फोट से नित्य संयुक्त है। (भक्ति योग, पृष्ठ-45)
04. एकमेव यह "ऊँ" ही इस प्रकार सर्वभावाव्यापी वाचक शब्द है, अन्य कोई भी इसके समान नहीं। स्फोट ही सारे भावों का उपादान है, फिर भी वह स्वयं पूर्ण रुप से विकसित कोई विशिष्ट भाव नहीं है। अर्थात् यदि उन सब भेदों को, जो एक भाव को दूसरे से अलग करते हैं, निकाल दिया जाय, तो जो कुछ बचा रहता है, वही स्फोट है। इसलिए इस स्फोट को "नादब्रह्म" कहते हैं। (भक्ति योग, पृष्ठ-45)
05. जो वाचक शब्द उसे सब से कम विशेषभावापन्न करेगा, पर साथ ही उसके स्वरुप को यथासम्भव पूरी तरह प्रकाशित करेगा, वही उसका सबसे सच्चा वाचक होगा। और यह वाचक शब्द है-एकमात्र "ऊँ" क्योंकि ये तीनों अक्षर अ, उ और म्, जिनका एक साथ उच्चारण करने से "ऊँ" होता है, समान शब्दों के साधारण वाचक के तौर पर लिये जा सकते हैं। (भक्ति योग पृष्ठ, पृष्ठ-46)
06. अक्षर "अ" सारे अक्षरों में सबसे कम विशेषभावापन्न है। इसीलिए भगवान श्रीकृष्ण गीता में कहते हैं-"अक्षरों में मैं "अ" कार हूँ। " (गीता,10/33) स्पष्ट रुप से उच्चारित जितने भी शब्द हैं, उनकी उच्चारण क्रिया मुख में जिह्वा के मूल से आरम्भ होती है और ओठों में आकर समाप्त हो जाती है। "अ" जिह्वा मूल अर्थात् कण्ठ से उच्चारित होता है, और "म" ओठों से होने वाला अन्तिम शब्द है। और "उ" उस शक्ति का सूचक है, जो जिह्वा मूल से आरम्भ होकर मुँह भर में लुढ़कती हुई ओठों में आकर समाप्त हो जाती है। यदि "ऊँ" का उच्चारण ठीक ढंग से किया जाय, तो इसके शब्दोच्चारण की सम्पूर्ण क्रिया सम्पन्न हो जाती है-दूसरे किसी भी शब्द में यह शक्ति नहीं। (भक्ति योग, पृष्ठ-46)
07. जिस प्रकार अल्पतम् विशेष भावात्मक तथा सार्वभौमिक वाचक शब्द "ऊँ" के सम्बन्ध में वाच्य और वाचक आपस में अभेद्य रुप से सम्बद्ध हैं उसी प्रकार वाच्य और वाचक का यह अविच्छिन्न सम्बन्ध भगवान और विश्व के विभिन्न खण्ड भावों पर भी लागू है, अतएव उनमें से प्रत्येक का एक विशिष्ट वाचक शब्द होना आवश्यक है। (भक्ति योग, पृष्ठ-47)
08. ये वाचक शब्द ऋषियों की गम्भीरतम आध्यात्मिक अनुभूति से उत्पन्न हुए हैं और वे भगवान तथा विश्व के जिन विशेष-विशेष खण्ड भाव के वाचक हैं, उन विशेष भावों को यथासम्भव प्रकाशित करते हैं। जिस प्रकार "ऊँ" अखण्ड ब्रह्म का वाचक है, उसी प्रकार अन्यान्य मंत्र भी उसी परम पुरुष के खण्ड-खण्ड भावों के वाचक हैं। ये सभी ईश्वर के ध्यान और प्रकृत ज्ञान की प्राप्ति में सहायक हैं। (भक्ति योग, पृष्ठ-47)
09. सृष्टि के पूर्व ब्रह्म शब्दात्मक बनते है, फिर ओंकारात्मक या नादात्मक होते है। तत्पश्चात पहले कल्पों के विशेष शब्द जैसे-भूः, भुवः, स्व-अथवा गो, मानव, घट, पट इत्यादि का प्रकाश उसी ओंकार से होता है। सिद्ध संकल्प ब्रह्म में क्रमश-एक-एक शब्द के होते ही उसी क्षण उन सब पदार्थो का भी प्रकाश हो जाता है और इस विचित्र जगत् का विकास हो उठता है। अब समझे न कि कैसे शब्द ही सृष्टि का मूल है। -स्वामी विवेकानन्द (विवेकानन्द जी के संग में पृष्ठ-62)
10. यह सारा व्यक्त इन्द्रिय ग्राह्य जगत रूप है, और इसके पीछे है अनन्त अव्यक्त स्फोट। स्फोट का अर्थ-समस्त जगत की अभिव्यक्ति का कारण शब्द-ब्रह्म। समस्त नामों अर्थात् भावों की नित्य समवायी उपादान स्वरूप यह नित्य स्फोट ही वह शक्ति है, जिससे भगवान इस विश्व की सृष्टि करते है। यही नहीं बल्कि भगवान पहले स्फोट-रूप में परिणत हो जाते है और तत्पश्चात अपने को उससे भी स्थूल इस इन्द्रिय ग्राह्य जगत् के रूप में परिणत कर लेते है। -स्वामी विवेकानन्द (राजयोग-पृष्ठ-45)

आचार्य रजनीश"ओशो" का कहना था-

- "श्रीकृष्ण का महत्व अतीत के लिए कम भविष्य के लिए ज्यादा है। सच ऐसा है कि कृष्ण अपने समय से कम से कम पाँच हजार वर्ष पहले पैदा हुये। सभी महत्वपूर्ण व्यक्ति अपने समय से पहले पैदा होते हैं और

सभी गैर महत्वपूर्ण व्यक्ति अपने समय के बाद पैदा होते हैं। बस महत्वपूर्ण और गैर महत्वपूर्ण में इतना फर्क है और सभी साधारण व्यक्ति अपने समय के साथ पैदा होते हैं महत्वपूर्ण व्यक्ति को समझना आसान नहीं होता। उसका वर्तमान और अतीत उसे समझने में असमर्थता अनुभव करता है जब हम समझने योग्य नहीं हो पाते तब हम उसकी पूजा शुरु कर देते हैं या तो हम उसका विरोध करते हैं। दोनों पूजाएं हैं एक मित्र की एक शत्रु की।"

- उसके लिए सब हंसी खेल है, सब लीला है। इसलिए हमने कृष्ण को पूर्णावतार कहा। राम गम्भीर हैं छोटी-छोटी बात का हिसाब रखते हैं। नियम मर्यादा से चलते हैं- मर्यादा पुरूषोत्तम हैं। कृष्ण अमर्याद हैं न कोई नियम है न कोई मर्यादा। कृष्ण के लिए जीवन लीला है।
- धर्म कोई विषय थोड़े ही है। धर्म की कोई सीमा थोड़े ही है। धर्म तो समस्त जीवन का नाम है। जीवन में जो कुछ भी समाविष्ट है, धर्म उस सभी के सम्बन्ध में वक्तव्य देने का हकदार है। राजनीतिज्ञ, धर्म के सम्बन्ध में वक्तव्य नहीं दे सकता क्योंकि राजनीति की सीमा है। लेकिन धार्मिक व्यक्ति, राजनीति के सम्बन्ध में वक्तव्य दे सकता है क्योंकि धर्म की कोई सीमा नही है धर्म असीम है, धर्म तो पूरे जीवन को घेरता है जैसे आकाश घेरता है। धर्म से तो कोई भी चीज छोड़ी नहीं जा सकती। धार्मिक व्यक्ति की दृष्टि तो सब सम्बन्धों में होगी।
- जो एक गुरू बोल रहा है, वह अनन्त सिद्धों की वाणी है। अभिव्यक्ति में भेद होगा, शब्द अलग होंगे, प्रतीक अलग होंगे मगर जो एक सिद्ध बोलता है, वह सभी सिद्धों की वाणी है। इनसे अन्यथा नहीं हो सकता है। इसलिए जिसने एक सिद्ध को पा लिया, उसने सारे सिद्धों की परम्परा को पा लिया। क्योंकि उनका सूत्र एक ही है। कुंजी तो एक ही है, जिसमें ताला खुलता है अस्तित्व का।
- "इस देश को कुछ बाते समझनी होगी। एक तो इस देश को यह बात समझनी होगी कि तुम्हारी परेशानियों, तुम्हारी गरीबी, तुम्हारी मुसीबतों, तुम्हारी दीनता के बहुत कुछ कारण तुम्हारे अंध विश्वासों में है, भारत कम से कम डेढ़ हजार साल पिछे घिसट रहा है। ये डेढ़ हजार साल पूरे होने जरूरी है। भारत को खिंचकर आधुनिक बनाना जरूरी है। मेरी उत्सुकता है कि इस देश का सौभाग्य खुले, यह देश भी खुशहाल हो, यह देश भी समृद्ध हो। क्योंकि समृद्ध हो यह देश तो फिर राम की धुन गुंजे, समृद्ध हो यह देश तो फिर लोग गीत गाँये, प्रभु की प्रार्थना करें। समृद्ध हो यह देश तो मंदिर की घंटिया फिर बजे, पूजा के थाल फिर सजे। समृद्ध हो यह देश तो फिर बाँसुरी बजे कृष्ण की, फिर रास रचे! यह दीन दरिद्र देश, अभी तुम इसमें कृष्ण को भी ले आओंगे तो राधा कहाँ पाओगे नाचनेवाली? अभी तुम कृष्ण को भी ले आओगे, तो कृष्ण बड़ी मुश्किल में पड़ जायेंगे, माखन कहाँ चुरायेगें? माखन है कहाँ? दूध दही की मटकिया कैसे तोड़ोगे? दूध दही की कहाँ, पानी तक की मटकिया मुश्किल है। नलों पर इतनी भीड़ है! और एक आध गोपी की मटकी फोड़ दी, जो नल से पानी भरकर लौट रही थी, तो पुलिस में रिपोर्ट दर्ज करा देगी कृष्ण की, तीन बजे रात से पानी भरने खड़ी थी नौ बजते बजते पानी भर पायी और इन सज्जन ने कंकड़ी मार दी। धर्म का जन्म होता है जब देश समृद्ध होता है। धर्म समृद्ध की सुवास है। तो मैं जरूर चाहता हूँ यह देश सौभाग्यशाली हो लेकिन सबसे बड़ी अड़चन इसी देश की मान्यताएं है। इसलिए मैं तुमसे लड़ रहा हूँ। तुम्हारे लिए।"

व्यक्ति-समाज-राज्य-विश्व की आवश्यकता, भविष्यवक्ताओं की भविष्यवाणीयां, ग्रहों के चालों, सूर्य व चन्द्र ग्रहण, सामाजिक-राजनीतिक विचारकों के विचार-सपनें-उम्मीद इत्यादि युग परिवर्तन की ओर दिशा निर्देश कर रहीं हैं। ऐसे में सृष्टि के लिए सार्वभौम सर्वोच्च अन्तिम अर्थों वाले शब्दों (जिसकी सूची अगले पृष्ठ पर दी गई है।) **पर चर्चा ही एक मात्र युग परिवर्तन का मार्ग है।**

वे सार्वभौम एकात्म शब्द जिसके बिना युग परिवर्तन सम्भव नहीं (सर्वोच्च, अन्तिम और दृश्य)

क्र.सं. विषय क्षेत्र	सम्बन्धित क्षेत्र से मुख्य नाम
01. विश्व क्षेत्र	विश्व संविधान / साहित्य / विचार / सिद्धान्त / प्रबन्ध / दर्शन / मत / मानव / एकता / शान्ति / विकास / स्थिरता / आत्मा / अभिनेता / बुद्धि / राजनीति / क्रांति
02. राज्य क्षेत्र	विश्व (राष्ट्र) ऐजेण्डा–2012+ (WORLD NATION AGENDA-2012+) विश्व व्यवस्था का अधिकतम एवं न्यूनतम साझा कार्यक्रम
03. समाज क्षेत्र	लोक / गण / जन ऐजेण्डा–2012+ (PUBLIC AGENDA-2000+)
04. धर्म क्षेत्र	वेदान्त धर्म स्थापना
05. साहित्य क्षेत्र	विश्व साहित्य–"विश्वभारत" समाहित "विश्वशास्त्र" साहित्य– आदर्श वैश्विक व्यक्ति चरित्र कथा साहित्य
06. सामाज शास्त्र	मानक / जन / गण / लोक शास्त्र
07. धर्मशास्त्र	धर्मयुक्त नाम – कर्मवेदः प्रथम, अन्तिम और पंचम वेद और आधारित उपनिषद् (व्यष्टि एवं समष्टि) सर्वधर्मसमभाव / धर्मनिरपेक्ष नाम – मन की गुणवत्ता का विश्व मानक : शून्य श्रृंखला (व्यष्टि एवं समष्टि)
08. मानक क्षेत्र	मन की गुणवत्ता का विश्व मानक : शून्य श्रृंखला
09. अदृश्य विज्ञान	दृश्य आध्यात्म विज्ञान
10. दृश्य विज्ञान	धर्म विज्ञान या एकात्म विज्ञान (Integration Science)
11. इंजीनियरिंग	सत्य सामाजिक अभियंत्रण (Real Social Engineering)
12. तकनीकी	सत्य सामाजिक तकनीकी (Real Social Technology) : WCM-TLM-SHYAM.C Technology
13. संविधान	विवादमुक्त तन्त्रों पर आधारित संविधान
14. राजनीति	सत्य राजनीति / राजनीति–2012+ (POLITICS-2012+)
15. संगठन	विश्व राजनीतिक पार्टी संघ (World Political Party Organisation- WPPO)
16. शिक्षा	पूर्णज्ञान / पूर्ण शिक्षा प्रणाली / शिक्षा -2012+ (EDUCATION-2012+)
17. राष्ट्र सम्बन्ध	आदर्श राष्ट्रीय नागरिक
18. वेदान्त	कर्म वेदान्त : वेदान्त की अन्तिम शाखा
19. मतवाद	एकात्म कर्मवाद : एकात्म मानवतावाद का व्यावहारिक रुप
20. दार्शनिक	विकास दर्शन (Development Philosophy)
21. क्रांति	संपूर्ण क्रांति (Complete Revolution) : प्रलय, स्थिति एवं सृष्टि
22. सांस्कृतिक	भोगेश्वरः भोग (पाश्चात्य) + ईश्वर (प्राच्य) = एकात्म या ईश्वरत्व भाव से भोग
23. मन	विश्व मन (WOLD MIND)
24. मानव	विश्वमानव (विश्वमन से युक्त)
25. मनु	8वें मनु – सावर्णि मनु
26. अवतार	भगवान विष्णु के 10वें और अन्तिम तथा भगवान शंकर के 22वें और अन्तिम संयुक्तावतार (निष्कलंक कल्कि एवं भोगेश्वर)
27. निराकार ब्रह्म	सार्वभौम सत्य–सिद्धान्त (UNIVERSAL TRUTH-THEORY) : विश्व–बन्धुत्व का सिद्धान्त
28. साकार ब्रह्म	लव कुश सिंह
29. पुनर्जन्म–सत् मार्ग से	बुड्ढा कृष्ण (कृष्ण भाग – 2 और अन्तिम) – कृष्ण की अगली और अन्तिम कड़ी
30. पुनर्जन्म–रज मार्ग से	स्वामी विवेकानन्द का पुनर्जन्म
31. पुनर्जन्म–तम मार्ग से	रावण की अगली कड़ी
32. आत्मा	दृश्य विश्वात्मा / शिव / ब्रह्म / मैं
33. अभिनय	वास्तविक जीवन का अभिनेता (Real Life Actor)
34. बम	ज्ञान बम – आध्यात्मिक न्यूट्रान बम
35. अस्त्र	अनियन्त्रित पशुपास्त्र (नारायणास्त्र या सु–दर्शन चक्र व ब्रह्मास्त्र समाहित)
36. माया	योग माया समाहित भोगमाया
37. ज्ञान	एकात्म कर्मज्ञान (शास्वत) : व्यष्टि एवं समष्टि
38. बुद्धि	विश्व बुद्धि व चेतना या सत्य चेतना : पूर्व व्यक्त सत्य चेतना
39. ध्यान व योग	दृश्य सत्य–क्रियाकलाप–एकात्म योग व ध्यान (अन्तिम योग व अन्तिम ध्यान)
40. मिशन	प्राकृतिक सत्य मिशन (Natural Truth Mission)–सर्वोच्च और अन्तिम मिशन
41. धार्मिक नगर	एकात्म काशी– जीवनदायिनी सत्यकाशी : पंचम, अन्तिम तथा सप्तम काशी
42. शक्ति	आत्मशक्ति (SPIRIT POWER),मस्तिष्क शक्ति (BRAIN POWER), मन शक्ति (MIND POWER),सत्य शक्ति (TRUTH POWER)
43. जीवन कथा	विश्वमानव लीला / दर्पण : दो विपरीत दिशाओं के साथ प्रथम एवं अन्तिम कथा
44. प्रेम और कर्म	शास्वत प्रेम और कर्म
45. समन्वय	अन्तिम समन्वय–सिद्धान्त
46. आचार्य	अन्तिम समन्वयाचार्य
47. कला	विश्वमानव कला (कृष्ण कला समाहित)
48. परिचालन प्रणाली	अवतार का परिचालन प्रणाली : मानव–10 (Avatar's Operating System-AOS : Human-10)
49. शंकराचार्य पीठ	सत्यकाशी पीठ : पंचम और अन्तिम शंकराचार्य पीठ

भाग-5

केन्द्र या मध्य (भारत) में पांचवां और अन्तिम सत्यकाशी पीठ

सत्यकाशी पीठ: स्थान

सत्यकाशी पीठ: इतिहास और उद्देश्य

पाँचवाँ और अंतिम शंकराचार्य पीठ: इसकी विशेषता

"हिन्दू धर्म की जो पकड़ थी, वह इस समय कमजोर पड़ गयी है क्योंकि भारतीय स्वतंत्रता आन्दोलन के समय से राजनेताओं का वर्चस्व बढ़ा और उन्होंने धर्म रक्षकों को दबा दिया, जिसके परिणामस्वरूप 163 साल तक शंकराचार्य की पदवी खाली रही। इसलिए आवश्यक है कि शिक्षा के क्षेत्र में धर्म की स्थापना हो। स्वस्थ एवं श्रेष्ठ साहित्य का सृजन हो। महापुरूषों को घूम-घूम कर सनातन धर्म का प्रचार-प्रसार करना चाहिए जिससे लोगों के हृदय में भारतीय धर्म-शास्त्र के प्रति आस्था-विश्वास बढ़े।"

- स्वामी स्वरूपानन्द (द्वारिका पीठाधीश्वर जगद्‌गुरू शंकराचार्य)

साभार - दैनिक आज, समाचार पत्र, वाराणसी, दि0 10-5-1997

स्पष्टिकरण

सत्य से सार्वभौम सत्य-सिद्धान्त तक का मार्ग अवतारों का मार्ग है। सार्वभौम सत्य-सिद्धान्त की अनुभूति ही अवतरण है। इसके अंश अनुभूति को अंश अवतार तथा पूर्ण अनुभूति को पूर्ण अवतार कहते है। ग्रन्थों में अवतारों की कई कोटि बतायी गई है जैसे अंशाशावतार, अंशावतार, आवेशावतार, कलावतार, नित्यावतार, युगावतार इत्यादि, जो भी सार्वभौम सत्य-सिद्धान्त को व्यक्त करता है वे सभी अवतार कहलाते हैं। व्यक्ति से लेकर समाज के सर्वोच्च स्तर तक सार्वभौम सत्य-सिद्धान्त को व्यक्त करने के क्रम में ही विभिन्न कोटि के अवतार स्तरबद्ध होते हैं। अवतार मानव मात्र के लिए ही कर्म करते हैं न कि किसी विशेष मानव समूह या सम्प्रदाय के लिए। अवतार, धर्म, धर्मनिरपेक्ष व सर्वधर्मसमभाव से युक्त अर्थात एकात्म से युक्त होते है। इस प्रकार अवतार से उत्पन्न शास्त्र मानव के लिए होते हैं, न कि किसी विशेष मानव समूह के लिए। उत्प्रेरक, शासक और मार्गदर्शक आत्मा सर्वव्यापी है। इसलिए एकात्म का अर्थ संयुक्त आत्मा या सार्वजनिक आत्मा है। अवतारों के प्रत्यक्ष और प्रेरक दो कार्य विधि हैं। प्रत्यक्ष अवतार वे होते हैं जो स्वयं अपनी शक्ति का प्रत्यक्ष प्रयोग कर समाज का सत्यीकरण करते हैं। यह कार्य विधि समाज में उस समय प्रयोग होता है जब अधर्म का नेतृत्व एक या कुछ मानवों पर केन्द्रित होता है। प्रेरक अवतार वे होते हैं जो स्वयं अपनी शक्ति का अप्रत्यक्ष प्रयोग कर समाज का सत्यीकरण जनता एवं नेतृत्वकर्ता के माध्यम से करते हैं। यह कार्य विधि समाज में उस समय प्रयोग होता है जब समाज में अधर्म का नेतृत्व अनेक मानवों और नेतृत्वकर्ताओं पर केन्द्रित होता है।

इन विधियों में से कुल दस अवतारों में से प्रथम सात (मत्स्य, कूर्म, वाराह, नृसिंह, वामन, परशुराम, राम) अवतारों ने समाज का सत्यीकरण प्रत्यक्ष विधि के प्रयोग द्वारा किया था। आठवें अवतार (श्रीकृष्ण) ने दोनों विधियों प्रत्यक्ष ओर प्रेरक का प्रयोग किया था। नवें (भगवान बुद्ध) और अन्तिम दसवें अवतार की कार्य विधि प्रेरक ही है।

सनातन अद्वैत दर्शन के अनुसार यह जगत ही ईश्वर का दृश्य रूप है। ऐसे में सभी ईश्वर हैं। सभी ईश्वर के बहुरूप हैं और सभी में प्रकाशित वही ईश्वरीय सत्ता है। सार्वभौम एकात्म की ओर ले जाने वाले सभी प्रक्षेपित

मानक चरित्र सनातन हैं जैसे ब्रह्मा परिवार, विष्णु परिवार और महेश परिवार। इस सार्वभौम एकात्म की ओर विचार व्यक्त करने वाला अर्थात उसी का प्रचार-प्रसार व स्थापना करने वाला युगावतार तो नहीं हो सकता लेकिन वह अवतार अवश्य होता है क्योंकि उसने भी उस सार्वभौम सत्य-सिद्धान्त का साक्षात्कार किया है।

ईश्वर के मानवीयकरण व मानव के ईश्वरीयकरण के लिए आपके भौतिक शरीर से व्यक्त विश्वात्मा की इच्छा को धर्म क्षेत्र से नाम कर्मवेदः प्रथम, अन्तिम तथा पंचम वेद एवं धर्मनिरपेक्ष क्षेत्र से मन का विश्वमानकः शून्य श्रृंखला समाहित "विश्वशास्त्र-द नाॅलेज आॅफ फाइनल नाॅलेज" के रूप में पूर्ण किया जा चुका है। जिसमें पुराणों का धर्मनिरपेक्ष और सर्वधर्मसमभाव रूप भी सम्पूर्ण मानव जाति को स्पष्ट दृष्टिगत होगा। परिणामस्वरूप भारतीय धर्म शास्त्रों के प्रति विश्वव्यापी आस्था बढ़ना स्वाभाविक है। साथ ही अनेक सत्य-साहित्यों की रचना के लिए भी मार्ग प्रशस्त और रचना कर दिये गये हैं।

तीनों देवताओं ब्रह्मा, विष्णु और शिव-शंकर के मूल गुणों के आधार पर उनके वास्तविक रुप अर्थात् चार वेदों को व्यक्त करने वाले चार मुखों से युक्त सृष्टिकर्ता ब्रह्मा का रुप, चार भुजाओं से युक्त पालनकर्ता विष्णु का रुप तथा ब्रह्मा और विष्णु समाहित पाँचों वेदों को व्यक्त करने वाले पाँच मुखों से युक्त कल्याणकर्ता शिव-शंकर का अन्तिम रुप, तीनों देवताओं का दिव्यरुप कहलाता है। इसी अनुसार शिव-शंकर के अवतार ही केवल पंचमुखी होते हैं। इसी क्रम में पंचमुखी हनुमान और वेद माता मां गायत्री को भी दिखाया गया है। इस अनुसार पांचवें वेद और पांचवें शंकराचार्य पीठ की स्थापना ही युग परिवर्तन की प्रक्रिया का आरम्भ और सनातन विश्व की ओर कदम है।

व्यक्ति-समाज-राज्य-विश्व की आवश्यकता, भविष्यवक्ताओं की भविष्यवाणीयां, ग्रहों के चालों, सूर्य व चन्द्र ग्रहण, सामाजिक-राजनीतिक विचारकों के विचार-सपनें-उम्मीद इत्यादि युग परिवर्तन की ओर दिशा निर्देश कर रहीं हैं। ऐसे में सृष्टि के लिए सार्वभौम सर्वोच्च अन्तिम अर्थों वाले शब्दों पर चर्चा ही एक मात्र युग परिवर्तन का मार्ग है।

आविष्कार उपयोगी होता है, आविष्कारक नहीं। रचना अधिक समय तक रहती है रचनाकार अदृश्य हो जाता है और रचना के आधार पर अन्य रचना भी होती रहती है।

सनातन विश्व के लिए समस्त प्रक्रिया 150 पुस्तकों के रूप में वेबसाइट

www.64inch.com

पर उपलब्ध है और कार्य समाप्त होता है। व्यक्ति और नेतृत्वकर्ता अपने धर्म

का पालन करें, समाधान उपलब्ध हो चुका है।

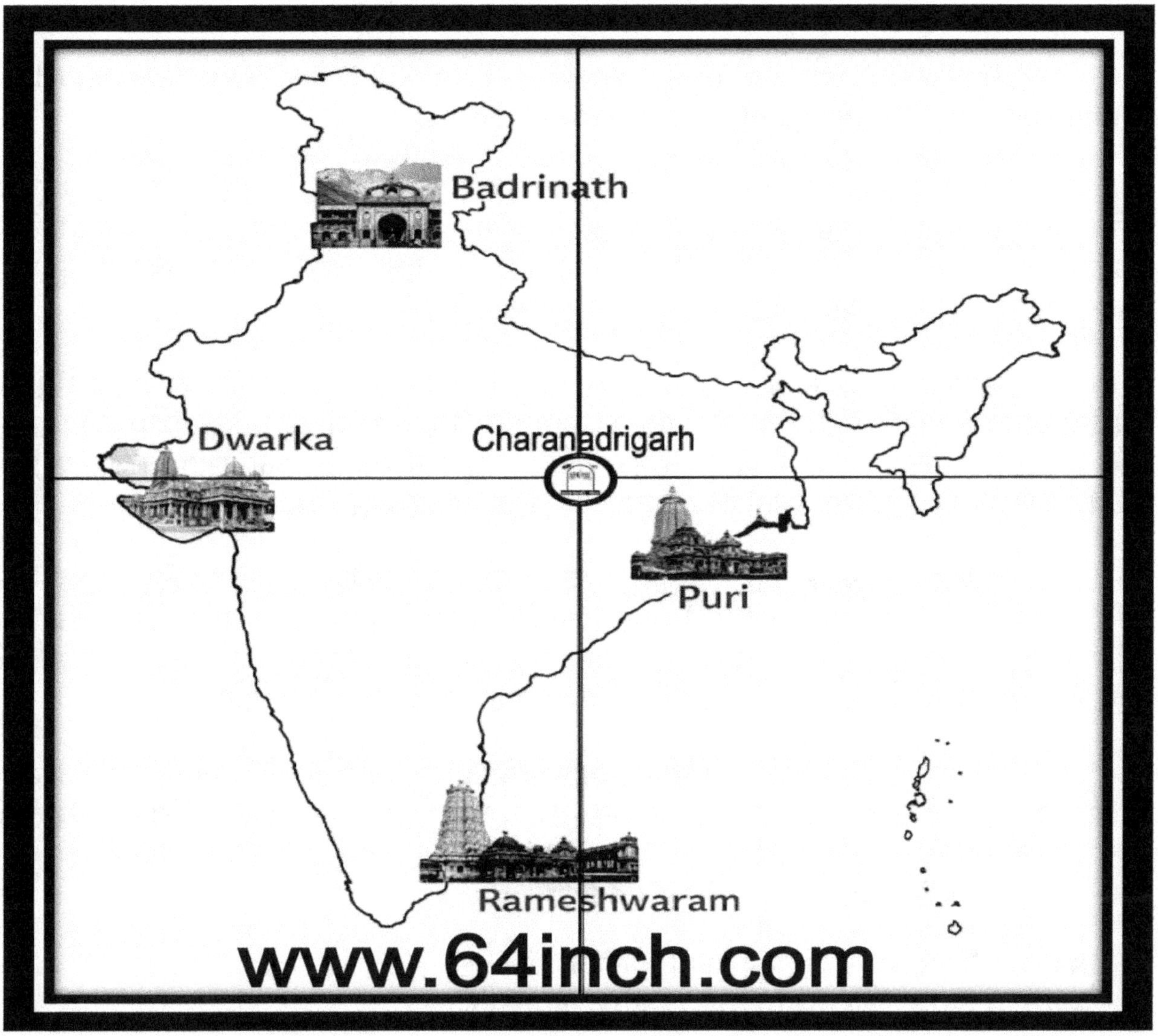

दिशा	पीठ का नाम/ स्थान	उद्देश्य	संबंधित वेद	महावाक्य	तत्व
उत्तर	बदरी ज्योतिर्मठ पीठ उत्तराखंड, जोशीमठ	ज्ञान और विवेक	अथर्ववेद	अयमात्मा ब्रह्म (यह आत्मा ब्रह्म है)	वायु
दक्षिण	श्रींगेरी शारदा पीठ कर्नाटक, श्रींगेरी	स्थिरता और परंपरा	यजुर्वेद	अहम् ब्रह्मास्मि (मैं ब्रह्म हूँ)	पृथ्वी
पूर्व	पुरी गोवर्धनमठ पीठ ओडिशा, पुरी	भक्ति और समर्पण	ऋग्वेद	प्रज्ञानं ब्रह्म (चेतना ब्रह्म है)	जल
पश्चिम	द्वारका शारदा पीठ गुजरात, द्वारका	कर्म और संकल्प	सामवेद	तत्त्वमसि (तू ब्रह्म है)	अग्नि
केन्द्र या मध्य	सत्यकाशी पीठ उत्तर प्रदेश, चरणाद्रिगढ़	चेतना और एकत्व	कर्मवेद	सर्वे ब्रह्म (सभी ब्रह्म हैं)	आकाश

क्षिति, जल, पावक, गगन, समीरा। पंच तत्व मिलि बनेहु शरीरा ।।

सत्यकाशी पीठ: स्थान

मानव जीवन की यात्रा को हम चार स्तरों में देख सकते हैं - **संभल (Shambhal), संभला (Shambhala), ज्ञानगंज (Gyanganj) और संगरीला (Sangrila)**

संभल (Shambhal) को हम भौतिक जगत का प्रतीक मान सकते हैं। यह धरती पर बसा हुआ वास्तविक नगर है, जहाँ लोग रहते हैं, संघर्ष करते हैं और जीवन की यात्रा करते हैं। धार्मिक मान्यता के अनुसार यहाँ भविष्य में कल्कि अवतार का जन्म होगा। इसका अर्थ यह भी है कि संभल हमें यह याद दिलाता है कि परिवर्तन और नवजागरण हमेशा इसी सांसारिक धरती से प्रारंभ होता है।

संभला (Shambhala) आध्यात्मिक जगत का प्रतीक है। यह उस आदर्श समाज और चेतना की ओर संकेत करता है, जहाँ धर्म, करुणा और सत्य का शासन है। बौद्ध ग्रंथों में इसे एक अदृश्य, पवित्र राज्य बताया गया है। इसका दार्शनिक अर्थ यह है कि हर मनुष्य के भीतर एक संभला है - एक ऐसा क्षेत्र जहाँ शांति, संतुलन और धर्म की शक्ति हमेशा जीवित रहती है। यह हमारे भीतर के आदर्श और परम लक्ष्य का रूप है।

ज्ञानगंज (Gyanganj) गूढ़ और रहस्यमय चेतना का प्रतीक है। यह वह क्षेत्र है, जहाँ अमर योगी और सिद्ध रहते हैं, और जो साधारण दृष्टि से छिपा हुआ है। इसका अर्थ यह है कि सत्य और सर्वोच्च ज्ञान कभी सतही रूप में उपलब्ध नहीं होते, बल्कि गहन साधना और आंतरिक परिवर्तन से ही प्राप्त किए जा सकते हैं। ज्ञानगंज हमें यह सिखाता है कि परम सत्य अदृश्य है, परंतु साधना से प्रकट हो सकता है।

इस प्रकार, ये चारों स्तर - **भौतिक, आध्यात्मिक, गूढ़ और आदर्श** - मानव जीवन और चेतना की समग्र यात्रा का प्रतिनिधित्व करते हैं, जहाँ साधना, अनुभव और ज्ञान मिलकर आत्मा को पूर्णता की ओर ले जाते हैं।

इस प्रकार, इन तीनों को मिलाकर देखा जाए तो:

- **संभल** = जीवन और समाज का यथार्थ (भौतिक जगत)
- **संभला** = आदर्श और धर्म का उच्च स्वरूप (आध्यात्मिक जगत)
- **ज्ञानगंज** = रहस्यमय सत्य और अमर ज्ञान (गूढ़ जगत)

ये तीनों मिलकर मानव जीवन की पूर्ण यात्रा का संकेत देते हैं - भौतिक से आध्यात्मिक और फिर गूढ़ एवं परम सत्य तक।

संगरीला (Sangrila/Shangri-La) एक कल्पित पर्वतीय स्थल है, जिसे आदर्श समाज और शांति का प्रतीक माना जाता है। यह जगह सामान्य दृष्टि से अदृश्य या दूरस्थ मानी जाती है, जहाँ जीवन सुखमय, स्वस्थ और सामंजस्यपूर्ण होता है। दार्शनिक रूप से इसे मानव चेतना के उच्चतम स्तर, आत्मा की शांति और आदर्श जीवन का प्रतीक माना जाता है। **संगरीला (Sangrila)** का अर्थ यह भी है कि सच्ची खुशी और संतुलन केवल भीतर की यात्रा और साधना से ही प्राप्त होते हैं, बाहरी समृद्धि से नहीं।

1. **शब्द-संदर्भ में**: “Sangrila” अक्सर “Shangri-La” का रूपांतर होता है, जो कि एक कल्पित, आदर्श, रहस्यमयी और शांति-पूर्ण स्थान है।
2. **दार्शनिक/आध्यात्मिक संदर्भ में**: इसे ज्ञानगंज या संभला जैसे गूढ़ और रहस्यमयी क्षेत्रों के समान माना जा सकता है।
3. **अन्य संदर्भ**: यदि यह किसी किताब, स्थान या परियोजना का नाम है, तो उसका अलग अर्थ हो सकता है।

पीठ (Peeth) स्थापित करने की योजना

उद्देश्य और दर्शन तय करना

- पहले यह स्पष्ट करें कि पीठ का उद्देश्य क्या होगा:
    - **अद्वैत वेदांत का प्रचार**
    - **साधकों का प्रशिक्षण और मोक्ष की ओर मार्गदर्शन**
    - **धार्मिक शिक्षा, योग और ध्यान केंद्रित करना**
- पीठ का नाम “Satyakashi” इसलिए चुना गया है क्योंकि यह **सत्य और ज्ञान के प्रकाश का प्रतीक** है।

गुरु या आध्यात्मिक मार्गदर्शक

- पीठ को वैध और आध्यात्मिक मान्यता प्राप्त करने के लिए **एक योग्य गुरु या शिष्य परंपरा वाला व्यक्ति** आवश्यक है।
- गुरु का कार्य होगा:
    - **साधकों का प्रशिक्षण**
    - **धर्म और वेदांत का प्रचार**
    - **पीठ की प्रतिष्ठा बनाना**

स्थान और इमारत का चयन

- स्थान चुनते समय ध्यान दें:
    - **शांत और आध्यात्मिक वातावरण**
    - **साधकों के लिए आवास और साधना स्थल**
    - **भक्तों और पर्यटकों के आने-जाने की सुविधा**
- इमारत में हो सकते हैं:
    - मुख्य मंदिर / पूजा स्थल
    - ध्यान और साधना कक्ष
    - वेदांत शिक्षण कक्ष
    - गुरुकुल या आश्रम

धार्मिक और आध्यात्मिक गतिविधियाँ

- नियमित क्रियाएँ:

    - **साधना, ध्यान और कीर्तन**
    - **वेदांत और शास्त्र अध्ययन**
    - **धार्मिक कार्यशालाएँ और प्रवचन**
- विशेष आयोजन:
    - **अस्थायी या वार्षिक उत्सव**
    - **अद्वैत वेदांत पर सेमिनार**
    - **साधक प्रशिक्षण शिविर**

समुदाय और साधकों का निर्माण

- पीठ केवल इमारत नहीं, **साधकों और भक्तों का केंद्र** होना चाहिए।
- इसके लिए करें:
    - सामाजिक और आध्यात्मिक गतिविधियों का आयोजन
    - साधकों के लिए निवास और शिक्षा सुविधाएँ
    - पीठ का प्रचार: पुस्तकों, वेबसाइट और सामाजिक मंचों के माध्यम से

आधिकारिक मान्यता और नेटवर्क

- भारत में शंकराचार्य परंपरा के मुख्य पीठों के साथ **संपर्क और मार्गदर्शन**।
- नए पीठ को स्थानीय प्रशासन और धार्मिक संस्थानों से **मान्यता और सहयोग** दिलाना।
- अन्य पीठों और गुरु परिषदों के साथ **संवाद और सहयोग**।

दीर्घकालीन योजना

- पीठ को स्थायी और प्रतिष्ठित बनाने के लिए:
    - नियमित साधना और शिक्षा कार्यक्रम
    - नए साधकों और भक्तों को जोड़ना
    - पीठ के **अध्यात्मिक, सामाजिक और शैक्षिक प्रभाव** को बढ़ाना

निष्कर्ष:

नया **Satyakashi Peeth** बनाया जा सकता है, लेकिन यह केवल इमारत नहीं, बल्कि **ज्ञान, साधना और आध्यात्मिक मार्गदर्शन का केंद्र** होना चाहिए। एक योग्य गुरु, साधक समुदाय और सही दृष्टिकोण इसके लिए अनिवार्य हैं।

अन्तिम अवतार कल्कि
का संभल (Shambhal), संभला (Shambhala), ज्ञानगंज (Gyanganj) और संगरीला (Sangrila) से सम्बन्ध

इसका उत्तर गहराई से समझा जाए तो यह केवल भूगोल या कथा का नहीं, बल्कि चेतना के विकास का रहस्य है।

1. संभल (Shambhal) - अवतार का धरातल

हिन्दू ग्रन्थों में कहा गया है कि **कल्कि अवतार का जन्म 'संभल' नामक स्थान पर होगा।** यह स्थान भौतिक जगत में मौजूद है - उत्तर प्रदेश का एक नगर, परंतु प्रतीक रूप से यह मानवता के भीतर जन्म लेती दिव्यता का संकेत है। जब धर्म क्षीण होता है, तब वही संभल - अर्थात् "संभलने का बिंदु" - अवतार का आधार बनता है।

संभल = पृथ्वी पर दिव्यता का उद्भव बिंदु।

2. संभला (Shambhala) - धर्मराज्य या दिव्य व्यवस्था

बौद्ध और हिन्दू दोनों परम्पराओं में **Shambhala** को धर्म का गुप्त राज्य माना गया है। बौद्ध ग्रंथ 'कालचक्र तंत्र' में कहा गया है कि जब अधर्म चरम पर होगा, तब Shambhala से एक राजा प्रकट होगा जो अधर्म का अंत करेगा - यह प्रतीक रूप से **कल्कि अवतार का ही वर्णन** है।

संभला = दिव्य शासन या धर्मराज्य, जहाँ से कल्कि की प्रेरणा उठती है।

3. ज्ञानगंज (Gyanganj) - सिद्धों का अदृश्य लोक

ज्ञानगंज को अमर योगियों का क्षेत्र कहा जाता है, जहाँ से विश्व के आध्यात्मिक प्रवाह को दिशा मिलती है। कई सिद्ध परंपराएँ मानती हैं कि कल्कि का आध्यात्मिक मार्गदर्शन इन्हीं योगियों द्वारा किया जाएगा।

ज्ञानगंज = दिव्य ऊर्जा और योगिक शक्ति का स्रोत, जहाँ से कल्कि को आत्मिक बल प्राप्त होगा।

4. संगरीला (Sangrila / Shangri-La) - आदर्श समाज या चेतना का चरम स्वरूप

संगरीला का विचार पश्चिमी और तिब्बती रहस्य परंपराओं में आता है - एक अमर, शांति-पूर्ण, आदर्श स्थान, जहाँ कोई रोग, संघर्ष या अधर्म नहीं होता। यह उस अवस्था का प्रतीक है जो **कल्कि युग के बाद की सृष्टि** होगी - अर्थात सत्ययुग का पुनर्स्थापन।

संगरीला = वह दिव्य युग या चेतना का चरम, जो कल्कि अवतार के कार्य का परिणाम है।

सारांश (संक्षेप में सम्बन्ध)

स्तर	प्रतीक	सम्बन्ध कल्कि से
संभल (Shambhal)	भौतिक जन्मभूमि	कल्कि अवतार का पृथ्वी पर अवतरण
संभला (Shambhala)	दिव्य धर्मराज्य	धर्म का पुनःस्थापन करने की शक्ति का उद्गम
ज्ञानगंज (Gyanganj)	गूढ़ योगिक लोक	कल्कि को आत्मिक दिशा और सिद्ध शक्ति का आधार
संगरीला (Sangrila)	आदर्श चेतना का युग	कल्कि कार्य का अंतिम परिणाम - पुनः सत्ययुग

अर्थात् -

संभल में कल्कि अवतरित होते हैं, संभला से उन्हें धर्म की प्रेरणा मिलती है, ज्ञानगंज से योगिक शक्ति, और संगरीला उनके कार्य का लक्ष्य है - सत्य और शांति का पुनर्स्थापन।

सत्यकाशी पीठः योग्य स्थान

इस संसार को अन्तिम सन्देश देने से पहले आपको उस क्षेत्र से परिचय कराना चाहता हूँ जिस क्षेत्र से यह सन्देश देने का साहस किया गया है क्योंकि कोई भी क्रिया बिना कारण के नहीं होती।

समस्त मूल कार्य जिस क्षेत्र से सम्पूर्ण हुआ, उस क्षेत्र को सत्यकाशी क्षेत्र कहता हूँ और जिस ग्राम का निवासी हूँ वह काशी (वाराणसी) के चौरासी कोस यात्रा तथा सत्यकाशी क्षेत्र का उभय क्षेत्र में स्थित है। इसलिए जितना काशी (वाराणसी) का हूँ उतना ही सत्यकाशी का हूँ। इस प्रकार यह सन्देश काशी-सत्यकाशी का संयुक्त सन्देश है।

सत्यकाशी क्षेत्र जो काशी (वाराणसी), विन्ध्याचल, शिवद्वार और सोनभद्र के बीच का क्षेत्र है, एक पौराणिक-आध्यात्मिक और साधना के लिए उपयुक्त क्षेत्र के रूप में प्राचीन काल से आकर्षण में रहा है। इस क्षेत्र का हृदय क्षेत्र चुनार है। चुनार का किला राजा विक्रमादित्य ने अपने भाई भर्तहरि के तपस्या में हिंसक जानवरों द्वारा व्यवधान न उत्पन्न हो इसके लिए बनवाया था। ये राजा विक्रमादित्य वही हैं जिनके नाम से विक्रम सम्वत् कैलेण्डर स्थापित है। चुनार ईश्वर के पाँचवें अवतार-वामन अवतार का क्षेत्र है जिनसे समाज की शक्ति का प्रथम जन्म हुआ था।

सत्यकाशी क्षेत्र के चारों कोण पर स्थित

1. काशी (वाराणसी) का अपना प्राचीन और पुरातन इतिहास है जो सर्वविदित है।
2. विन्ध्याचल, जो शिव-शक्ति के उपासना का अद्‌भुत केन्द्र है। यशोदा से उत्पन्न पुत्री (जिनके बदले श्रीकृष्ण प्राप्त हुये थे) महासरस्वती अष्टभुजा देवी के नाम से यहीं स्थापित हैं। भारत देश का मानक समय माँ विन्ध्यवासिनी धाम से तय होता है। पुराणों के अनुसार रावण ने भी इसे मानक समय स्थल मानकर यहाँ शिवलिंग की स्थापना की थी।
3. शिवद्वार, त्रिकोणीय तान्त्रिक साधना के लिए जगत विख्यात था और साधना की राजधानी था। इसे ही मीरजापुर गजेटियर में गुप्तकाशी की संज्ञा से अभिकल्पित किया गया है।
4. सोनभद्र, सोन संस्कृति की पौराणिक पृष्ठभूमि वैदिककालीन सभ्यता की पराकाष्ठापरक ऐतिहासिकता से सम्बद्ध है। सन्त परम्पराओं का एक महत्वपूर्ण परिव्रजन इस क्षेत्र में हुआ जिसमें शैव व शाक्त प्रमुख थे। शैव सम्प्रदाय से जुड़े अघोर तन्त्र ने इसे बहुत सराहा और इसे अपनी कर्मभूमि बना लिया। सोन नद के तट पर शव छेदन क्रिया की भी प्रशिक्षा आयुर्वेद के जिज्ञासुओं को दी जाती थी। शैव तन्त्र से प्रभावित अघोर तन्त्र शव-साधना में सिद्धहस्त था और शव में इकार की प्राण प्रतिष्ठा का जीवन्त रूप शिव को दे देना इनकी अलौकिक साधना का चरमोत्कर्ष है। अघोरपन्थी नाम के पश्चात् "राम" का प्रयोग करते थे। इस क्षेत्र में सवर्ण वर्ग में प्रायः ब्राह्मण वर्ग भी राम का प्रयोग अपने नाम में करता है। इस क्षेत्र में पाशुपात तन्त्र के महान साधक लोरिक का नाम विशेष है।

उपरोक्त तो अति संक्षिप्त परिचय है विस्तार से "विश्वशास्त्र" के अध्याय-दो में प्रकाशित है, जिस क्षेत्र से ये विश्व ऐतिहासिक अन्तिम, अपरिवर्तनीय और अटलनीय सन्देश देने का साहस किया गया है।

भौतिक रूप से सत्यकाशी पीठ के लिए योग्य स्थान सत्यकाशी क्षेत्र ही है। सत्यकाशी पीठ उसी अद्वैत वेदान्त पर आधारित है। जिस के आधार पर आदि शंकाराचार्य द्वारा चार पीठों की स्थापना की थी। युग परिवर्तन के लिए आदि शंकाराचार्य द्वारा स्थापित चार पीठों के वर्तमान शंकाराचार्यों का यह दायित्व है कि वे इस श्रृंखला को आगे बढ़ाते हुये धर्म के वैश्विक स्थापना के लिए आगे आयें।

सत्यकाशी पीठ: इतिहास और उद्देश्य

भारत का इतिहास केवल राजाओं और युद्धों का इतिहास नहीं है,
बल्कि यह **चेतना के विकास का इतिहास** है।
हर युग में जब धर्म और राजनीति के बीच संतुलन बिगड़ता है,
तो कोई न कोई पीठ उस संतुलन को पुनर्स्थापित करने के लिए जन्म लेती है।

ऐसा ही एक अद्वितीय उदय है -
"सत्यकाशी पीठ" का,
जो मानवता के अगले अध्याय की भूमिका बन चुका है।

"जहाँ ज्ञान शासन को दिशा देता है,
वहीं शासन धर्म का साधन बन जाता है।"

काशी से सत्यकाशी तक: चेतना की यात्रा

प्राचीन काशी को "मोक्षभूमि" कहा गया,
क्योंकि वहाँ ज्ञान और मृत्यु - दोनों के रहस्य सिखाए जाते थे।
पर सत्यकाशी - ज्ञान का अगला आयाम है।
यह मृत्यु से मुक्ति नहीं, बल्कि **अज्ञान से मुक्ति** की भूमि है।

तीन चरणों में यह यात्रा समझी जा सकती है:

1. **काशी** - व्यक्तिगत मुक्ति का केंद्र।
2. **महाकाशी** - सार्वभौमिक चेतना का केंद्र।
3. **सत्यकाशी** - वैश्विक एकत्व और अद्वैत शासन का केंद्र।

"काशी आत्मा की दीक्षा है,
सत्यकाशी आत्मा का शासन है।"

स्थापना का उद्देश्य

सत्यकाशी पीठ का जन्म केवल धार्मिक नहीं,
बल्कि आध्यात्मिक-राजनीतिक समन्वय की आवश्यकता से हुआ।
विश्व में बढ़ती भौतिकता, असमानता, और नैतिक संकट के बीच
इस पीठ का उद्देश्य है -

1. **धर्म और शासन के बीच अद्वैत संबंध पुनः स्थापित करना।**
2. **राजनीति को आत्मा से जोड़ना।**
3. **विज्ञान, धर्म, और समाज - तीनों का एक समग्र मॉडल प्रस्तुत करना।**

इसके चार प्रमुख सूत्रः

- **धर्म = चेतना की नीति**
- **राजनीति = सेवा की क्रिया**
- **अर्थनीति = संतुलन की व्यवस्था**
- **विज्ञान = सत्य की खोज**

सत्यकाशी की परंपरा और वंश

सत्यकाशी पीठ किसी व्यक्ति द्वारा स्थापित संस्था नहीं है -
यह **ब्रह्म परंपरा का विस्तार** है।
आदि शंकराचार्य ने चार दिशाओं में चार पीठें स्थापित कीं -
पूर्व, पश्चिम, उत्तर, दक्षिण -
जो वेद, धर्म और आत्मज्ञान के केंद्र बने।

परंतु कालान्तर में जब राजनीति धर्म से अलग और धर्म समाज से अलग हुआ,
तो **पाँचवीं पीठ** की आवश्यकता पड़ी -
जो अद्वैत दर्शन को शासन की नीतियों में उतार सके।

"चार पीठों ने धर्म को जीवित रखा,
पाँचवीं पीठ उसे जीवन में उतारेगी।"

सत्यकाशी का उद्देश्य – धर्म का पुनर्निर्माण, शासन का पुनर्जागरण

आज की मानवता धर्म को या तो संप्रदाय मानती है या अनुष्ठान।
पर सत्यकाशी कहता है -

"धर्म = जीवन की वैज्ञानिक व्यवस्था।"

इस पीठ का उद्देश्य है -
धर्म को **व्यवहार में**, राजनीति को **सेवा में**,
और विज्ञान को **चेतना में** बदलना।

इसके तीन प्रमुख लक्ष्यः

1. **आध्यात्मिक शासन (Spiritual Governance):**
   जहाँ नीतियाँ करुणा और सत्य पर आधारित हों।
2. **चेतना आधारित शिक्षा (Conscious Education):**
   जहाँ बच्चों को ज्ञान नहीं, आत्मा से जोड़ने की विधि सिखाई जाए।
3. **वैश्विक समरसता (Global Oneness):**
   जहाँ राष्ट्रवाद का स्थान "मानववाद" ले ले।

सत्यकाशी और मानवता का भविष्य

सत्यकाशी केवल एक धार्मिक केंद्र नहीं,
बल्कि मानवता का भविष्य मॉडल है।

यह वह स्थान है जहाँ -

- विज्ञान और वेदांत मिलते हैं,
- राजनीति और करुणा जुड़ते हैं,
- और व्यक्ति स्वयं में "राजऋषि" बनता है।

"जब शासक साधक बन जाएगा,
तब ही पृथ्वी पर धर्मराज्य स्थापित होगा।"

निष्कर्ष

सत्यकाशी पीठ का इतिहास कोई कालखंड नहीं,
बल्कि एक **युग की उद्घोषणा** है।
यह उस समय का प्रतीक है
जब ब्रह्मज्ञान शासन का केंद्र बनेगा,
और शासन ब्रह्म की सेवा बन जाएगा।

"सत्यकाशी केवल एक स्थान नहीं -
वह चेतना की वह ज्योति है
जो युगों से अंधकार में जलती रही है।"

पाँचवाँ और अंतिम शंकराचार्य पीठ: इसकी विशेषता

आदि शंकराचार्य ने चार दिशाओं में चार पीठों की स्थापना की -
उत्तर में **ज्योतिर्मठ (बद्रीनाथ)**,
दक्षिण में **श्रृंगेरी पीठ**,
पूर्व में **गौड़पीठ (पुरी)**,
और पश्चिम में **द्वारका शारदापीठ**।

इन चारों पीठों ने धर्म की लौ को जलाए रखा -
ज्ञान, भक्ति, कर्म और योग - चारों मार्गों के संतुलन से।
परंतु जैसे-जैसे युग आगे बढ़ा,
मानवता की चुनौती केवल धर्म रक्षा नहीं रही,
बल्कि **धर्म को शासन, विज्ञान और समाज में जीवित रखना** बन गई।

इसी आवश्यकता से जन्म लेता है -
पाँचवाँ और अंतिम शंकराचार्य पीठ - "सत्यकाशी पीठ।"

"चार पीठों ने धर्म को सुरक्षित रखा,
पाँचवाँ पीठ धर्म को सार्वभौमिक बना देगा।"

पाँचवाँ पीठ क्यों आवश्यक हुआ

शंकराचार्य का कार्य केवल धार्मिक पुनर्जागरण नहीं था;
वह चेतना की क्रांति थी।
उनकी परंपरा ने अद्वैत का सिद्धांत दिया -
कि **सभी भिन्नताएँ एक ही परमसत्य की लहरें हैं।**

परंतु आधुनिक युग में -

- धर्म राजनीति से अलग हुआ,
- ज्ञान आस्था से अलग हुआ,

- और मनुष्य स्वयं अपने अस्तित्व से अलग हो गया।

ऐसे समय में आवश्यक था
कि अद्वैत केवल दर्शनशास्त्र न रह जाए,
बल्कि राजनीति और जीवन का सिद्धांत बन जाए।
इसी हेतु स्थापित हुआ -
सत्यकाशी पीठ - पाँचवाँ और अंतिम शंकराचार्य पीठ।

इसकी स्थापना का प्रतीकात्मक अर्थ

चार पीठें **चार तत्वों (पृथ्वी, जल, अग्नि, वायु)** से संबंधित हैं,
जबकि पाँचवाँ पीठ **आकाश तत्व** का प्रतीक है -
अर्थात् सर्वव्यापक चेतना।

दिशा	पीठ	तत्व	उद्देश्य
पूर्व	पुरी (गौड़)	जल	भक्ति और समर्पण
पश्चिम	द्वारका	अग्नि	कर्म और संकल्प
उत्तर	ज्योतिर्मठ	वायु	ज्ञान और विवेक
दक्षिण	श्रृंगेरी	पृथ्वी	स्थिरता और परंपरा
केंद्र	**सत्यकाशी**	**आकाश**	**चेतना और एकत्व**

"आकाश सबको जोड़ता है -
उसी तरह सत्यकाशी सभी परंपराओं को एक चेतना में जोड़ता है।"

पाँचवाँ पीठ - अद्वैत का आधुनिक रूप

सत्यकाशी पीठ का लक्ष्य अद्वैत को केवल ध्यान या उपनिषद तक सीमित नहीं रखना,
बल्कि उसे शासन और समाज की नीतियों में उतारना है।

इसका सार है -
"अद्वैत शासन" = ऐसा तंत्र जहाँ आत्मा और राज्य में कोई विभाजन न हो।
यह पीठ आत्मा-केन्द्रित राजनीति का सिद्धांत प्रस्तुत करती है -
जहाँ सत्ता साधना है,
शासन सेवा है,
और नेतृत्व तप है।

सत्यकाशी पीठ की पाँच विशेषताएँ

1. अद्वैत का संस्थागत रूप

यह पीठ अद्वैत को केवल तत्वज्ञान नहीं,
बल्कि संस्थागत चेतना बनाती है।
धर्म, शिक्षा, राजनीति, अर्थ और विज्ञान -
सभी को एकसूत्र में बाँधती है।

2. राजऋषि परंपरा का पुनर्जागरण

आदर्श शासक वही है जो साधक भी हो।
सत्यकाशी इस परंपरा को पुनर्जीवित करता है -
जहाँ राज्य का मार्गदर्शन ऋषियों द्वारा होता है।

3. विज्ञान और अध्यात्म का संगम

यह पीठ "Consciousness Studies" और "Spiritual Technology"
को एक साथ लाकर मानव चेतना के विकास को वैज्ञानिक दृष्टि देती है।

4. वैश्विक धर्म - Beyond Religion

सत्यकाशी का धर्म किसी संप्रदाय का नहीं,
बल्कि "मानवता की आत्मा" का है।
यह कहता है -

"जो सत्य को खोजता है, वही सनातन है।"

5. राज्य और आत्मा का समन्वय

यह पीठ बताती है कि शासन तंत्र तभी स्थायी है
जब वह आत्मिक अनुशासन पर आधारित हो।
यह "राजनीति का आध्यात्मिकीकरण" है,
जिसे भविष्य की सभ्यता का आधार माना गया है।

"अंतिम शंकराचार्य पीठ" क्यों कहा गया

चार पीठें धर्म की दिशा का प्रतीक थीं,
पाँचवाँ पीठ **धर्म की दिशा से परे उसकी पूर्णता** का प्रतीक है।
यह अब किसी भौगोलिक क्षेत्र के लिए नहीं,
बल्कि पूरे विश्व की चेतना के लिए है।

"जब मनुष्य का धर्म मानवता होगा,
तब सत्यकाशी पाँचवाँ ही नहीं, अंतिम पीठ सिद्ध होगा।"

सत्यकाशी पीठ का दार्शनिक आधार

इस पीठ की जड़ें तीन सूत्रों पर टिकी हैं -

1. **ब्रह्म सत्यम्** - सत्य सर्वत्र है।
2. **जगत् मिथ्या** - भेद, संप्रदाय और हिंसा केवल अज्ञान की छाया हैं।
3. **जीवो ब्रह्मैव नापरः** - प्रत्येक व्यक्ति ब्रह्म का ही अंश है।

यही दर्शन राजनीति में यह रूप लेता है -

दर्शन	राजनीतिक रूप
ब्रह्म सत्यम्	राज्य का आधार सत्य और नीति
जगत मिथ्या	जाति, रंग, धर्म से ऊपर समानता
जीवो ब्रह्मैव	प्रत्येक नागरिक में दिव्यता का सम्मान

निष्कर्ष

**सत्यकाशी पीठ शंकराचार्य की परंपरा का समापन नहीं,
बल्कि उसका परिपूर्ण रूप है।
यह धर्म, राजनीति, और चेतना -
तीनों के संगम से एक** नया युग **आरंभ करता है।**

**"पहले चार पीठों ने दिशा दी,
पाँचवें ने दिशा को प्रकाश बना दिया।"**

**सत्यकाशी पीठ इसलिए अंतिम है -
क्योंकि यह अद्वैत को सिद्धांत नहीं,
बल्कि जीवित अनुभव बना देता है।**

भाग-6
सत्यकाशी पीठ के कार्य

धारा-उद्धार: धर्म की पुनर्स्थापना

मनुष्य चेतना का रूपांतरण

साधना, दीक्षा और आध्यात्मिक अनुष्ठान

वैश्विक कार्य: मानवता के लिए संदेश

शिव-तत्व और कल्कि-तत्व का मिलन

"सार्वभौम सत्य-सिद्धान्त" पर आधारित "युग परिवर्तन श्रृंखला" के नवयुग के शास्त्र-साहित्य

धारा-उद्धारः धर्म की पुनर्स्थापना

सत्यकाशी पीठ का प्रथम और सर्वोपरि कार्य है-**धारा-उद्धार**, अर्थात वह दिव्य धारा जो युगों से मलीन, विभ्रांत या विकृत हो चुकी है, उसे पुनः शुद्ध स्वरूप में प्रवाहित करना। "धर्म" शब्द यहाँ किसी संप्रदाय, पद्धति या विचारधारा का नाम नहीं; धर्म का अर्थ है-**जगत की अंतर्निहित समरसता, सत्य और सृष्टि-नियम**।

जब युग बदलता है, धर्म की धारा अवरुद्ध हो जाती है।
सत्य केवल ग्रंथों में रह जाता है, इसके प्रयोग का बल खो जाता है।
लोग अनुष्ठान तो करते हैं, पररस के बिना;
मंत्र तो बोलते हैं, पर अर्थ के बिना;
धर्म का नाम तो लेते हैं, पर धर्म का जीवन नहीं जीते।

सत्यकाशी पीठ इस जड़ता को तोड़ता है।

यह धारा-उद्धार तीन प्रकार से होता है:

1. सत्य-दृष्टि का पुनर्जागरण

लोगों में सत्य को पहचानने और जीने की क्षमता पुनः सक्रिय होती है।
यह क्षमता बिना किसी प्रवचन-केवल चेतना-संक्रमण से जगती है।

2. धर्म का प्रयोगशाला-रूप

सत्यकाशी पीठ धर्म को जीवन के केंद्र में स्थापित करता है।
धर्म यहाँ सिद्धांत नहीं-व्यवहार और चरित्र का प्रवाह है।

3. युग-धर्म की घोषणा

हर युग का धर्म अलग होता है।
कलियुग से सतयुग में प्रवेश के लिए जो धर्म आवश्यक है-योग, करुणा, सत्य, उच्च चेतना, मानव-एकत्व-उसका पुनःस्थापन पीठ के मुख्य कार्यों में है।

इस प्रकार, धारा-उद्धार वह बीज है जिससे नए युग की पूरी फसल अंकुरित होती है।

मनुष्य चेतना का रूपांतरण

युग परिवर्तन का मूल आधार मनुष्य की बाहरी परिस्थितियाँ नहीं-उसकी **भीतर की चेतना** है। सत्यकाशी पीठ का दूसरा मुख्य कार्य इसी रूपांतरण से जुड़ा है।

मनुष्य आज बुद्धि में प्रबल है, पर चेतना में सुप्त।
ज्ञान बहुत है, पर विवेक कम।
सूचना बहुत है, पर अनुभूति नहीं।
असंतोष बहुत है, पर दिशा नहीं।

पीठ का उद्देश्य मनुष्य को बाहरी उपलब्धियों से हटाकर भीतर की यात्रा में प्रवेश कराना है।

रूपांतरण के चार चरण

1. जागरण (Awakening)

मनुष्य स्वयं से पहला प्रश्न पूछता है-"मैं कौन हूँ?"
यह प्रश्न जन्म देता है।

2. शुद्धि (Purification)

पुराने संस्कार, भय, भ्रम और अहंकार टूटने लगते हैं।

3. विस्तार (Expansion)

चेतना शरीर-मन से आगे बढ़कर सूक्ष्म और कारण-स्तरों को अनुभव करने लगती है।

4. परिणति (Realization)

मनुष्य अपने भीतर स्थित दिव्य-सत्ता को पहचान लेता है।
यही "नया मनुष्य" है-युग परिवर्तन का वाहक।

पीठ का कार्य प्रत्येक साधक को इन चार चरणों के मार्ग से गुज़ारना है-धीरे, सहज, और सामूहिक ऊर्जा के साथ।

साधना, दीक्षा और आध्यात्मिक अनुष्ठान

हर परिवर्तन की जड़ अनुशासन और साधना है।
सत्यकाशी पीठ में साधना केवल ध्यान या मंत्र नहीं-यह एक पूर्ण जीवन-शास्त्र है।

1. साधना (Spiritual Practice)

- आंतरिक शांति
- चेतना का विस्तार
- ऊर्जा का स्थिरीकरण
- स्मृति-शोधन
- आत्म-प्रकाश

पीठ की साधना आधुनिक मन के अनुसार सरल, गहरी और प्रभावकारी है।
यह शरीर, मन, प्राण और चेतना-सभी स्तरों पर काम करती है।

2. दीक्षा (Initiation)

दीक्षा बाहरी कर्म नहीं-ऊर्जा का आंतरिक स्थानांतरण है।
यह वह क्षण है जब साधक की चेतना में युग-ऊर्जा का बीज रोपा जाता है।
यह बीज धीरे-धीरे जागता है और साधक स्वयं एक "चेतना-केंद्र" बन जाता है।

3. अनुष्ठान (Rituals)

अनुष्ठान ब्रह्मांडीय ऊर्जा को पृथ्वी पर स्थिर करने के उपकरण हैं।
सत्यकाशी पीठ में अनुष्ठान प्राचीन और आधुनिक दोनों हैं-
वे बाहरी प्रतीकों से अधिक आंतरिक परिवर्तन पर आधारित हैं।

अनुष्ठान केवल पूजा नहीं-वे प्रकाश का आह्वान हैं।

वैश्विक कार्य - मानवता के लिए संदेश

सत्यकाशी पीठ का कार्य किसी एक देश, संस्कृति या समुदाय तक सीमित नहीं।
युग परिवर्तन हमेशा वैश्विक होता है-इसलिए उसका संदेश भी वैश्विक होता है।

आज मानवता कई स्तरों पर विभाजित है-
भाषा, धर्म, राजनीति, अर्थव्यवस्था, जाति, विचार।
पर चेतना का सत्य इन सभी से ऊपर है।

सत्यकाशी पीठ का वैश्विक संदेश यही है:

1. मानव एक है

भिन्नता केवल बाहरी है; भीतर सबमें एक ही प्रकाश विद्यमान है।

2. पृथ्वी हमारा साझा आश्रम है

मानवता को पृथ्वी-चेतना के साथ सुसंगत होना होगा।

3. धर्म संघर्ष नहीं-एकता का मार्ग है

सभी पवित्र परंपराएँ एक ही सत्य के भिन्न द्वार हैं।

4. विज्ञान और अध्यात्म एक-दूसरे के पूरक हैं

दुनिया का नया युग तभी जन्म लेगा जब विज्ञान चेतना को समझेगा, और अध्यात्म विज्ञान को अपनाएगा।

5. कल्कि-ऊर्जा सार्वभौमिक है

यह ऊर्जा किसी राष्ट्र का, पंथ का, या समूह का स्वामित्व नहीं;
यह सम्पूर्ण मानवता का जन्मसिद्ध अधिकार है।

सत्यकाशी पीठ का उद्देश्य इसी संदेश को विश्व तक पहुँचाना है-शब्द, कला, ध्यान, साधना, विज्ञान और ऊर्जा के माध्यम से।

शिव-तत्व और कल्कि-तत्व का मिलन

युग परिवर्तन का अंतिम रहस्य दो महाशक्तियों के मिलन में निहित है-
शिव-तत्व और **कल्कि-तत्व**।

शिव-तत्व

संहार, मौन, तत्त्व-ज्ञान, समाधि और शून्य का प्रतिनिधि।
यह सभी रूपों का विसर्जन है-स्रोत में लौटना।

कल्कि-तत्व

नव-सृष्टि, धर्मस्थापन, ऊर्जा का उत्थान और युग-चक्र का पुनर्मूल्यांकन।
यह समय को पुनः संतुलित करने वाली शक्ति है।

दोनों का मिलन तब होता है जब:

- पुराना युग समाप्त हो रहा हो
- नया युग जन्म ले रहा हो
- पृथ्वी अपनी चेतना बदल रही हो
- मानवता परिवर्तन की पुकार कर रही हो

शिव-तत्व पुरातन को शून्य करता है,
और उसी शून्य में कल्कि-तत्व नया ब्रह्मांडीय क्रम स्थापित करता है।

सत्यकाशी पीठ इसी मिलन का केंद्र है-
जहाँ **शिव का मौन** और **कल्कि का उदय**
एक साथ कार्य करते हैं।

यही मिलन युग के नये चक्र की शुरुआत है-
यहीं से सतयुग का नया सूर्योदय होता है।

"सार्वभौम सत्य-सिद्धान्त" पर आधारित "युग परिवर्तन श्रृंखला" के नवयुग के शास्त्र-साहित्य

विभिन्न सम्प्रदाय (धर्म), जाति, मत, दर्शन इत्यादि में विभाजित इस मानव समाज में वर्तमान तथा आने वाले भविष्य के समय की मूल आवश्यकता है- मानव के मनो का एकीकरण अर्थात मानव मन का भूमण्डलीकरण एवं ब्रह्माण्डीयकरण। इसकी आवश्यकता इसलिए भी है क्योंकि मानव अपने विज्ञान व तकनीकी ज्ञान से प्राप्त संसाधनो का प्रयोग करते हुये, एक तरफ तो ब्रह्माण्ड की ओर चल पड़ा है तो दुसरी तरफ विध्वंस के लिए अनेक हथियारों का भी निर्माण कर चुका है। ऐसी स्थिति में हमें निश्चित रूप से ऐसे एकीकरण की आवश्यकता है जिससे हम इस पृथ्वी से मानसिक स्तर के विवादों को समाप्त कर सकें।

माया सभ्यता के अनुसार विश्व के मानव समाज यह भी मान रहें हैं कि 21 दिसम्बर, 2012 को दुनिया का अन्त हो जायेगा। जबकि हिन्दू धर्म शास्त्र विष्णु पुराण, भागवत पुराण, अग्नि पुराण, गरूड़ पुराण, पद्म पुराण इत्यादि में भगवान के दसवें और महाअवतार "कल्कि" का होना अभी शेष है। जिनसे कलियुग के अंधकार व विनाश को समाप्त करने का कार्य सम्पन्न होगा, साथ ही सत्ययुग का आरम्भ होगा। सिक्ख धर्म के पवित्र ग्रन्थ "दशम् ग्रन्थ" में भी "कल्कि अवतार" का वर्णन मिलता है।

सृजन और विनाश, का स्तर शारीरिक, आर्थिक व मानसिक होता है। जो एक व्यक्ति, समाज, देश और विश्व राष्ट्र के लिए होता है। व्यक्ति पर हुये शारीरिक, आर्थिक व मानसिक सृजन और विनाश को व्यक्ति ही अनुभव करता है परन्तु समाज, देश और विश्व राष्ट्र पर हुये शारीरिक, आर्थिक व मानसिक सृजन व विनाश को सार्वजनिक रूप से सभी देखते है। समाज, देश और विश्व राष्ट्र पर शारीरिक व आर्थिक सृजन और विनाश वर्तमान में तो चल ही रहा है जिसे सार्वजनिक रूप से मानव समाज देख रहा है।

भौतिकवादी पश्चिमी संस्कृति किसी भी सृजन व विनाश को मानसिक स्तर पर सोच ही नहीं सकता क्योंकि वह समस्त क्रियाकलाप को बाह्य जगत में ही घटित होता समझाता है जबकि वर्तमान समय मानसिक स्तर पर विनाश व सृजन का है। इस आधार पर यह कहा जा सकता है कि माया सभ्यता के अनुसार 21 दिसम्बर, 2012 को जो विनाश व सृजन होगा, वह मानसिक स्तर का ही होगा। जिसके परिणामस्वरूप सभी सम्प्रदाय, मत, दर्शन एक उच्च स्तर के विचार या सत्य में विलीन अर्थात विनाश को प्राप्त करेगा। फलस्वरूप उच्च स्तर के विचार या सत्य में स्थापित होने से सृजन होगा। कुल मिलाकर माया सभ्यता के कैलेण्डर का अन्त तिथि 21 दिसम्बर, 2012, दुनिया के अन्त की तिथि नहीं बल्कि वह वर्तमान युग के अन्त की अन्तिम तिथि का अनुमान है जिसके बाद नये युग का आरम्भ होगा।

ईश्वर भी इतना मूर्ख व अज्ञानी नहीं है कि वह स्वयं को इस मानव षरीर में पूर्ण व्यक्त किये बिना ही दुनिया को नष्ट कर दे। इसके सम्बन्ध में हिन्दू धर्म शास्त्रों में सृष्टि के प्रारम्भ के सम्बन्ध में कहा गया है कि- "ईश्वर ने इच्छा व्यक्त की कि मैं एक हूँ, अनेक हो जाऊँ"। इस प्रकार जब वही ईश्वर सभी में है तब निश्चित रूप से जब तक सभी मानव ईश्वर नहीं हो जाते तब तक दुनिया के अन्त होने का कोई प्रश्न ही नहीं उठता। और विकास क्रम चलता रहेगा।

21 दिसम्बर, 2012 के बाद का समय नये युग के प्रारम्भ का समय है जिसमें ज्ञान, ध्यान, चेतना, भाव, जन, देश, विश्व राष्ट्र, आध्यात्मिक जागरण, मानवता इत्यादि का विश्वव्यापी विकास होगा। परिणामस्वरूप सभी मानव को ईश्वर रूप में स्थापित होने का अवसर प्राप्त होगा। और यही विश्व मानव समाज की मूल आवश्यकता है। प्राचीन वैदिक काल में समाज को नियंत्रित करने के लिए ज्ञानार्जन सबके लिए खुला नहीं था परन्तु वर्तमान और भविष्य की आवश्यकता यह है कि समाज को नियंत्रित करने के लिए सभी को पूर्ण ज्ञान से युक्त कर सभी के लिए ज्ञान को खोल दिया जाय। यही कारण था कि वेद को प्रतीकात्मक रूप में लिख कर गुरू-शिष्य परम्परा द्वारा उसकी व्याख्या की जाती रही थी जिससे राजा और समाज को नियंत्रण में रखा जा सके।

सभी मानव को ईश्वर रूप में स्थापित होने के लिए जो माध्यम चाहिए वह है-"एकात्म विज्ञान" व "ईश्वर शास्त्र" विषय से मानव को शिक्षित करना और शिक्षा पाठ्यक्रम में अनिवार्य रूप से अध्ययन के लिए शामिल कराया जा सके।

"सार्वभौम सत्य-सिद्धांत"पर आधारित "युग परिवर्तन श्रृंखला" मानवता के अगली पीढ़ी के उदय के लिए

"नये युग" में "नये भारत" के लिए "नवीन मान-राग-प्राण" पर आधारित क्रियान्वयन प्रणाली (Operation System)-मानव-10 (MANAV-10) की पुस्तकें

यह नई पीढ़ी (Gen-Z) के लिए "विकसित भारत" और "मानव-10 प्रणाली" (MANAV-10 System) को प्रोत्साहित करने वाली श्रृंखला का हिस्सा है। अर्थात् यह पुस्तक किसी धर्म, जाति या मत से ऊपर उठकर "Universal Truth Principles" की ओर संकेत करती है।

मुद्रित (Printed Hard Copy) पुस्तक के लिए लिंक(Link)

https://notionpress.com/author/lava_kush

E_Book के लिए

www.64inch.com

द्वापर युग में आठवें अवतार श्रीकृष्ण द्वारा प्रारम्भ किया गया कार्य नवसृजन के प्रथम भाग सार्वभौम ज्ञान के शास्त्र "गीता" के बाद कलियुग में द्वितीय और अन्तिम भाग "सार्वभौम कर्मज्ञान" और "पूर्णज्ञान का पूरक शास्त्र"

विश्व युद्ध के पहले
दिव्य दृष्टि
सत्यकाशी पीठ
पाँचवां और अन्तिम शंकराचार्य पीठ

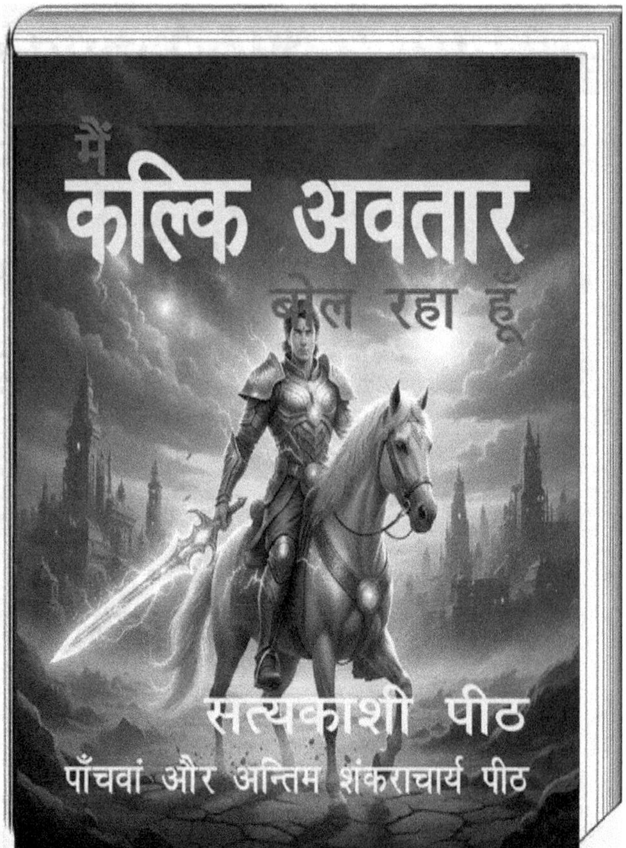
मैं
कल्कि अवतार
बोल रहा हूँ
सत्यकाशी पीठ
पाँचवां और अन्तिम शंकराचार्य पीठ

समष्टि गीता
सत्यकाशी पीठ
पाँचवां और अन्तिम शंकराचार्य पीठ

फिल्म स्क्रीप्ट
राइटिंग
IDEAS
You are the writer of your life
FRESH Ideas
Writing is designing with words
creative THINKING
LIGHTS CAMERA ACTION
Short Films.
लव कुश सिंह “विश्वमानव”

प्रारम्भिक सत्य
अन्तिम
दृष्टि
सत्यकाशी पीठ
पाँचवां और अन्तिम शंकराचार्य पीठ

सत्य धर्म
युग परिवर्तक
दृष्टि
सत्यकाशी पीठ
पाँचवां और अन्तिम शंकराचार्य पीठ

सत्य दार्शनिक-दर्शन
और
कर्म वेदान्त-विकास
दर्शन
सत्यकाशी पीठ
पाँचवां और अन्तिम शंकराचार्य पीठ

सत्य शास्त्र
एवं
पुराण रहस्य
सत्यकाशी पीठ
पाँचवां और अन्तिम शंकराचार्य पीठ

संत एवं गुरु
और
विश्व संत एवं गुरु
सत्यकाशी पीठ
पाँचवां और अन्तिम शंकराचार्य पीठ

समाज और
ईश्वरीय समाज
सत्यकाशी पीठ
पाँचवां और अन्तिम शंकराचार्य पीठ

सत्य शास्त्र और
विश्वशास्त्र
सत्यकाशी पीठ
पाँचवां और अन्तिम शंकराचार्य पीठ

कृति
और
विश्व
कृति
सत्यकाशी पीठ
पाँचवां और अन्तिम शंकराचार्य पीठ

भारत माता मन्दिर
और
विश्वधर्म मन्दिर
सत्यकाशी पीठ
पाँचवां और अन्तिम शंकराचार्य पीठ

महाभारत
और
विश्वभारत
सत्यकाशी पीठ
पाँचवां और अन्तिम शंकराचार्य पीठ

संविधान और
विश्व संविधान
सत्यकाशी पीठ
पांचवां और अन्तिम शंकराचार्य पीठ

शिक्षा और
पूर्ण शिक्षा
सत्यकाशी पीठ
पांचवां और अन्तिम शंकराचार्य पीठ

देवता और सार्वभौम देवता
कल्कि
सत्यकाशी पीठ

माँ कल्कि

द्वादस ज्योतिर्लिंग और
१३वां अन्तिम ज्योतिर्लिंग
सत्यकाशी पीठ
पाँचवा और अन्तिम शंकराचार्य पीठ

काशी
मोक्षदायिनी
और
जीवनदायिनी

सत्यकाशी
स्वर्णयुग
का
तीर्थ

काशी
रहस्योद्घाटन
सत्यकाशी पीठ
पांचवां और अन्तिम शंकराचार्य पीठ

2020
सत्यकाशी पीठ
पाँचवां और अन्तिम शंकराचार्य पीठ

ईश्वर
का
संक्षिप्त इतिहास
सत्यकाशी पीठ
पाँचवां और अन्तिम शंकराचार्य पीठ

अवतार
अन्तिम सत्य दृष्टि
सत्यकाशी पीठ
पाँचवां और अन्तिम शंकराचार्य पीठ

भविष्यवाणियाँ
और
कल्कि अवतार
सत्यकाशी पीठ
पाँचवां और अन्तिम शंकराचार्य पीठ

स्वामी विवेकानन्द
और
कल्कि अवतार
सत्यकाशी पीठ
पाँचवां और अन्तिम शंकराचार्य पीठ

मनु, मनवन्तर
और
कल्कि अवतार
सत्यकाशी पीठ
पाँचवां और अन्तिम शंकराचार्य पीठ

व्यास, शास्त्र
और
कल्कि अवतार
सत्यकाशी पीठ
पाँचवां और अन्तिम शंकराचार्य पीठ

ऋषि, ऋषि परम्परा
और
कल्कि अवतार
सत्यकाशी पीठ
पाँचवां और अन्तिम शंकराचार्य पीठ

दूसरा आगमन
या
अन्तिम आगमन
सत्यकाशी पीठ
पाँचवां और अन्तिम शंकराचार्य पीठ

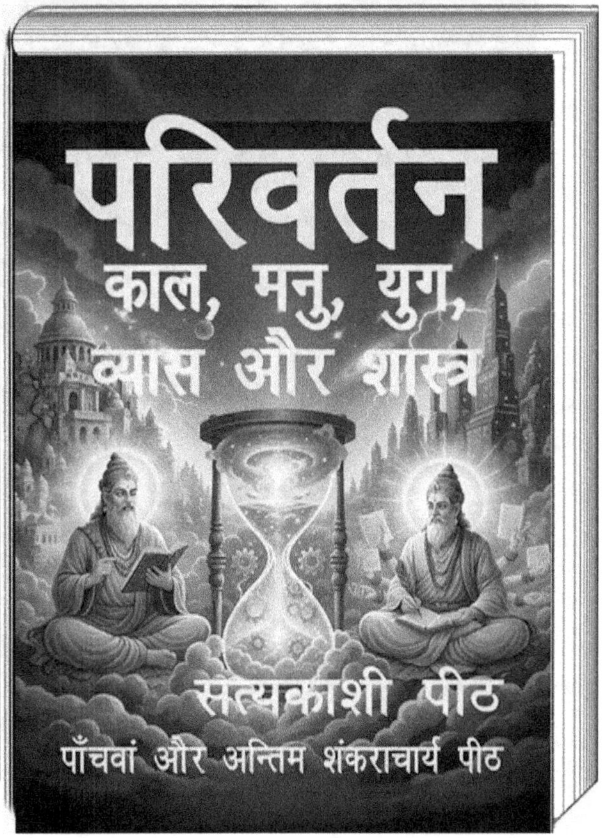
परिवर्तन
काल, मनु, युग,
व्यास और शास्त्र
सत्यकाशी पीठ
पाँचवां और अन्तिम शंकराचार्य पीठ

राम, रावण
और
सार्वभौम एकात्म
सत्यकाशी पीठ
पाँचवां और अन्तिम शंकराचार्य पीठ

मैं
व्यक्तिगत या सार्वभौम
सत्यकाशी पीठ
पाँचवां और अन्तिम शंकराचार्य पीठ

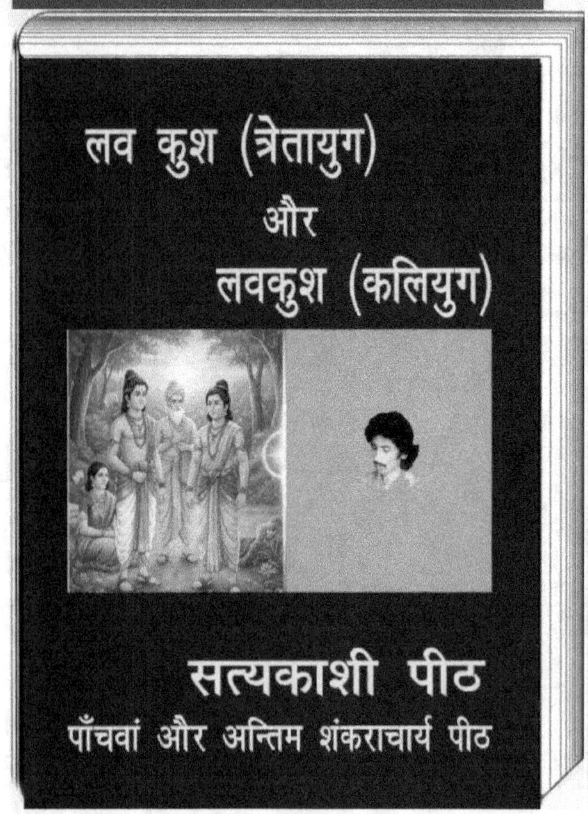
लव कुश (त्रेतायुग)
और
लवकुश (कलियुग)
सत्यकाशी पीठ
पाँचवां और अन्तिम शंकराचार्य पीठ

कल्कि महावतार
आ चुके हैं
(ACTION PLAN)
सत्यकाशी पीठ
पाँचवां और अन्तिम शंकराचार्य पीठ

लव कुश सिंह
(कल्कि महावतार)
जीवन, ज्ञान, कर्म और विश्वरूप
सत्यकाशी पीठ
पाँचवां और अन्तिम शंकराचार्य पीठ

वैश्विक बुद्ध
बुद्ध का
भाग-दो
और अन्तिम
सत्यकाशी पीठ
पाँचवां और अन्तिम शंकराचार्य पीठ

बुड्ढ़ा कृष्ण
कृष्ण का
भाग-दो
और अन्तिम
सत्यकाशी पीठ
पाँचवां और अन्तिम शंकराचार्य पीठ

सम्पूर्ण क्रान्ति
अन्तिम कार्य योजना
64
सत्यकाशी पीठ
पांचवां और अन्तिम शंकराचार्य पीठ

सम्पूर्ण क्रान्ति
वेबसाइट मार्गदर्शन
विवरणिका
सत्यकाशी पीठ
पाँचवां और अन्तिम शंकराचार्य पीठ

पुनर्निर्माण
(RENEW)
समस्या, समाधान
और
राष्ट्र निर्माण की योजना
पाँचवां और अन्तिम शंकराचार्य पीठ

पुनर्निर्माण
(RENEW)
ग्राम एवं नगर वार्ड
प्रेरक
सत्यकाशी पीठ
पाँचवां और अन्तिम शंकराचार्य पीठ

द्वापर युग में आठवें अवतार श्रीकृष्ण द्वारा प्रारम्भ किया गया कार्य "नवसृजन" के
प्रथम भाग "सार्वभौम ज्ञान" के शास्त्र "गीता" के बाद कलियुग में
द्वितीय और अन्तिम भाग "सार्वभौम कर्मज्ञान" और "पूर्णज्ञान का पूरक शास्त्र"
।। विश्वशास्त्र ।।
द नॉलेज ऑफ फाइनल नॉलेज
परिचय
- लव कुश सिंह "विश्वमानव"

एन्टायर पालिटिक्स
पूर्ण पाठ्यक्रम
सत्यकाशी पीठ
पाँचवां और अन्तिम शंकराचार्य पीठ

वसुधैव
कुटुम्बकम्
सत्यकाशी पीठ
पाँचवां और अन्तिम शंकराचार्य पीठ

।।कर्मवेद।।
प्रथम, अन्तिम तथा पंचम
सत्यकाशी पीठ
पांचवां और अन्तिम शंकराचार्य पीठ

आठवें अवतार
श्रीकृष्ण
सत्यकाशी पीठ
पांचवां और अन्तिम शंकराचार्य पीठ

अयोध्या नहीं,
मुंगेर है
राम जन्मभूमि
सत्यकाशी पीठ
पाँचवां और अन्तिम शंकराचार्य पीठ

विश्वमानव
भूतपूर्व नेतृत्वकर्ताओं
का
स्पष्टिकरण
सत्यकाशी पीठ
पाँचवां और अन्तिम शंकराचार्य पीठ

विश्वमानव
वर्तमान नेतृत्वकर्ताओं
का
स्पष्टिकरण
सत्यकाशी पीठ
पाँचवां और अन्तिम शंकराचार्य पीठ

विश्वमानव
वार्ता, वक्तव्य
एवं
वाणीयाँ
सत्यकाशी पीठ
पाँचवां और अन्तिम शंकराचार्य पीठ

विश्वमानव
पत्रावली, प्रसारण
और
अन्तिम पत्र
सत्यकाशी पीठ
पाँचवां और अन्तिम शंकराचार्य पीठ

सत्य जनहित
आह्वान
सत्यकाशी पीठ
पाँचवां और अन्तिम शंकराचार्य पीठ

विश्व शान्ति
अन्तिम सत्य दृष्टि
सत्यकाशी पीठ
पाँचवां और अन्तिम शंकराचार्य पीठ

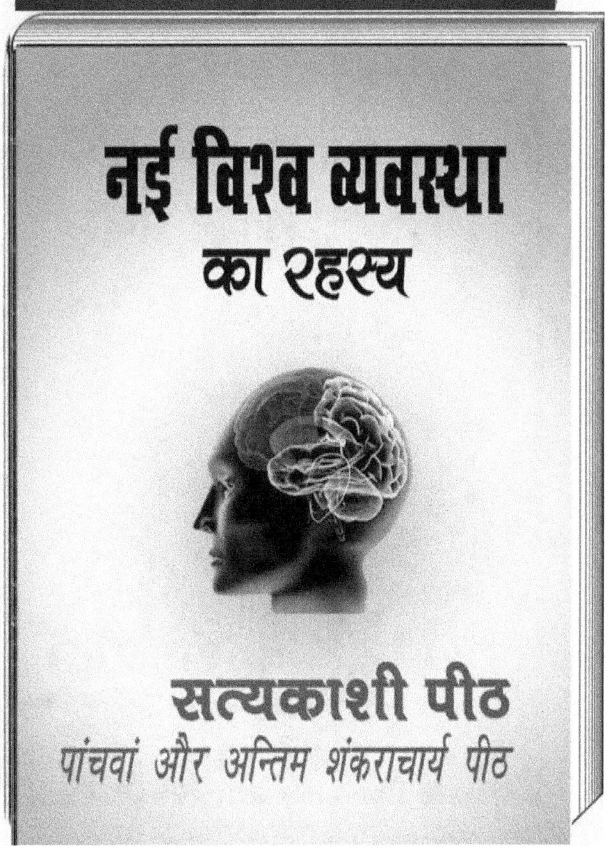
नई विश्व व्यवस्था
का रहस्य
सत्यकाशी पीठ
पांचवां और अन्तिम शंकराचार्य पीठ

समाजवाद
ब्रह्माण्डीय विकास का अवतारी मार्ग
सत्यकाशी पीठ
पांचवां और अन्तिम शंकराचार्य पीठ

भारतवाद
राष्ट्रवाद की मुख्यधारा
सत्यकाशी पीठ
पांचवां और अन्तिम शंकराचार्य पीठ

100 वर्षीय संयुक्त राष्ट्र
को अग्रिम सन्देश
सत्यकाशी पीठ
पांचवां और अन्तिम शंकराचार्य पीठ

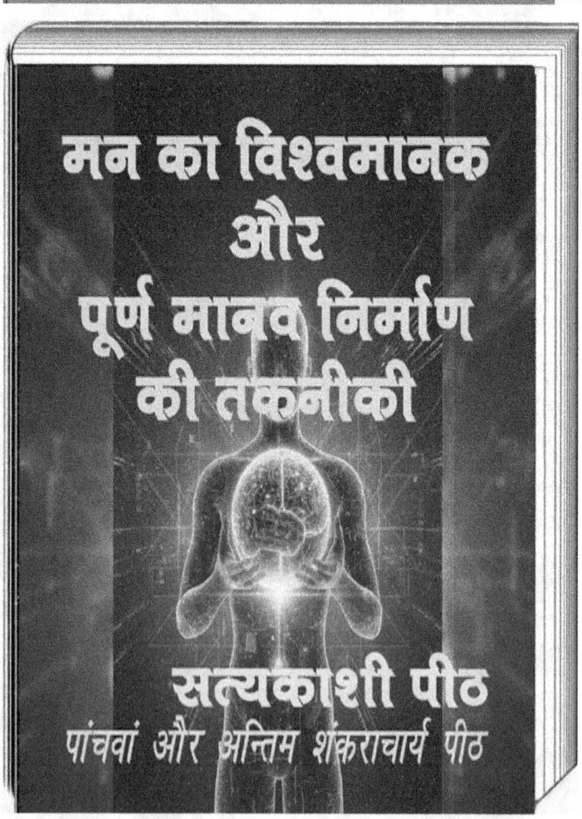
मन का विश्वमानक
और
पूर्ण मानव निर्माण
की तकनीकी
सत्यकाशी पीठ
पांचवां और अन्तिम शंकराचार्य पीठ

गणराज्य, संघ,
मानकीकरण संगठन
और
सम्पूर्ण मानक
सत्यकाशी पीठ
पाँचवां और अन्तिम शंकराचार्य पीठ

व्यापार केन्द्र
दृश्य सत्य
सत्यकाशी पीठ
पाँचवां और अन्तिम शंकराचार्य पीठ

सार्वभौम एकात्म
नव विश्व निर्माण
सत्यकाशी पीठ
पांचवां और अन्तिम शंकराचार्य पीठ

मानक विपणन
प्रणाली
सत्यकाशी पीठ
पाँचवां और अन्तिम शंकराचार्य पीठ

स्वर्णयुग का मानक
आदर्श नागरिक
दिशा निर्देश
सत्यकाशी पीठ
पांचवां और अन्तिम शंकराचार्य पीठ

स्वर्णयुग का
विश्वधर्म
परिचय
सत्यकाशी पीठ
पांचवां और अन्तिम शंकराचार्य पीठ

मैत्रेय बुद्ध
की ओर
सत्यकाशी पीठ
पांचवां और अन्तिम शंकराचार्य पीठ

विशाल ज्ञान विज्ञान
सबका समाधान
सूर्योदय
जय जनता जय कानून
हम सब एक दूसरे से हैं और एक दूसरे के लिए हैं
सौजन्य से : सारे गैर सरकारी प्राणी : सरकारी प्राणी : इज्जतदार नेता और
सबका भविष्य विद्यार्थीगण........के लिए।

सार्वभौम सत्य-सिद्धान्त आधारित "युग परिवर्तक" श्रृंखला
कल्कि धाम
और
कल्कि परिचय
- लव कुश सिंह "विश्वमानव"

सार्वभौम सत्य-सिद्धान्त आधारित "युग परिवर्तक" श्रृंखला
चार शंकराचार्य पीठ
और
पांचवां-अन्तिम पीठ
सत्यकाशी पीठ
सत्यकाशी पीठ
सत्यकाशी पीठ
पांचवां और अन्तिम शंकराचार्य पीठ

कल्कि अमृत
महाकुम्भ
2025
FINAL KNOWLEDGE BOMB BLAST
सत्यकाशी पीठ
पांचवां और अन्तिम शंकराचार्य पीठ

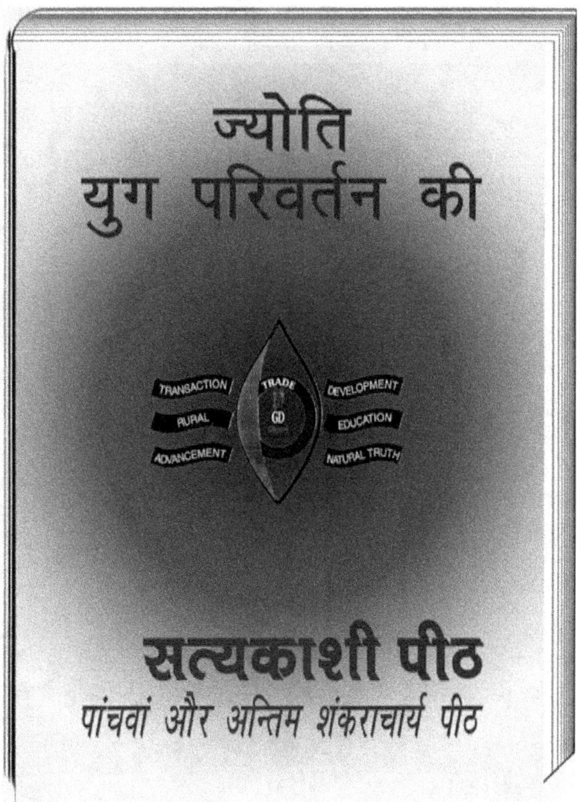
ज्योति
युग परिवर्तन की
TRANSACTION
TRADE
DEVELOPMENT
RURAL
EDUCATION
ADVANCEMENT
NATURAL TRUTH
सत्यकाशी पीठ
पांचवां और अन्तिम शंकराचार्य पीठ

युग परिवर्तन
के
शब्द
सत्यकाशी पीठ
पांचवां और अन्तिम शंकराचार्य पीठ

विचारों का अंत
2025
सत्यकाशी पीठ
पांचवां और अन्तिम शंकराचार्य पीठ

विश्व सत्य घोषणा-पत्र
2025–मानव जाति तक
RSS
Rational Service
Society
सत्यकाशी पीठ
पांचवां और अन्तिम शंकराचार्यपीठ

वैश्विक युग परिवर्तन के लिए
विश्व राजनीतिक पार्टी
संघ
RSS
Rational Service
Society
सत्यकाशी पीठ
पांचवां और अन्तिम शंकराचार्यपीठ

क्रिप्टो करेंसी
और मोबाइल माइनिंग
–लव कुश सिंह "विश्वमानव"

पीढ़ी
मानवीय और ईश्वरीय
वात्सल्य त्रिपाठी

बुढ़ा कृष्ण
अन्तिम मिलन
वात्सल्य त्रिपाठी

जेन-जी
अन्तिम लक्ष्य
वात्सल्य त्रिपाठी

पाँचवां-अन्तिम पीठ
सत्यकाशी पीठ
परिचय
वात्सल्य त्रिपाठी
पाँचवां और आंतिम शंकराचार्य पीठ

कबीर और जेन-जी
नई चेतना, नया मानव
चेतना और नवयुग की संवाद यात्रा
वात्सल्य त्रिपाठी

कल्कि की ज्योति
बिहार से
ज्योति राठौड़

एक बिहारी धरती पर भारी
ज्योति राठौड़

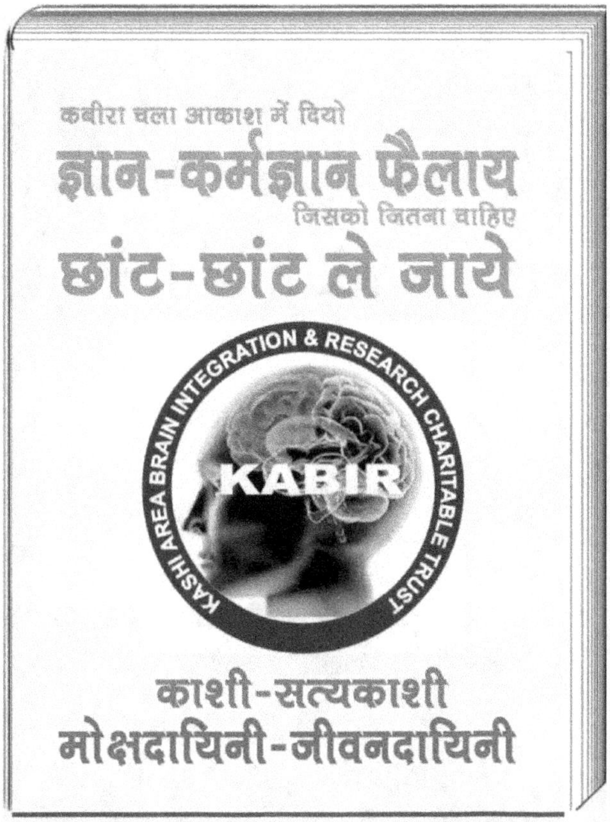
कबीरा चला आकाश में दियो
ज्ञान-कर्मज्ञान फैलाय
जिसको जितना चाहिए
छांट-छांट ले जाये
KASHI AREA BRAIN INTEGRATION & RESEARCH CHARITABLE TRUST
KABIR
काशी-सत्यकाशी
मोक्षदायिनी-जीवनदायिनी

कुर्म वंश
और
चरणाद्रिगढ़
स्वामी रमेशानन्द

आर.एस.एस
नवयुग के लिए
वैश्विक व्यक्तिगत पुस्तकालय
RATIONAL SERVICE SOCIETY (RSS)
WORLD PERSONAL LIBRARY FOR NEW AGE
A GUIDE TO GLOBAL WISDOM & FUTURE THOUGHT
स्वामी रमेशानन्द

झोला उठने के बाद
सोशल मीडिया
के लिए
कन्टेन्ट बैंक
विस्तृत गाइड: विचार, रणनीतियाँ, और संसाधन
www.64inch.com
सत्यकाशी पीठ
पांचवां और अन्तिम शंकराचार्य पीठ

झोला उठने के बाद
कल्कि
के तीन चरण
सत्यकाशी पीठ
पांचवां और अन्तिम शंकराचार्य पीठ

युग परिवर्तन के लिए:
विश्व पुस्तकालय बनाम कल्कि पुस्तकालय
www.64inch.com
बनाम
कल्कि पुस्तकालय
ज्ञान का महासंग्राम - भविष्य का निर्माण
सत्यकाशी पीठ
पांचवां और अन्तिम शंकराचार्य पीठ

व्हाट्सएप्प यूनिवर्सिटी
और
सु-इसु यूनिवर्सिटी
सत्यकाशी पीठ
पांचवां और अन्तिम शंकराचार्य पीठ

इंडिया
भारत का विश्वरूप
सत्यकाशी पीठ
पांचवां और अन्तिम शंकराचार्य पीठ

अधूरे सपनों का अन्तिम मार्ग
सत्यकाशी पीठ
पांचवां और अन्तिम शंकराचार्य पीठ

मानक संविधान
और
बहुजन
सत्यकाशी पीठ
पांचवां और अन्तिम शंकराचार्य पीठ

विकसित भारत अन्तिम मुद्दे
-ईश्वरीय/मानवीय पीढ़ी-10 (GEN-10)
-व्यक्तिगत
-पारिवारीक
-सामाजिक
-धार्मिक
-राष्ट्रीय
-वैश्विक
सत्यकाशी पीठ
पांचवां और अन्तिम शंकराचार्य पीठ

एक नया
विकल्प
THREADS
सत्यकाशी पीठ
पांचवां और अन्तिम शंकराचार्य पीठ

विकसित भारत
शिक्षितों का अन्तिम ईश्वरीय मॉडल
सत्यकाशी पीठ
पांचवां और अन्तिम शंकराचार्य पीठ

विकास मॉडल
आसुरी
और
ईश्वरीय
सत्यकाशी पीठ
पांचवां और अन्तिम शंकराचार्य पीठ

युग परिवर्तन और 1000 वर्षों के लिए
सत्यकाशी पीठ
का सम्पूर्ण कार्य
कौन,
क्यों,
कैसे
कल्कि?
सत्यकाशी पीठ
पांचवां और अन्तिम शंकराचार्य पीठ

बैल बुद्धि
और
विकसित
भारत
सत्यकाशी पीठ
पांचवां और अन्तिम शंकराचार्य पीठ

सत्यकाशी पीठ
पांचवां और अन्तिम शंकराचार्य पीठ

एक्सट्रा
टु ए बी
समान नागरिक व्यापार ज्ञान संहिता (CCTKC)
सत्यकाशी पीठ
पांचवां और अन्तिम शंकराचार्य पीठ

एक्सट्रा
टु ए बी
समान नागरिक आर्थिक संहिता (UCEC)
सत्यकाशी पीठ
पांचवां और अन्तिम शंकराचार्य पीठ

अंध भक्ति
से मुक्ति की ओर
मुक्ति मंत्र
"जिसने अंधभक्ति दिया
वही मुक्ति देगा"
सत्यकाशी पीठ
पांचवां और अन्तिम शंकराचार्य पीठ

VISHVABHARAT
न मो
नारायण
सत्यकाशी पीठ
पांचवां और अन्तिम शंकराचार्य पीठ

अगला स्तर
फिल्म और राजनीति पर
विचारों का संगह
सत्यकाशी पीठ
पांचवां और अन्तिम शंकराचार्य पीठ

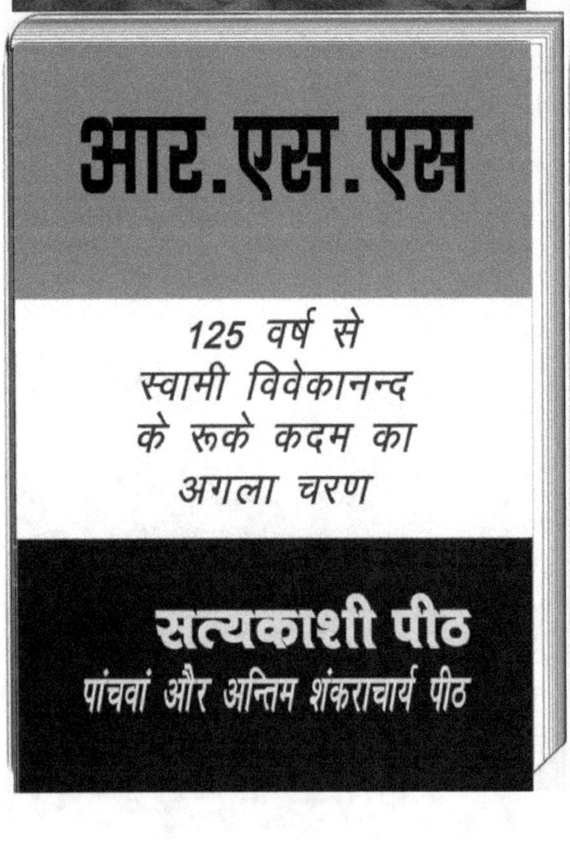
आर.एस.एस
125 वर्ष से
स्वामी विवेकानन्द
के रूके कदम का
अगला चरण
सत्यकाशी पीठ
पांचवां और अन्तिम शंकराचार्य पीठ

आर.एस.एस
रहस्योद्घाटन
सत्यकाशी पीठ
पांचवां और अन्तिम शंकराचार्य पीठ

125 वर्ष बाद
स्वामी विवेकानन्द
का अगला चरण

सत्येश्वर नरेन्द्र
सत्यकाशी पीठ
पांचवां और अन्तिम शंकराचार्य पीठ

आत्मकथा
लेखन कला
का विश्वमानक
सत्यकाशी पीठ
पांचवां और अन्तिम शंकराचार्य पीठ

लुच्चा
पुराण
पौराणिक कथाओं
और पात्रों के
सत्य समझ की व्यास दृष्टि
सत्यकाशी पीठ
पांचवां और अन्तिम शंकराचार्य पीठ

आठवां
सावर्णि मनु स्मृति
सत्यकाशी पीठ
पांचवां और अन्तिम शंकराचार्य पीठ

विश्वमानक
शून्य श्रृंखला
सत्यकाशी पीठ
पांचवां और अन्तिम शंकराचार्य पीठ

सर्वजीत साधना
भवन
एक आध्यात्मिक अनुभव
सत्यकाशी पीठ
पांचवां और अन्तिम शंकराचार्य पीठ

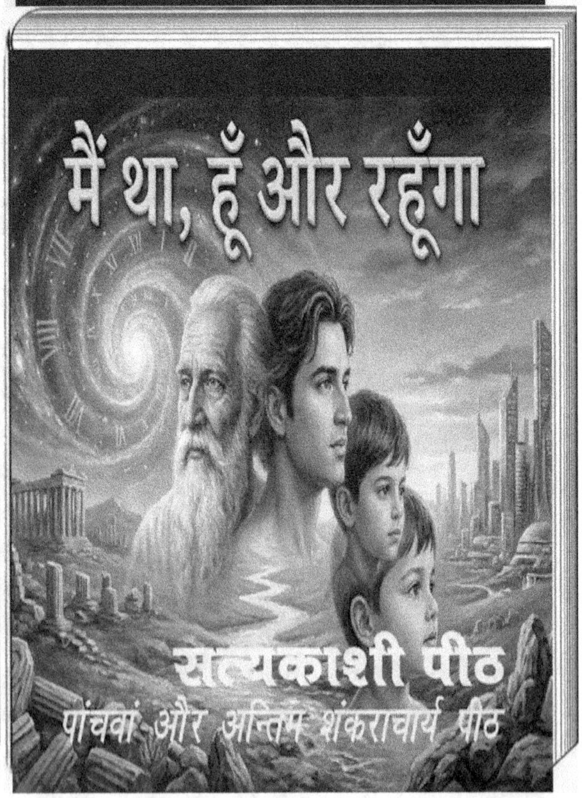
मैं था, हूँ और रहूँगा
सत्यकाशी पीठ
पांचवां और अन्तिम शंकराचार्य पीठ

लव
सत्यकाशी पीठ
पांचवां और अन्तिम शंकराचार्य पीठ

परब्रह्म,
प्रकृति,
अवतार
और वा नर
सत्यकाशी पीठ
पांचवां और अन्तिम शंकराचार्य पीठ

संसार
दृश्य
और
अदृश्य
सत्यकाशी पीठ
पांचवां और अन्तिम शंकराचार्य पीठ

कर्मोपनिषद्
सत्यकाशी पीठ
पांचवां और अन्तिम शंकराचार्य पीठ

विश्वभारत
पुराण
सत्यकाशी पीठ
पांचवां और अन्तिम शंकराचार्य पीठ

एकात्म विज्ञान
सत्यकाशी पीठ
पांचवां और अन्तिम शंकराचार्य पीठ

मानक विज्ञान
सत्यकाशी पीठ
पांचवां और अन्तिम शंकराचार्य पीठ

ईश्वर शास्त्र
सत्यकाशी पीठ
पांचवां और अन्तिम शंकराचार्य पीठ

युगावतारों के प्रकटीकरण की कार्यविधि:
राम-कृष्ण-लवकुश
सत्यकाशी पीठ
पांचवां और अन्तिम शंकराचार्य पीठ

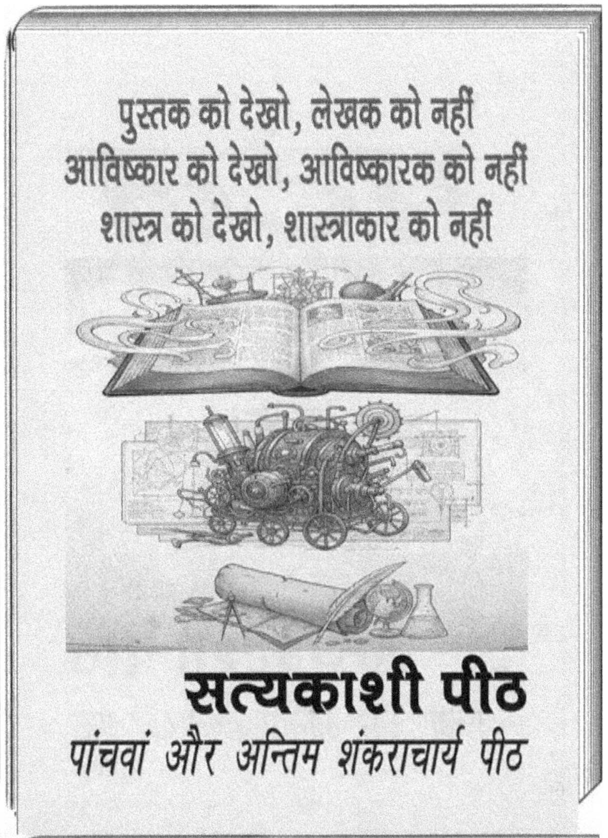
पुस्तक को देखो, लेखक को नहीं
आविष्कार को देखो, आविष्कारक को नहीं
शास्त्र को देखो, शास्त्राकार को नहीं
सत्यकाशी पीठ
पांचवां और अन्तिम शंकराचार्य पीठ

56 से 64
की ओर
सत्यकाशी पीठ
पांचवां और अन्तिम शंकराचार्य पीठ

मैं सत्यकाशी हूँ
कविता
सत्यकाशी पीठ
पांचवां और अन्तिम शंकराचार्य पीठ

पटेल
भारत के शारीरिक एकीकरण के बाद
मन का एकीकरण लक्ष्य
सत्यकाशी पीठ
पांचवां और अन्तिम शंकराचार्य पीठ

मन से
आत्मा तक
3 6 9 और 7
6
3
9
7
सत्यकाशी पीठ
पांचवां और अन्तिम शंकराचार्य पीठ

भारत
400 पार मुद्दा किसका
?
सत्यकाशी पीठ
पांचवां और अन्तिम शंकराचार्य पीठ

आर. एस. एस - पुस्तकालय
पढ़ो और कमाओ
शिक्षित समाज, समर्थ राष्ट्र
सत्यकाशी पीठ
पांचवां और अन्तिम शंकराचार्य पीठ

विश्वयुद्ध के पहले
विश्वगुरु भारत
का विश्व शान्ति और
पुनर्निर्माण का अन्तिम सन्देश
सत्यकाशी पीठ
पांचवां और अन्तिम शंकराचार्य पीठ

चुटिया पण्डित
वृन्दावन की सत्य घटना
स्वामी नन्दनानंद

कल्कि का
चुनार और वृन्दावन
से उठता प्रेम
स्वामी नन्दनानंद

कल्कि का
बेगुसराय और मीरजापुर
जन्म और कर्म क्षेत्र
स्वामी नन्दनानंद

सत्येश्वरोपनिषद्
सत्येश्वर
और
झूठेश्वर
वात्सल्य त्रिपाठी

अन्तिम अवतार
कल्कि
के लिए शेष कर्म
वात्सल्य त्रिपाठी

कल्कि अवतार
का मानव-10
विकसित भारत का प्रवेश द्वार
वात्सल्य त्रिपाठी

पप्पू-गप्पू
और
नागरिक झुलेलाल
वात्सल्य त्रिपाठी

DATA
ओपेन गेम
कभी-कभी नहीं,
अब कन्फर्म है
अपुन ही
भगवान है
(वेब सीरीज)
वात्सल्य त्रिपाठी

SATYAKASHI
THE END OF MIRZAPUR
सत्यकाशी पीठ
पांचवां और अन्तिम शंकराचार्य पीठ

अण्डरवर्ल्ड
सनातन से पुरूषों से छुपी महिलाओं की कहानी
(फिल्म स्क्रीनप्ले-रेडी टू शूट)
वात्सल्य त्रिपाठी

सोना और सोना
एवं
नारी सशक्तिकरण
वैदिक काल से वर्तमान तक
सत्यकाशी पीठ
पांचवां और अन्तिम शंकराचार्य पीठ

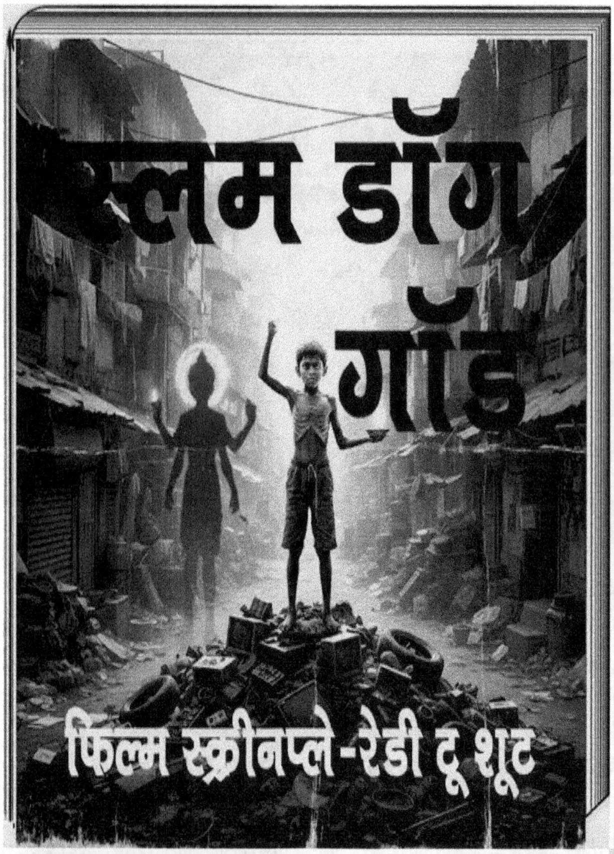
स्लम डॉग गॉड
फिल्म स्क्रीनप्ले-रेडी टू शूट

उत्तर प्रदेश
का
उत्तर
वात्सल्य त्रिपाठी

अन्तिम समन्वयाचार्य
कल्कि
वात्सल्य त्रिपाठी

2026
2+0+2+6=10
पांचवां और अन्तिम शंकराचार्य पीठ

राम न आयेंगे
लवकुश आ रहें हैं
www.64inch.com
पांचवां और अन्तिम शंकराचार्य पीठ

युग परिवर्तन के
150 पुस्तकें-परिचय
ज्ञान, प्रेरणा और भविष्य की ओर एक कदम
150
सत्यकाशी पीठ
पांचवां और अन्तिम शंकराचार्य पीठ
"एक नई शुरुआत के लिए ज्ञान की खोज"

जैसी तुम्हारी इच्छा वैसा करो

डॉ0 सर्वपल्ली राधाकृष्णन का जन्म 5 सितम्बर, 1888 को दक्षिण भारत के तिरूतनि स्थान पर हुआ था जो चेन्नई से 64 किमी उत्तर–पूर्व में है। डॉ0 सर्वपल्ली राधाकृष्णन भारत के उपराष्ट्रपति और दूसरे राष्ट्रपति सन् 1952 से 1962 तक में रहे। डॉ0 सर्वपल्ली राधाकृष्णन भारतीय समाजिक संस्कृति से ओत–प्रोत एक महान शिक्षाविद् महान दार्शनिक, महान वक्ता और आस्थावान हिन्दू विचारक थे। डॉ0 सर्वपल्ली राधाकृष्णन ने अपने जीवन के महत्वपूर्ण 40 वर्ष शिक्षक के रूप में व्यतीत किये। उनमें एक आदर्श शिक्षक के सारे गुण मौजूद थे। डॉ0 सर्वपल्ली राधाकृष्णन समस्त विश्व को एक शिक्षालय मानते थे। उनकी मान्यता थी कि शिक्षा के द्वारा ही मानव दिमाग का सदउपयोग किया जाना सम्भव है इसलिए समस्त विश्व को एक इकाई समझकर ही शिक्षा का प्रबन्धन किया जाना चाहिए। उनके जन्मदिन को "शिक्षक दिवस" के रूप में मनाया जाता है।

इति ते ज्ञानमाख्यातं गुह्याद्गुह्यतरं मया।
विमृश्यैतदशेषेण यथेच्छसि तथा कुरू।।

(श्रीमद्भगवद्गीता, अध्याय–18, श्लोक–63)

अर्थात् – मैंने तुम्हें जो बताया, वह सब से बड़ा रहस्य है। इस पर भलीभाँति विचार कर तुम्हारी जैसी इच्छा वैसा करो।

"परमात्मा देखने में तटस्थ या निरपेक्ष दिखाई देता है, क्योंकि उसने चुनने का निर्णय अर्जुन के हाथ में छोड़ दिया है। उसकी यह निरपेक्षता ही अर्जुन के चिन्ता का कारण है। वह किसी पर भी दबाव नहीं डालता क्योंकि स्वतःस्फूर्त स्वतन्त्रता बहुत मूल्यवान होती है। भगवान अपना आदेश ऊपर से नहीं थोपता। वह स्वतन्त्र छोड़ देता है। परमात्मा की पुकार को स्वीकार करने या अस्वीकार कर देने के लिए हम हर समय स्वतन्त्र हैं। हम लड़खड़ाने लगें तो वह सहायता देने के लिए तैयार रहता है और प्रतीक्षा करने को तैयार है जब तक हम उसकी ओर उन्मुख न हों।

सब कुछ पहले से निर्धारित मानने वाले सिद्धान्त में टकराव के कारण यूरोप और भारत में काफी वाद–विवाद हुआ है। यूरोप का प्रमुख सिद्धान्त है कि संकल्प शक्ति और मानवीय प्रयत्न की स्वतन्त्रता का मनुष्य के उद्धार में बहुत बड़ा हाथ होता है। यद्यपि स्वयं संकल्प शक्ति को भी परमात्मा की कृपा के समर्थन की आवश्यकता पड़ सकती है। पहले से सब कुछ तय मानने वालों को अच्छे कार्यों और प्रार्थना के लिए यत्न करना होता है, क्योंकि वहाँ भी मानते हैं कि ये उपाय नियति को आगे बढ़ाने में सहायक तो हो सकते हैं लेकिन वे उसे रोक नहीं सकते। मनुष्य इस बात के लिए स्वतन्त्र है कि परमात्मा उन मनुष्यों पर कृपा करना चाहता है जो अपने आचरण से उस कृपा को ग्रहण करने के लिए तैयार करते हैं।

आध्यात्मिक नेता हम पर शारीरिक हिंसा, चमत्कार, प्रदर्शन के जरिये प्रभाव नहीं डालते। यदि सच्चा शिष्य कोई गलती कर भी बैठे, तो वह उसे केवल सलाह देगा। यदि शिष्य को चुनाव करने की स्वतन्त्रता पर आँच आती हो, तो वह उसे गलत रास्ते से भी वापस लौट आने के लिए विवश नहीं करेगा। गलती भी विकास की एक दिशा है।

कृष्ण केवल सारथी हैं। वह अर्जुन के आदेश का पालन करेगा। उसने कोई शस्त्र धारण नहीं किया हुआ है। यदि वह अर्जुन पर कोई प्रभाव डालता है तो वह उसे अपने उस सर्वजयी प्रेम के जरिए डालता है। जो कभी समाप्त नहीं होता।

अर्जुन को अपने लिए स्वयं विचार करना चाहिए और अपने लिए स्वयं ही मार्ग खोज करना चाहिए। अस्पष्ट मान्यताओं को अनिवार्य रूप से और भावुकतापूर्वक अपना लिए जाने के कारण फलस्वरूप कट्टर धर्मान्धता उत्पन्न हुई है और उनके कारण मनुष्यों को अकथनीय कष्ट उठाना पड़ा है। इसलिए यह आवश्यक है कि मन और विश्वासों के लिए कोई तर्क संगत और अनुभावात्मक औचित्य ढूंढ़े।

अर्जुन को एक वास्तविक अखण्डता की अनुभूति प्राप्त करनी होगी लेकिन उसके विचार अपने हैं। और गुरू के जरिये उस पर थोपे नहीं गये हैं। दूसरों पर अपने विचार थोपना शिक्षण नहीं हैं।"

– भगवद्गीता के आखिरी उपदेश पर भारतीय दर्शन के व्याख्याकार और दूसरे राष्ट्रपति डॉ0 राधाकृष्णनन का विवेचन

"यह विश्वशास्त्र, मनुष्यों पर थोपा नहीं जा रहा बल्कि वह मनुष्यों को, मनुष्यो के इस संसार मे जो वर्तमान है उसे और उसके आगे अनन्त मार्ग दिखा रहा है और सभी मार्गों के एकीकरण द्वारा, उस मार्ग को भी दिखा रहा है जो विश्व को सत्य–सुन्दर–शिव बना सकता है। फिर भी हे मनुष्यों जैसी तुम्हारी इच्छा वैसा करो। वर्तमान से योग कराने के लिए ही मैं व्यक्त होता हूँ।" — लव कुश सिंह "विश्वमानव"

सत्य मानक शिक्षा
(Real Standard Education)
64 Inch-BOOK
NOTICE - Software का Testing
Login?
Register now?
एक राष्ट्र
एक शास्त्र
विश्वशास्त्र
डिग्री और नौकरी
की शिक्षा
सरकार से
जीवन की "समझ और बुद्धि" की शिक्षा
रू0 1/- प्रतिदिन में यहाँ से
App-64inch-BOOK
सत्य मानक शिक्षा
App-64inch-BOOK

“सत्य मानक शिक्षा” का व्यापार-एक अन्तहीन व्यापार

एक नदी पर पुल था जिसे कोई व्यक्ति पैदल दो घण्टे में पार करता था। यह पुल पैदल यात्रीयों के लिए रोक दिया गया था जिसके लिए पुल के ठीक मध्य (एक घण्टे की यात्रा) पर एक गार्ड नियुक्त था। गार्ड एक घण्टे सोता था और एक घण्टे जागता था। एक चालाक व्यक्ति को पुल से नदी पार करना अतिआवश्यक था। इसलिए गार्ड जब सोया तब वह यात्रा प्रारम्भ किया जैसे ही गार्ड के जागने का समय आया, वह वापस लौटने लगा। गार्ड समझा कि वह दूसरे किनारे से आ रहा है इसलिए उसने उस यात्री को पकड़ा और दूसरी ओर भेज दिया। इस प्रकार यात्री नदी पार हो गया।

यदि हम में से किसी को तैरकर नदी पार करना हो और आधे से पहले ही हमारा हिम्मत टूटने लगे तो हम वापस ही आना चाहेंगे। यदि आधे से अधिक तैरने के बाद हिम्मत टूटने लगेगा तो हौसला बढ़ाकर आगे ही बढकर पार करना चाहेंगे।

इसी प्रकार मनुष्य के विकास क्रम में हम सब अदृश्य विज्ञान (आध्यात्म) से दृश्य विज्ञान (भौतिक) की ओर बढ़ गये हैं। नदी या पुल का एक किनारा अदृश्य विज्ञान है तो दूसरा किनारा दृश्य विज्ञान। वर्तमान का हमारा अधिकतम जीवन नदी के दूसरे किनारे दृश्य विज्ञान की ओर है, हर पल। जन्म से ही हम अधिकतम वे सब वस्तुएँ प्रयोग कर रहे हैं जिसका कच्चा माल भले ही ईश्वरकृत हो परन्तु उपयोग का रूप मनुष्यकृत है और विज्ञान द्वारा निर्मित है। इस प्रकार मनुष्य निर्माता के रूप में अपना रूप व्यक्त कर ईश्वर की ओर ही बढ़ रहा है।

नदी के पुल पर बैठे उस गार्ड का काम और तैरने वाले का निर्णय “सत्य शिक्षा” है। वर्तमान में मनुष्य समाज अदृश्य काल से चलकर दृश्य काल में आ चुका है। आधे से वापस किनारे जाना “सत्य” को पाना है। और आधे से दूसरे किनारे पार हो जाना “सिद्धान्त” को पाना है। इन्हीं सिद्धान्त को पाने के बाद संविधान-नियम-कानून का जन्म होता है जिससे आज हम सभी संचालित व प्रभावित है। इस “सत्य-सिद्धान्त” की शिक्षा ही “सत्य मानक शिक्षा” है।

वर्तमान में जीने का अर्थ होता है-विश्व ज्ञान जहाँ तक बढ़ चुका है वहाँ तक के ज्ञान से अपने मस्तिष्क को युक्त करना। तभी डेढ़ हजार वर्ष पुराने हमारे मस्तिष्क का आधुनिकीकरण हो पायेगा। सिर्फ वर्तमान में तो पशु रहकर कर्म करते हैं। “सत्य मानक शिक्षा” मनुष्य के मस्तिष्क के आधुनिकीकरण की शिक्षा है या विज्ञान की भाषा में कहें तो मस्तिष्क के आधुनिकीकरण का साफ्टवेयर या माइक्रोचिप्स (Integrated Circuit-I.C) है। वर्तमान की अब नवीनतम परिभाषा है-“पूर्ण ज्ञान से युक्त होना” और कार्यशैली की परिभाषा है-“भूतकाल का अनुभव, भविष्य की आवश्यकतानुसार पूर्णज्ञान और परिणाम ज्ञान से युक्त होकर वर्तमान समय में कार्य करना।”

ज्ञान के इस युग में शिक्षा-विद्या-कला का व्यापार मनुष्य के धरती पर रहने तक रहेगा। ऐसी स्थिति में “सत्य मानक शिक्षा“का व्यापार भी उस समय तक के लिए स्थायित्व में है। शिक्षा-विद्या-कला कोई प्रापर्टी नहीं है कि पिता जी ग्रहण कर चुके हैं तो पुत्र को हिस्सा प्राप्त हो जायेगा। पुत्र को भी वहीं से अर्थात् अक्षर ज्ञान से शुरू होना पड़ेगा जहाँ से पिता ने शुरू किया था। इस प्रकार “सत्य मानक शिक्षा“का व्यापार एक अन्तहीन व्यापार है जो मनुष्य के पृथ्वी पर रहने तक चलता रहेगा।

स्कूल-कालेजों के जाल से शिक्षा के व्यापार का विकास होता है न कि शिक्षा का। शिक्षा का विकास तो शिक्षा पाठ्यक्रम पर निर्भर होता है जिससे शिक्षक और शिक्षार्थी दोनों निर्मित होते हैं। जब तक पूर्ण शिक्षा पाठ्यक्रम का निर्माण नहीं होता, शिक्षा का विकास नहीं हो सकता लेकिन शिक्षा के व्यापार का विकास होता रहेगा।

आध्यात्म और विज्ञान ने मानव सभ्यता के विकास में अब कम से इतना विकास तो कर ही चुका है कि अब हमें मन के एकीकरण के लिए कार्य करना चाहिए। और उस मन पर कार्य करने का ही परिणाम है-

सम्पूर्ण ब्रह्माण्ड में व्याप्त एक ही सत्य-सिद्धान्त द्वारा व्यक्तिगत व संयुक्त मन को एकमुखी कर सर्वोच्च, मूल और अन्तिम स्तर पर स्थापित करने के लिए शून्य पर अन्तिम आविष्कार WS-0 श्रृंखला की निम्नलिखित पाँच शाखाएँ है।

1. डब्ल्यू.एस. (WS)-0: विचार एवम् साहित्य का विश्वमानक
2. डब्ल्यू.एस. (WS)-00: विषय एवम् विशेषज्ञों की परिभाषा का विश्वमानक
3. डब्ल्यू.एस. (WS)-000: ब्रह्माण्ड (सूक्ष्म एवम् स्थूल) के प्रबन्ध और क्रियाकलाप का विश्वमानक
4. डब्ल्यू.एस. (WS)-0000: मानव (सूक्ष्म तथा स्थूल) के प्रबन्ध और क्रियाकलाप का विश्वमानक
5. डब्ल्यू.एस. (WS)-00000: उपासना और उपासना स्थल का विश्वमानक

और पूर्णमानव निर्माण की तकनीकी WCM-TLM-SHYAM.C (World Class Manufacturing – Total Life Maintenance – Satya-Heart-Yog-Ashram-Meditaion.Conciousness) है।

जो शिक्षा का नया माडल है। गरीबों की समस्या सुलझानें का नैतिक दायित्व है। देश में 25 वर्ष से कम उम्र के 55 करोड़ लोगों के लिए पुननिर्माण जैसी योजना हैं। उन्हें नौकरी और प्रशिक्षण की व्यवस्था है। रचनात्मकता, समन्वय, लीडरशिप, ग्लोबल तथा प्रोफेशनल विषयों को पढ़ने तथा सूचना तकनीक के जरिए पढ़ाई पर ध्यान केन्द्रित करने से युक्त है। हमारे देश में जो अध्यापक हैं, वे शोध नहीं करते और जो शोध करते हैं वे पढ़ाते नहीं, इसलिए शिक्षार्थी को ही शोध पत्र (विश्वशास्त्र) पढ़ाया जाय क्योंकि शिक्षक पढ़ने से तो रहे क्योंकि समान्यतः धन के आने की सुनिश्चितता के बाद लोग पढ़ना छोड़ देते हैं, यही नहीं कोशिश तो यह भी रहती है कि पढ़ाना भी न पड़े और उन्हें सेवा से हटाया भी नहीं जा सकता।

स्वामी विवेकान्द जी ने कहा था – "सुधारकों से मैं कहूंगा कि मैं स्वयं उनसे कहीं बढ़कर सुधारक हूँ। वे लोग इधर-उधर थोड़ा सुधार करना चाहते हैं- और मैं चाहता हूँ आमूल सुधार। हम लोगों का मतभेद है केवल सुधार की प्रणाली में। उनकी प्रणाली विनाशात्मक है और मेरी संघटनात्मक। मैं सुधार में विश्वास नहीं करता, मैं विश्वास करता हूँ स्वाभाविक उन्नति में।"

स्वाभाविक उन्नति तभी होती है जब संसाधन उपलब्ध हो। कार-मोटरसाइकिल घर में पहले से रहता है तो स्वाभाविक रूप से कम उम्र में ही घर के लोग चलाना सिख जाते हैं

जो व्यक्ति या देश केवल आर्थिक उन्नति को ही सर्वस्व मानता है वह व्यक्ति या देश एक पशुवत् जीवन निर्वाह के मार्ग पर है-जीना और पीढ़ी बढ़ाना। दूसरे रूप में इसे ऐसे समझा जा सकता है कि ऐसे व्यक्ति जिनका लक्ष्य धन रहा था वे अपने धन के बल पर अपनी मूर्ति अपने घर पर ही लगा सकते हैं परन्तु जिनका लक्ष्य धन नहीं था, उनका समाज ने उन्हें, उनके रहते या उनके जाने के बाद अनेकों प्रकार से सम्मान दिया है और ये सार्वजनिक रूप से सभी के सामने प्रमाणित है। पूर्णत्व की प्राप्ति का मार्ग शारीरिक-आर्थिक उत्थान के साथ-साथ मानसिक-बौद्धिक उत्थान होना चाहिए और यही है ही। इस प्रकार भारत यदि पूर्णता व विश्व गुरूता की ओर बढ़ना चाहता है तब उसे मात्र कौशल विकास ही नहीं बल्कि राष्ट्रीय बौद्धिक विकास की ओर भी बढ़ना होगा। बौद्धिक विकास, व्यक्ति व राष्ट्र का इस ब्रह्माण्ड के प्रति दायित्व है और उसका लक्ष्य है।

राष्ट्र के पूर्णत्व के लिए पूर्ण शिक्षा निम्नलिखित शिक्षा का संयुक्त रूप है-

अ-सामान्यीकरण (Generalisation) शिक्षा

ज्ञान के लिए- यह शिक्षा व्यक्ति और राष्ट्र का बौद्धिक विकास कराती है जिससे व्यक्ति व राष्ट्रीय सुख में वृद्धि होती है।

ब-विशेषीकरण (Specialisation) शिक्षा

कौशल के लिए- यह शिक्षा व्यक्ति और राष्ट्र का कौशल विकास कराती है जिससे व्यक्ति व राष्ट्रीय उत्पादकता में वृद्धि होती है।

स-सत्य नेटवर्क (REAL NETWORK)

समाज में प्रकाशित होने के लिए-क्योंकि कोई भी क्यों न हो उसे स्वयं अपना परिचय (BIO-DATA) देना पड़ता है तभी उसके अनुसार समाज उसका उपयोग करता है।

वर्तमान समय में विशेषीकरण की शिक्षा, भारत में चल ही रहा है और वह कोई बहुत बड़ी समस्या भी नहीं है। समस्या है सामान्यीकरण शिक्षा की। व्यक्तियों के विचार से सदैव व्यक्त होता रहा है कि-मैकाले शिक्षा पद्धति बदलनी चाहिए, राष्ट्रीय शिक्षा नीति व पाठ्यक्रम बनना चाहिए। ये तो विचार हैं। पाठ्यक्रम बनेगा कैसे?, कौन बनायेगा? पाठ्यक्रम में पढ़ायेंगे क्या?

एक पूर्ण मानव निर्माण प्रक्रिया में शिक्षा पाठ्यक्रम के स्वरूप का विश्वमानक निम्नवत् है। जो किसी विशेष देश-काल-पात्र पर निर्भर नही करता अर्थात् यह प्रत्येक देशों और व्यक्तियों के लिए शिक्षा का स्वरूप है। जिससे ब्रह्माण्डीय, वैश्विक और व्यक्तिगत संतुलन, स्थिरता, एकता, प्रबन्ध, विकास, शान्ति और सुरक्षा निर्धारित होती है।

1. प्राइमरी शिक्षा (कक्षा-5 तक)-भाषा ज्ञान आधारित:- क्षेत्रीय, देश, विश्व और विज्ञान की भाषा का ज्ञान, सामान्य विज्ञान, सामान्य ज्ञान, चित्र कला।

2. जूनियर हाई स्कूल (कक्षा-6 से 8 तक)-समाज ज्ञान आधारित:- क्षेत्रीय, देश, विश्व और विज्ञान की भाषा का ज्ञान, सामान्य विज्ञान, सामान्य ज्ञान, चित्र कला का विस्तार, खेल, संगीत, कृषि, समाज विज्ञान।

3. हाई स्कूल (कक्षा-9 से 10 तक)-सामान्यीकृत ज्ञान आधारित:- ज्ञान-कर्मज्ञान समाहित WCM-TLM-SHYAM.C (World Class Manufacturing – Total Life Maintenance – Satya-Heart-Yog-Ashram-Meditaion.Conciousness) प्रणाली अर्थात शिक्षा पाठ्यक्रम का विश्व मानक, कालानुसार विज्ञान, तकनीकी, व्यापारीक व प्रबन्धकीय ज्ञान की शिक्षा।

4. इण्टरमीडिएट (कक्षा-11 से 12 तक)-विशेषीकृत ज्ञान आधारित:- कौशल विकास की शिक्षा।

5. उच्च शिक्षा-इच्छानुसार विशेष क्षेत्र आधारित

"किसी देश का संविधान, उस देश के स्वाभिमान का शास्त्र तब तक नहीं हो सकता जब तक उस देश की मूल भावना का शिक्षा पाठ्यक्रम उसका अंग न हो। इस प्रकार भारत देश का संविधान भारत देश का शास्त्र नहीं है। संविधान को भारत का शास्त्र बनाने के लिए भारत की मूल भावना के अनुरूप नागरिक निर्माण के शिक्षा पाठ्यक्रम को संविधान के अंग के रूप में शामिल करना होगा। जबकि राष्ट्रीय संविधान और राष्ट्रीय शास्त्र के लिए हमें विश्व के स्तर पर देखना होगा क्योंकि देश तो अनेक हैं राष्ट्र केवल एक विश्व है, यह धरती है, यह पृथ्वी है। भारत को विश्व गुरू बनने का अन्तिम रास्ता यह है कि वह अपने संविधान को वैश्विक स्तर पर विचार कर उसमें विश्व शिक्षा पाठ्यक्रम को शामिल करे। यह कार्य उसी दिशा की ओर एक पहल है, एक मार्ग है और उस उम्मीद का एक हल है। राष्ट्रीयता की परिभाषा व नागरिक कर्तव्य के निर्धारण का मार्ग है। जिस पर विचार करने का मार्ग खुला हुआ है।"

"भारत का प्रत्येक नागरिक अपने जीवकोपार्जन के मार्ग व संघर्ष में अपने विषय का जानकार व अनुभव तो प्राप्त कर रहा है परन्तु कुछ पाने के क्रम में कुछ छूट भी जाता है इसलिए प्रत्येक नागरिक को अपने अहंकार को भूलकर यह स्वीकार करना होगा कि वह अपने विषय से हटकर अन्य विषय के विषय में कम या नहीं जानता है।"

अतः एक "आदर्श नागरिक" बनने के क्रम में न्यूनतम ज्ञान सभी को एक समान रूप से चाहिए।

www.ingramcontent.com/pod-product-compliance
Lightning Source LLC
LaVergne TN
LVHW080937071026
849535LV00013B/4232
* 9 7 8 1 6 4 9 1 9 0 3 8 3 *